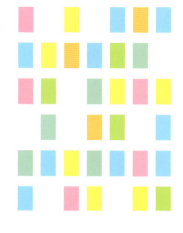

団地再生まちづくり5

日本のサステナブル社会のカギは「団地再生」にある

文化とまちづくり叢書

団地再生支援協会
合人社計画研究所 編著

水曜社

序――「団地」考
――〈一まとまりの土地〉の視点から

東京大学 教授
大月敏雄

本書には、「団地」という環境を維持、改善するために日々心血を注いでいる方々の知恵が結集している。そのことは、私がすでに存じ上げている方々が、多数本書に登場されることからも、保証できるものである。さらに、私の存じ上げない方々の真摯な団地再生の努力の数々を、本書を通して拝見させていただくと、実に参考になる知見が散りばめられていることがわかる。

「団地」という名の誕生と変遷

さて、ここで「団地」と表現したのだが、団地には実に様々な種類がある。戸建住宅のみで形成された団地もあれば、集合住宅のみで形成された団地もある。その中間的形態として、戸建と集合が混在したような団地もある。また、集合住宅にいたっては、分譲マンションもあれば、公的・私的賃貸住宅もあれば、その混在型もある。さらに、公的・私的賃貸住宅と言っても、建築基準法でいう長屋もあれば、共同住宅もある。また構造種別で見ても、木造、鉄骨造、鉄筋コンクリート造、なんでもありうる。

しかしながら、団地再生に取り組む人々は、まずもって、自分が携わっている団地の形式を、ひとまず「団地」と認識して、事を進めているようである。だから、分譲マンションのみでできた団地で奮闘している方には、さしあたって、戸建住宅団地の件はあまり目に入るまい。逆もまたしかり。だが、団地とはそもそも、一まとまりの「土地」を意味する言葉なのであって、その上にどんな建物が建っていようが、団地は団地なのである。まずは、このことを認識しておかないと、本書で展開される団地再生ワールドの裾野の広さと奥深さが理解できないのではないかと考えている。

歴史的にいえば、そもそも、複数の筆の土地が群れをなして、ひとかたまりになった状態を法律用語で「一団の土地」と表現していた。団地を生み出した古い母体として有名なのは、1923年の関東大震災の復興住宅を担った同潤会であり、木造長屋とRC造集合住宅それぞれで構成される2種類の住宅地を建設したのだが、これらの事業は定款上、「住宅施設の経営」と呼ばれていた。その後、同潤会を1941年に引き継いだ住宅営団が、全国に木造の戸建と長屋が混在するような住宅地を開発した際に、住宅営団法に明記された「一団地の住宅の建設」という名称が、内部の技術者によって省略され、技術的なスラング（隠語）として「団地」なる言葉を用い始め、戦後、住宅営団技術者が全国の都道府県などに散らばって、戦後復興における住宅地開発に用いられるようになって広まったということを、住宅営団にお詳しい冨井正憲さんから聞いたことがある。そうした隠語が、戦後の住宅営団の解散に伴って、技術者たちが全国の都道府県にちらばり、戦後復興のなかで「団地」建設を推し進めていったのである。

そして、そうした「団地」伝道師たちの一部が、1955年に結成された日本住宅公団に結集した際も、当然「団地」という語は受け継がれた。公団住宅が全国に建ち始め、1958年の週刊朝日に「新しき庶民〝ダンチ族〟」が特集されて以降、団地という語が市民権を得るようになった。その解説に「ダンチ族？　お分りになりませんか。ダンチは団地のことです。このごろ増えたアパート群のことを団地といいますが、あのアパート居住者をダンチ族というわけです。」とあるように、このときの団地イメージは、RC造中層公共集合住宅が立ち並ぶ風景であり、もはや一まとまりの土地ではなく、建物が群れ建つ状態を指し示す言葉として用いられた。また、このときの公団や公社の団地は必ずしも賃貸住宅ばかりでなく、たくさんの分譲集合住宅も同時に供給されていた。しかし、それが賃貸であろうが分譲であろうが、集合住宅が立ち並んでさえいれば、団地と呼ばれたのである。

その後、昭和30年代を通して都市郊外では戸建によって構成される住宅地が普及したのだが、それらも当然団地と呼ばれるようになり、昭和40年代後半になると都心部で民間分譲マンションが普及し始め、それがやがて昭和50年代にはいって、郊外部でも民間の分譲マンション群が団地の仲間入りをするようになったのである。そして、平成も半ばになってくると、様々な住宅種別によって構成される「団地」の新規建設よりは、維持管理、環境改善、居住環境の継承などが課題となり、ついには「団地再生」がテーマとなってきたのである。このような経緯で、本書に登場する様々なタイプの「団地再生」のストーリーの舞台背景には、様々な種別の住宅群が登場することになっている。

団地再生の課題に向き合う「中間集団」

さて、こうした様々な住宅種別によって構成される様々な団地を考える際には、やはりそこに建っている主たる住宅種別の特性ごとに、考慮しなければならない点が違ってくるのは当然である。

同じ分譲系の住宅地ではあっても、戸建分譲住宅とマンションでは、管理のあり方が決定的に異なる。区分所有法をはじめとするマンション関連法によって規定されている分譲マンションの管理は、国が助言している管理組合の設立、規約の設定、長期修繕計画とそれに基づく管理費や修繕積立金の徴収あたりをきっちり押さえておけば、さしあたって、建物自体の物理的存続に関しては難なく対応できることになっている。ただし、旧耐震の物件については、必要に応じて耐震診断に基づく耐震改修が基礎的条件となる。

ただ、長期修繕計画は実態的には13年から15年で一回りするようになっており、これを延々と繰り返すのだが、居住者の家族形態は、15年、30年、45年、60年で相当に異なってくる。多くの新築分譲マンションは、35歳くらいの夫婦と生まれたての子どもたちによって住み始められるのだが、世帯主の年齢は大規模修繕の回数とともに、50歳、65歳、80歳、95歳と変わっていくのである。当然、65歳以上、つまり2回目の大規模修繕あたりまでは年金生活に入ったばかりでなんとかなるだろうが、3回目の大規模修繕のころには80歳なので、次の世代にバトンタッチするような時期になってしまい、修繕に係る合意形成も積立金に関する関心も、若い頃とは異なってくる。建物の維持管理計画としての長期修繕計画そのものは、なかなか良くできている優れたシステムなのだが、そこに住む人間の生活周期との兼ね合い、次世代へのバトンタッチ、などとどう折り合いをつけていくのかが、常に課題となる。さらに、建て替えが議論され始めると、コミュニティの存続や合意形成といった社会的課題ばかりでなく、一団地認定の解除、団地管理組合としての議決、などなど、まさに法的手続きの最前線の課題群と直面しなければならなくなる。ただ、これが賃貸住宅団地であれば、大家さんの意向次第で、様々に再生されうることは、吉原勝己さんたちが福岡県で手がけられている団地リノベーションなどで実証されつつある。

では、戸建住宅団地ではどうか。基本的には共有物を持たない戸建住宅地でも、同じ時期に建ったり、用途規制や地区計画、建築協定といった面的規制という共通事項に縛られたりしながらも、個別の資産を個別に維持管理していかなければならない。団地が建って40〜50年も経てば、一挙に高齢化し、町から子供がいなくなり、スーパーが撤退するという、地域共通の悩みが出てくるのだが、分譲マンションと違って、それを話し合う場すらも、公的には用意されていない。自治会町内会は、最高裁判所の判決によって、あくまでも「任意加入である」ことが知れ渡った現在、地域居住者組織の求心力が弱まっている。こうしたことから、戸建住宅地における団地再生は、分譲マンションにおける団地再生と比べると、遅れ気味であるといえよう。戸建団地再生の要は、地域住民の関心を取り結ぶような「中間集団」（国家と個人の中間に存在する組織、企業や自治会町内会も含む）をどのように設定するべきかということにあるような気がしている。既存の自治会町内会でも地縁法人にはなれるし、例えば、道路際の植栽帯を住民共通の共有物として設定していれば、管理組合の結成も不可能ではない。また、NPO法人や社団法人などが団地再生の主役になっている所も多い。今後、空き家や空き地の問題、それに続く、所有者不明土地の管理や利用の課題を、こうした地縁にもとづく中間集団が、法的にも実態的にも、どのように解決しうるかの試行錯誤が続いていきそうである。

序――団地再生は知恵と情熱
――住環境価値を高める

富士常葉大学 名誉教授／風土工学デザイン研究所 会長　竹林征三

はじめに

私は長年、ダム事業にかかわり、山間僻地の水源地域を訪ね、さまざまな方々と出会い、地域おこしの知恵を学んできました。各地の水源地は風土不二、同じところは二つとないこと、しかし、悩んでおられること、それに対して実施していることはなぜか金太郎飴的で同じようなものが多い。しかし一方すばらしい取り組みをしている事例に出くわすとき、関係者の知恵と情熱に圧倒され感激したことなどいろいろなことが思い出されます。

団地再生と水源地域の地域おこしは、ともに人間集団社会の現状打破の悲願の思いはまったく同じではないだろうか。過疎化が進み深刻な町村の行政の課題と団地再生の深刻な課題はアナロジーではないかと思えてきた。

再生とか再開発は当初以上に知恵の結集が必要であり、その度合いにより再生・再開発の出来の良し悪しが決まるように思います。

利賀村の知恵と情熱に学ぶ

山間僻地の過疎化が進んでいる町村の地域おこしと団地再生を比較してみると、住宅不足のときに都市近郊地に団地がつくられた。団地再生は造成された区域が空間的にも限られている。入居された時期もほぼ同じである。構成している住民階層レベルも同世代とよく似ている。住んでいる建物や居住環境がほぼそろっている。解決が待たれるテーマは過疎化の村おこしより数段まとまりがあり、やりやすいのではないか。

■富山県利賀村に学ぶ――日本一の地域振興の知恵と情熱の村――

人口わずか１０００人弱の富山県内で一番僻地の利賀村がこれまで次々画期的な地域振興策を実現させてきて、全国各地の関係者を驚嘆させてきた。その知恵とエネルギーの原点は何だったのか。卓抜なる文化的センスと知恵と郷土愛でなかったかと思っている。その心は「ルーツに勝るものはない」の理解と実践である。その知恵の数々を紹介したい。

日本全国を見渡す限り、地方は疲弊し元気がない。「都会は華、地方は根っこ」という。現在、東京を始め大都市だけが活況を呈しているが地方のなかでも辺境の村落は人の気配を感じないところも増えてきた。そのような現況を踏まえて、どこもかしこも〝地域おこし〟が最大の課題だといっている。特に強引に進められた平成の大合併により弱小町村が近隣の大きい市町に吸収されてしまい。合併前の町村の存在は消え失せそうで、中核市町の陰に隠れ、切り捨てられてしまっている感じさえ受ける。

２００４（平成16）年に富山県の東西の砺波《となみ》郡の2郡4町4村が大合併して南砺《なんと》市が誕生した。一番弱小な利賀《とが》村は切り捨てられ元気が喪失してしまったのではと思いきや、合併直後の南砺市の新市長は旧利賀村長だという。旧利賀村の日本一の地域おこしの各種取り組みの歴史をよい意味で引き継いでいるように思われる。

全国の地域おこしの活動はそのほとんどが全国金太郎飴で、どこへ行っても同じキャッチフレーズで物まねばかりである。旧利賀村でやられた地域おこしは「ルーツに勝るものはなし」ということの理解が進んでいる。いくつか列挙する。

①遊覧船でしか行けない日本一の秘湯の一軒宿・大牧温泉（実は裏道があるのだが、観光客は遊覧船でしか行けない）
②飛翔の郷・富永一朗とが漫画館
③日本初の蕎麦資料館「利賀そばの郷」。世界の蕎麦のルーツを訪ね、世界各地の蕎麦の種を集める。そばの起源はネパールの人口1000人弱のツクチェ村だと突き止めて、この村の蕎麦の原種の赤い花を求めて利賀村の調査団がツクチェ村を訪れた。その村の自慢のチベット寺院に案内され、そこで壁面の大曼荼羅に圧倒された
④その大曼荼羅の作者であるその寺院の僧侶サシ・ドージ・トラチャンに、「利賀村に来て曼荼羅を描いてくれませんか」と自然の成り行きでお願いをした。即座に引き受けてくれ、その年に利賀村に来てくれ、4m四方の大曼荼羅制作に着手して、利賀村に2年滞在して完成したのが日本唯一のチベット曼荼羅の世界『瞑想の舘』である
⑤利賀村で毎年世界演劇祭「利賀フェスティバル」を開催している。世界的演出家鈴木忠志氏の劇団の拠点となり、古代ギリシャの原型を求めて、本格的な屋外劇場を備える「演劇の聖地」として知られるようになった
⑥「世界蕎麦博覧会in利賀」開催。約30万人が参加した。「全麺協素人そば打ち最高段位5段認定会in利賀」の実施

偶々、利賀村のまちづくりの知恵と情熱は学ぶべきものがあまりにも大きいと思いました。「団地再生まちづくり」に欠けているものがあると思いました。

■山梨県早川町は日本一人口の少ない町

人口が1054人（2019年5月1日時点）。高齢化率が約50％。面積は広く約370平方㎞。96％が山林の山間僻地である。早川町は深刻なハンディキャップを逆転の発想で地域づくりに取り

組んでおられる。詳細は省略するが学ぶべきものが多くある。

風土工学の誕生・団地再生の強力な武器

風土工学は深刻な山間僻地の過疎の邑である利賀村や早川町などの知恵から学んで誕生しました。風土工学とは、私が土木の出身であり、将来の夢を見失っている土木の再生を願って新しく構築した工学体系であります。従って風土工学は土木の一分野と考えておられる方もありますが、それは大きな誤解であります。

風土工学は『月刊ウェンディ』第347号（2018年4月15日号）に「夢と物語のある団地再生へ！——風土千年のまちづくり『風土工学』による設計を」と「誇り高い地域づくり『風土工学』——風土との調和の美の追求」で書いた通りであり、本書の201〜205ページ、251〜255ページに掲載されているので、そちらの方を読んでもらいたい。重複を避けるために省略させていただきます。従来の土木とは相当距離があります。どちらかといえば建築に近いもので、建築の都市計画です。それも「まちづくり」そのものであります。風土工学は土木と建築の垣根はありません。

○風土工学の構築で京都大学より工学博士・学位をいただいたときの指導教官は土木の飯田恭敬先生と建築の宗本順三先生の連名です。

○初めての風土工学の著作『風土工学序説』に巻頭推薦文を寄せていただいたのは、東京大学名誉教授・博物館明治村館長の村松貞次郎先生です。序文に「…竹林さんの説く『風土工学』と和辻哲郎の風土学。地域への、そして風土への熱いまなざしは共通している。正直申して、芸術だ、デザインだ、と昔から言ってきた建築の方が，機能一点張りの土木工学よりはるかに先行しているという優越感が、この『風土工学』によって覆されたという、少々残念な気もしないではない。しかし、それは内輪のつまらぬ感情。土木や建築など、広い意味での風土や環境に関わる仕事をしている人にとって、これはえらく勇気を鼓舞してくれる近来稀なる学説であり、著作だ。と喜びかつ確信して広く江湖《こうこ》に推薦する次第である。」とこれ以上ないお言葉を寄せていただいた。

○東京大学新聞の1998年4月21日号に東大教官が新入生に贈る。という欄に建築の鈴木博之教授が「…技術だけで何の飾りもないと思われている土木の中からでさえ、竹林征三著『風土工学序説』（技報堂出版）という本が出ている。土木と建築の共通の目標と具体的な現れ方の違いが解るだろう。」と新入生へ推薦している。

○1998年6月に土木建築部門の年間優秀博士論文として前田工学賞・第5回優秀博士論文として風土工学の博士論文が選ばれた。毎年土木と建築ごとにそれぞれ1論文が選ばれているが、第5回だけは風土工学は両部門にまたがるものとして、1論文だけが選ばれた。

以上見てきたように、風土工学は土木と建築の両部門を包括したものとして評価されてきた。

風土工学から団地再生を考える。ということは箱もの建築物だけに捉われず、その地域のなかの風土の一部の構成要素として団地を捉えるということである。

再生が待たれる団地の価値を高めるには？すばらしい風土の宝が隠れている。それを掘り起こし、再発見、再評価して、誇り高いその地だけの個性豊かな地域づくりを構築しようというものです。

団地再生四段階説 ――「風土工学団地再生論」

『団地再生まちづくり』の既発刊の4冊の本を概観させていただいた。100人を超える多くの専門家・識者がいろいろな経験と研究を重ねて、それを踏まえ提言・論考をされておられる。団地再生の知恵が凝縮された大変な宝庫である。団地再生には4段階があると考える。

第1ステージ＝個の再生ステージ。箱の中の再生段階
第2ステージ＝集合住宅としての再生段階
第3ステージ＝集合住宅の存在する場の再生段階。団地内公園・幼稚園・学校・病院等々も同時に再生を考える。
第4ステージ＝団地周辺の旧住民との合体した場の再生段階

● 団地造成の前はその地を所有していた地域と前住民がいた。前住民は団地造成に山林等を譲渡した。前住民は過去からのその地に伝わる伝統行事やイベントを営々と伝えてきていた。しかし後継者難で困っている。

団地が誕生して新住民が居住後20～30年が経ち、居住している団地に対する愛着も生まれ故郷になってきている。しかし、自分たちの子どもたちも都会に出てなかなか帰ってくる気配も見えない。その団地には過去からの祭りやイベントなど歴史的なものがなく、ふるさとと思えるようなものもない。また団地は老朽化し、住民も高齢化し、団地再生の機運は生まれてきているが起爆となるものがない。

● 団地新住民も永年住みつき、地域への愛着が生まれてきた段階。隣接地域と交流した再生を考える段階。
● 旧来からの伝統行事（祭りやイベント）を共有する。
● これからの団地再生は第4ステージの団地再生を考える段階に入った。

第4ステージの団地再生を考えるには風土工学による団地再生が大きな力になる。

団地周辺の旧住民と団地の新住民（今となれば20年くらい住んでいる）との誇りを共有する地域づくりは歴史と伝統文化に根差すことができる。

旧住民にとっては新住民の活力で刺激を受ける。目的は同じ誇りうる地域づくりである。

住環境価値を高める・誇り高い団地創生に向けて

その意味で「団地再生まちづくり」は風土工学のコンセプトづくりであると思いました。団地再生の最大の課題は財源と住民が共有できる動機づくりだと考えます。どこから財源と動機が湧いてくるかという課題だと思いました。

知恵と情熱で「団地再生の価値を高める」（誇り高い団地に再生する）。そうすればそれに気づく住民の輪が大きくなれば、財源は自ずと後からついてくる。

おわりに

韓国の首都ソウルと日本の首都東京の清流水辺復活の悲願達成に向けて事例を紹介する。ソウルの清渓川の清流水辺復活が見事成功した。東京の日本橋の大空復活（道路）と日本橋川・神田川の清流水辺復活（河川）がなかなか進展しないのかを考えてみたい。

東京のビジネスセンターの再生プロジェクト（都市）が進んでいる。神田川に隣接する大手町連鎖型都市再生プロジェクトは建築か土木か知りませんが、結果的には日本橋川・神田川の再生や日本橋大空復活プロジェクトが大規模な都市再生プロジェクトから抜け落ちてしまいました。

複数の事業が参加して大プロジェクトを行えば各事業が利益を共有できるというのが多目的ダムの理論である。そのときの武器が分離費用身替り妥当支出法である。

団地再生まちづくり5　日本のサステナブル社会のカギは「団地再生」にある

序

3　「団地」考――〈一まとまりの土地〉の視点から
大月敏雄　東京大学 教授

8　団地再生は知恵と情熱――住環境価値を高める
竹林征三　富士常葉大学 名誉教授／風土工学デザイン研究所 会長

第1章　集合住宅の価値を次代に

24　次世代へつなぐ豊かな住環境　価値を保つハードとソフトの設計・計画
花牟禮幸隆　一級建築士／株式会社アール・アイ・エー 参与

28　住民の手で守るマンションの価値　「選別の時代」到来で重要性増す自主管理
近角真一　集工舎建築都市デザイン研究所 代表取締役

33　「マンションの管理不全」に陥らないために　居住者の高齢化と建物の高経年化への対策
藤本佳子　マンション管理研究所 関西センター所長

38 次世代の集合住宅に向けた提案 大阪ガス実験集合住宅NEXT21の試み
加茂みどり 大阪ガス株式会社 エネルギー・文化研究所 主席研究員

43 世界の団地・マンションを巡る旅 比較マンション法の研究
鎌野邦樹 早稲田大学法科大学院 教授

47 イギリスのモデル・ヴィレッジ「ソルテア」 世界初といわれる近代都市計画地を巡る
山森芳郎 共立女子学園 名誉教授

51 日本初の「文化アパートメント」の誕生 経済学者・森本厚吉の挑戦
佐藤由巳子 佐藤由巳子プランニングオフィス 主宰

56 集合住宅の過去100年と建て替え問題 維持保全を評価する手法を考える
望月重美 NPO法人リニューアル技術開発協会 会長

60 急を要する団地ストックの再生 グレードアップ改修の資金計画・団地経営を考える
砂金宏和 団地再生支援協会 副会長／アール・アイ・エー 専務取締役

65 いま改めて同潤会建築から学ぶこと 「同潤会の16の試み」展を見て
二瓶博厚 画家／建築家

第2章 いまの団地で長く暮らすために

70 民間賃貸団地をビンテージ化する 福岡県久留米市「コーポ江戸屋敷」の取り組み
吉原勝己 株式会社スペースRデザイン／ビンテージのまち株式会社 代表取締役 梶原あき 株式会社スペースRデザイン 学術チーム

75 風土に根ざした建築を考える 沖縄における住宅の変遷と課題について
具志好規 有限会社チーム・ドリーム

80 戸建ての集合団地を維持・発展させる　「京王ガーデン平山」における百年計画
川﨑和彦　一級建築士事務所杢《もく》和《わ》設計 主宰

85 生まれ育った家を新たに住みつなぐ　制約のなかでも可能なリフォーム例
北出健展　一級建築士事務所 ジェル・アーキテクツ 代表

90 スケルトン（共用部分）は誰のものか　区分所有法が抱える問題点と管理組合の限界
山森芳郎　共立女子学園 名誉教授

94 UR都市機構が提案する「間shikiru」　20年後を見据えて模索した新たな住まい方
伊藤芳徳　独立行政法人 都市再生機構中部支社 中部公園事務所 工務第二課長

99 都心超高層に住まうダイナミズム　住まいの履歴から見る心地よい暮らしとは
三井直樹　共立女子短期大学 生活科学科 教授

104 住まいと健康と団地再生　室内環境因子による健康影響への諸課題
芳住邦雄　共立女子大学 名誉教授

第3章 「助け合い」で安心安全なまち

110 災害時にマンションでの生活はどうなるのか　熊本地震に見る「自助」と「共助」の大切さ
竹内美弥子　防災都市計画研究所 主任研究員

115 コミュニティ単位で「減災」に取り組む　集合住宅における防災力向上のカギとは
中野 竜　株式会社コトブキ（執筆当時）

120 コミュニティで「共助」を創造するために　「しがらみ」と「こどく」の間で手を携える場づくり
葛西優香　コミュニティデザイナー／防災士

持続可能で災害に強いまちづくりへ　生態系を活かした「グリーンインフラ」の導入を
原 慶太郎　東京情報大学総合情報学部 教授　125

第4章 地域資源を活かした再生まちづくり

建築をひらき、まちをひらく　「建築公開イベント」実践の現場から
高田 真　アーキウォーク広島 代表　132

学生参加によるUR団地活性化　大学と地域社会の連携による魅力づくり
川野紀江　椙山女学園大学 生活科学部 講師　137

身近な文化財を地域の拠点へ　旧蚕糸試験場から広がる日野市の取り組み
太田陽子　一級建築士事務所COCOON設計室　142

「そのまま」使いつづける可能性　記憶が刻まれた廃校・廃村の活用から考える
宮部浩幸　近畿大学建築学部建築学科 准教授　146

公共施設の再生に必要な市民力　広がる公共施設マネジメント
足立 文　株式会社日本経済研究所 公共デザイン本部 公共マネジメント部長　151

団地内の廃校をサテライトキャンパスに　地域の拠点に生まれ変わった小学校
鈴木雅之　千葉大学地域イノベーション部門長　156

遊休ストックで立ち上げるスモールビジネス　港を朝市に、団地の広場をオープンカフェに
原 大祐　NPO法人西湘をあそぶ会 代表理事　161

第5章 みんなでつくる未来コミュニティ

168 地形をふまえて考えるまちの未来 「FabGIS」で地域の課題を浮き彫りに
片岡公一 山手総合計画研究所

173 積み重ねた「団地の時間」 未来を探すには考えつづけること
山本 誠 団地生活デザイン 代表

178 多摩丘陵に農家レストランを開いた理由《わけ》 雇用を生み、社会問題を解決する「人のつながり」
野村徹也 一般社団法人農家料理高宮 代表理事

182 次世代を見据えた「みどりの再生」 人と緑のつながりで元気なニュータウンへ
祐乗坊 進 ゆう環境デザイン計画 代表取締役

187 「食べられる景観」のススメ 公と私の狭間でつくるおいしい関係
木下 勇 千葉大学大学院園芸学研究科 教授

191 終の棲家はドイツ・ケルンの再生農家 隣人たちとの「助け合い」づくり
河村和久 建築家／マインツ工科大学建築学科 元教授

196 まわりから支える団地の賑わいづくり 神奈川県蔦尾団地の「Tobioギャラリー」
森田芳朗 東京工芸大学工学部建築学科 准教授

201 夢と物語のある団地再生へ！ 風土千年のまちづくり「風土工学」による設計を
竹林征三 富士常葉大学 名誉教授／風土工学デザイン研究所 会長

第6章 超スマート社会と団地再生

208 スマートライフ化は団地再生を変えるのか？ 実体験から考えるライフデータの有用性
尾上由野 オフィス・オノウエ 代表

212 英国の環境を守りつづける市民社会 政治・行政に先行する市民たちの活動
小山善彦 市民パートナーシップ研究会

217 モビリティから見る団地の暮らし ヒトの動き、モノの移動と"共助"
澤田誠二 団地再生支援協会 最高顧問

222 都市の上に都市をつくるフランス 団地の再生を環境保全と結びつけて
和田幸信 足利大学 名誉教授

227 視察ツアーで垣間見たドイツの最新事情 東西問題とグローバル化、そして移民
原 大祐 NPO法人西湘をあそぶ会 代表理事

232 ライネフェルデのゼロエネ団地再生 団地再生の世界モデルをドイツに学ぶ
横谷 功 YKK AP リノベーション本部 事業企画統括部長

236 ドイツの団地再生の担い手は「手工業職人」 日本建設業の改善点がドイツとの比較で浮き彫りに
浅野忠利 NPO屋上開発研究会 顧問

241 人、建物、地球に「外断熱」というやさしさを 「見える化」することで効果を実感
東 政宏 野原ホールディングス株式会社 VDCカンパニー長

245 家庭・マンションの「省エネ」術 無料省エネ診断などの活用を
布施征男 一般社団法人ESCO・エネルギーマネジメント推進協議会 専務理事

特別寄稿 251
誇り高い地域づくり「風土工学」 **風土との調和の美の追求**
竹林征三 富士常葉大学 名誉教授／風土工学デザイン研究所 会長

団地再生に取り組む――活動報告

258 一般社団法人 日本建築設備診断機構 ＪＡＦＩＡ 安孫子義彦 専務理事
262 一般社団法人 東京建築士会「住宅問題委員会」 奥茂謙仁 株式会社 市浦ハウジング&プランニング 常務取締役
264 千葉工業大学 田島研究室 袖ケ浦団地の再生 田島則行 千葉工業大学創造工学部建築学科 助教

あとがき 268
「団地再生のすすめ」ふたたび 澤田誠二 一般社団法人団地再生支援協会 最高顧問

第1章

集合住宅の価値を次代に

近年、「空き家の増加」が問題視されている。総務省統計局の「平成30年住宅・土地統計調査」によると、空き家数は846万戸で、前回調査（平成25年）に比べて26万戸（3.2%）増えた。少子化と高齢化によるものだが、今住んでいる団地・マンションの資産価値を保ち、次の世代に引き継ぐことができれば問題にはならない。どのような手を打てば集合住宅の価値を保つことができるのか、今すぐできることは何か?

次世代へつなぐ豊かな住環境

価値を保つハードとソフトの設計・計画

購入したマンションや団地の価値は時代とともに変わっていく。住民の総意で建て替える場合もあるし、建て替えない選択肢もあるが、建て替えないとすればどのような点に注意して準備すればよいのか。次の世代へ価値と魅力を引き継ぐためにすべきこととは？

一級建築士／株式会社アール・アイ・エー 参与 花牟禮幸隆

はなむれ・ゆきたか
一般建築設計、再開発による複合施設の設計、調整およびマンション計画にかかわる一方、団地、マンション建て替え、再生などの計画に携わる。居住するエステート鶴牧住宅で外断熱改修を推進。

どのようにつなぐべきか

少子高齢化のなかで余剰住宅が増加する現在、居住するマンション・団地がこれまでのように漠然と古くなったら建て替えるといった考え方では立ちゆかないケースが増えてきています。マンション・団地を持続可能なものとする、すなわちどのような形で次の世代に引き継いでいくことができるかを検討することが必要となっています。

高齢化していくマンション・団地にとっては建物の劣化のみならず管理組合、自治会の機能低下が懸念されます。従ってこれらを改善し、次世代へつなぐためにはマンション・団地にかかわるハードとソフト両面から改善し、それぞれの住環境を時代に合った住宅性能とし、住みやすく価値あるものとすることが必要となります。

住環境の魅力を再認識

一般にマンションや団地を初めて購入する場合、その間取りだけでなく、建物の形状、共用施設、緑地等外構の魅力に加え、交通、商業、学校、公園等周辺環境の魅力も考慮しています。ところが住みつづけるにしたがって、その環境に慣れ、当たり前の環境となり住みはじめたときの感動が薄れが

1. 団地内の外部環境
2. 団地周辺の外部環境
3. 団地内のコミュニティ

ちです。もう一度自分たちの住環境および周辺環境を見つめ直し、その魅力や改善点を再認識することが重要です。

住環境の将来像

住環境の改善に向け重要な機会が定期的な大規模修繕です。大規模修繕は築年数により修繕内容が変わってきますが、概ね三回目を迎えるあたり、築30年から40年がそのマンション・団地の転換期になると思われます。つまり第三回目の大規模修繕においては、次の30年を見据え、マンション・団地を将来どのようなものにしていくかという将来像を描くことが必要になります。

最近のマンションは住宅性能も高いものが増え、物理的な理由による建て替えの必要性は少ないと思われますが、特に現在高経年のマンション・団地については今後建て替えを考えるのか、住みつづけることを選択するのかの方針により、大規模修繕の内容も変わります。住みつづけることを選択した場合、まずは自分の住むマンション・団地の残すべき魅力、改善点を踏まえ、目指すべき住環境の将来像を住民で共有することが大切になってきます。そのうえで必要な大規模修繕の項目、中・長期のスケジュールを立てることが重要です。

永く安心して住みつづけるために

立地条件に恵まれた建て替え可能なマンション・団地を除き、多くは住みつづけることの選択が多くなると思われます。世代を越えて持続可能な住まいとするためには次のことに留意する必要があります。

■時代に対応できる住環境

社会の変化により各時代で住環境に対する要求は変わってきます。10年前先進的だった住宅性能は今やあたりまえとなり、さらに社会的な要求は高まってきています。耐震性能はもちろんのこと省エネ基準の改正や、住宅の品質確保の促進などに関する法律（品確法）等に基づく省エネ性能や維持管理性能など住宅性能で評価される住宅が増え、新築マンションにおいては省エネ基準が法律的にも義務化されてきています。さらに既存マンションなどにおいても目標となってきています。

また国の住宅政策としても良質な住宅ストックの形成および流通促進を目指し、長期優良住宅化リフォーム推進事業や省エネ住宅エコポイント、既存住宅における高性能建材導入、さらに既存住宅の流通促進などにさまざまな支援、優遇措置を設け誘導しています。これらを活用し既存の居住環境を社会の要求する住宅性能に近づけることが現在においても住みやすく、資産価値のあるものとなります。

■投資価値のある住環境

分譲住宅を購入するということはある意味で自分の資産を住宅に投資するということになります。その投資対象となる建物の間取りや共用施設、外構などの評価とともに交通や商業の利便性や学校、公園等周辺環境も評価し、購入することになります。購入（投資）した建物がローンを払い終わる20～30年後に資産価値が激減することのないよう、ある程度その時代の要求する性能基準を維持していく必要があります。こういった性能基準を満足する住宅購入に際しては、金利の優遇措置や、所得税、固定資産税の減税措置が受けられます。このことは新たな購入者のためだけではなく、居住者が高齢化や病気などで自分の住まいを手放す状況に迫られたとき、売却価格にも反映されてきます。

つまり自分たちの居住環境の改善は、新しい入居者にとっての投資価値向上となるとともに、既存の入居者にとっても自分たちの老後に対する投資でもあります。

若年世代にとっても魅力ある住環境

高経年マンション、団地の高齢化が進むなか、建物の機能の若返りだけではなく、組合活動機能の活性化が必要になってきます。そのため若年世代の参加を促す活動、若年世代が中心となり活動できる環境が必要です。これからの住環境を担う世代が、成熟した住環境を活かしつつ、子育て、高齢者支援、イベント企画などをさらに魅力あるものへ発展させていく環境づくりが必要です。これらは居住者の暮らしの改善のみならず、外部からの若い入居者への誘因力ともなります。

コミュニティ活動の充実

マンション・団地のなかでは、すでに夏祭りや餅つきといった季節の節目などのイベントや子ども会などさまざまなグループの活動があるかと思われます。これらは、居住者の年代が若いうちは活発に行なわれていますが、年齢構成が上がると活動が鈍りがちです。しかしながらこういった場所での居住者の活動は世代を越えた人とのつながりを生みだします。また活動を通じて自分たちのマンションや団地に対するよい点や不満など話しながら改善点やこれから改善していきたい点などを話し合うことで将来像を考えていくことにつながります。

したがってこのようなコミュニティ活動を盛り上げていくことは共同住宅生活を楽しむだけではなく、団地の将来にとっても重要です。さらにこういった活動が広がり人間関係の輪が広がっていくことでマンション・団地の諸問題に対する合意形成もしやすくなります。

このように次世代につながる、永く住みつづけられるマンション・団地とするためには、自分たちの住宅性能および住環境に対する将来像をもち、その時代に合った住宅性能および住環境に近づけていく、またこの意識を管理組合および住民が共有していくことが必要です。そして各々がそのマンション・団地のなかで生活を楽しんでいることが重要なのではないでしょうか。

地域のコミュニティ

住民の手で守るマンションの価値

「選別の時代」到来で重要性増す自主管理

集工舎建築都市デザイン研究所 代表取締役 近角真一

ちかずみ・しんいち
1947年生まれ。1971年東京大学工学部建築学科卒業。内井昭蔵建築設計事務所を経て現職。（一社）東京建築士会会長。

マンションの価値を保つには、管理状態が一つの目安となる。共用部の汚れは劣化の原因となるので、早めの手当てが欠かせない。そして大規模修繕を含む長期計画は、常に、きめ細かに見直す必要がある。自主管理によって資産価値を保つにはどうしたらよいのか。

自分のマンション管理に関心があるか

マンションの管理は管理会社に頼んでいると答える方は多いはずです。区分所有者が支払う毎月の管理費より管理会社へ委託費が支払われます。

管理組合が管理会社に委託している管理は、マンションにとって必要な管理のすべてではありません。住民が自ら担わなければならない管理もあります。

■バルコニーに私物を散乱させている
■玄関アルコーブにビールの空箱、ゴミの袋が積んである
■開放廊下に面した窓ガラス、アルミ格子が汚れている

マンションの管理規約やバルコニーの使用細則には、住民自らが日常管理すべき範囲（バルコニー・玄関アルコーブ等）と、管理すべき事柄について書いてあります。

■セールスマンが無断で共用部分に入り込むことがある
■自転車置き場がいつも乱雑に使われている

マンションの共用部分に起こりがちな迷惑行為をどのようにして防止するかは、管理組合の知恵の出しどころです。管理会社にアドバイスを求めるのもよいでしょう。自主的にできる管理は住民自らが知恵を出し、管理に対して強い意識をもつことが肝要です。

共用部分の汚れをウオッチしているか

管理会社に委託している日常清掃部分以外の汚れ、つまり外壁や天井、屋根や屋上などの汚れは、経年とともにその程度を増していきます。その汚れをわが家の汚れとして、なんとか改善したいと思う人とあまり気にしない人がいて、感じ方の個人差は大きいものです。しかし汚れは塗装膜を傷め、漏水や下地のコンクリートの劣化の原因となります。つまり汚れはマンションの耐久性を大いに損なっているのです。決して好みの問題で済ませるわけにはいきません。

汚れを放置することは、それだけでマンションの評価を下げます。つまりマンションの管理状態が悪いことを世に広く宣伝しているようなものです。中古マンションを一軒ごとに購入して内装設備をやり替えて再販する専門業者は、購入物件を探すときにはまず管理状態を見るといわれています。管理状態の悪いマンションは誰も買いません。「中古マンションの価値は管理で決まる」と言っても言い過ぎではないのです。

価値を維持するためにある大規模修繕

汚れは早めに手当てすると費用も安くなることから、鉄部塗装は5～6年ごとに、外壁の塗り替えは足場を掛けて12～15年ごとに実施することが推奨されています。この12～15年ごとの修繕を「大規模修繕」と呼んでいます。

区分所有者は毎月の管理費とは別に修繕費を積み立てているわけですが、これは大規模修繕にかかる工事費用の準備です。

建物を買ったときの状態のまま保ちつづけることは理想ですが、なかなか難しい課題です。マンションは一棟一棟、仕様・仕上げが違いますし、立地条件も異なります。また、同じマンションのなかでも、場所によって汚れ方も劣化の度合いも違います。10年後、20年後、30年後、それぞれに劣化する場所もものも異なります。建物は人間と同じように、一定の傾向で劣化（老化）していきますが、人間と同じく個別性が高いのです。従って、大規模修繕でどこに手を入れるかについては、事前に十分に調査することが必要です。

管理組合は、それぞれ独自の長期修繕計画をもっていて、何年経ったら、どの部分の修繕をすると決めているのですが、これはあくまでも目安で、その通り実行しなければならないというものではありません。

長期修繕計画は繰り返し見直しを

あるマンションの劣化診断を頼まれたときの話をします。

近角さんが手がけたマンション再生事業「求道学舎リノベーション」からリストアップした「12年目の修繕候補」

・ガラス庇（鋼製）塗装、ガラス清掃
・擁壁（打放し仕上げ）亀裂点検
・RC階段清掃亀裂点検
・手すり（鋼製）塗装
・手すり（ステンレス）清掃
・鉄骨階段（鋼製亜鉛ドブ付け）踏面仕上更新
・外部照明器具LED化

まず、そのマンションに出向いて竣工図を見せてもらい、仕上げ材料を確認し、材料メーカーとも協議しながら劣化状況を診断します。しかし、こんな単純に見える調査も実は大変です。

竣工図が残っていることは、歓声を上げたくなるほどまれなことで、図面が一切残っていないマンションも実に多いのです。また、現地調査と図面を照合すると多くの誤りが発見されます。実際に施工した専門業者のリストが残っていれば手間が省けますが、目星を付けてメーカーを呼んでみると、他メーカーの他製品であることもよくあります。

次に、マンションの長期修繕計画を吟味します。そこには大規模修繕の度ごとの修繕すべき材料・面積・コストがリストアップされていますが、長期修繕計画はあくまでも目安ですから、先に述べたように、部位によって劣化の進行度が早かったり遅かったりする場合があるため、劣化診断により現状を把握することが必要であり、その結果により、長期修繕計画を現状に即するものに見直しをすることが必要となります。

管理組合が必要とする信頼できるパートナー

このような調査は、大変な手間がかかります。特に施工数

・鋼製玄関ドアの塗装
・ポーチガラス庇（ステンレス）の清掃、撥水剤塗布、シーリング
・屋上アスファルト防水トップコート再塗装
・搭屋ウレタン塗膜防水重ね塗り
・軒先金物廻りコーチング打ち直し
・集合郵便受け（木製）再塗装

・外壁塗装とシーリング打ち替え
・サッシ清掃とシーリング打ち替え
・外部床タイルの洗浄
・手すり壁（腰壁）塗装、笠木の防水

・エントランスホール内部床（タイル貼・板張り）タイル洗浄、木部塗装
・住戸玄関扉塗装
・内壁塗装
・天井塗装
・集合郵便受け清掃

・空調機置き場、避難器具置き場（鋼製亜鉛ドブ付け・一部アルミ・一部ステンレス）清掃、シーリング打ち直し
・縦樋詰まり点検
・パラペット笠木ウレタン塗膜防水
・植栽一部移植（足場設置のため）

量の間違いを正す作業には多くの労力がかかります。しかしこれだけの労力に報酬を払っても、管理組合はなお余りある成果を受け取ることができます。必要以上の無駄な工事にお金を使うことなく、耐久性にかかわる重要ポイントにはしっかりとお金をかけて、資産価値を保つことができます。そして何よりも、公正な業者選びのためのバックデータを手に入れることができるのです。

私に劣化診断を依頼された方も、マンション住民から信頼を置かれている人物です。彼は、彼の住むマンションの管理に人一倍情熱をもっていて、管理組合や自治会の仕事を積極的に担っています。長期修繕計画の中身にも強い関心をもっていて、次々回の大規模修繕時に至るまでの修繕会計にも課題意識をもっています。しかし、勤め人としての仕事を休んでまでそれに没頭することはできないので、私に声をかけたのです。正しい修繕工事をするために彼がぜひ必要だと思ったことを、彼の代わりに実行できるパートナーを探していたのです。

今申し上げたのは、築12年のマンションの例です。築20年以上のマンションだと、設備にくわしい専門家の診断が必要になります。築30年以上のマンションだと、設備に加えて構造の専門家の診断が必要な場合もあります。このように、高経年のマンションになればなるほど関与する専門家の範囲が広がっていき、修繕工事から改修工事へと工事のグレードも格段に増える傾向にあります。管理組合は、管理会社を含め、信頼できるパートナーを見つけておくことは必要なことです。

これからは「管理で差がつく」時代へ

これから日本のマンションは完全な「家」余り状況に突入して、新築マンションは売れない時代を迎えます。既築のマンションにも空室が目立ちはじめ、いよいよ生き残り競争が始まります。選別の時代に突入するわけです。

つまり、自分のマンションを考えるときに、自分が快適であるとか、自分が満足しているという主観的な価値基準ではなく、市場から見たときにどう見えるか、よく見えるのか、住みたいと思ってもらえるのかを住民自らが見極める時代に入っているということなのです。

「マンションの管理不全」に陥らないために

居住者の高齢化と建物の高経年化への対策

マンション管理研究所 関西センター所長 藤本佳子

ふじもと・よしこ
1975年奈良女子大学院修士課程修了。大谷女子短期大学教授などを経て、2011年から千里金蘭大学名誉教授。マンションの復旧、再建の研究などを行なっている。

言うまでもないが、集合住宅にはさまざまな人たちが住んでいる。そして、それは人の数だけ多様な価値観が存在することを表している。こうした多様な人たちが合意を形成するのは困難なことだが、「長期にわたって住みつづける」という点から時間をかけて準備したい。

建物不全と管理不全

管理不全には、管理組合の機能的不全と建物・設備の物理的不全があります。最近は大阪と沖縄の管理不全マンションを調べていますので、「マンションの管理不全」について報告します。

空家の管理不全についての明確な定義はありません。「空家等対策の推進に関する特別措置法」（二条二項）では、除却等の対象となる特定空家等を「そのまま放置すれば倒壊等著しく保安上危険となるおそれのある状態又は著しく衛生上有害となるおそれのある状態、適切な管理が行われていないことにより著しく景観を損なっている状態その他周辺の生活環境の保全を図るために放置することが不適切である状態にあると認められる空家等」としています。

物的な維持管理状態を基準として管理不全を想定していますが、マンション管理は「維持管理」「運営管理」「生活管理」「地域共同管理」の四側面があります。このため「管理不全」の判定には、運営管理等を含む多面的な評価を要すると考えます。

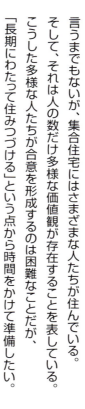

管理不全になる理由

ファミリー型マンションの場合、その理由として「二つの老い」、すなわち「居住者の高齢化」と「建物の高経年化」があげられます。建物の築年数が経過するにつれて、住戸の賃貸化が進み、マンションへの無関心層が増加し、居住者の高齢化により体力的に動けない、介護が必要、さらに空き住戸も増加などの理由で役員不足が生じます。

また、高経年マンションでは、大規模修繕時に修繕積立金の不足が生じる場合が少なからずあります。修繕の資金不足により、「合意形成」がますます困難になってきます。大規模修繕工事の合意形成ができないままに時がたてば、そのうちに建物・設備の老朽化が生じることになります。

大事なことは四つの共同

マンションは、価値観、世代、ライフサイクル、家族構成などが異なっている人々が、「共同生活」し、「共同所有」し、「共同利用」して、「共同管理」する集合住宅です。「四つの共同」なのです。

マンションは多様な価値観の人の集まりであり、管理組合は分譲マンションという建物を維持し住環境保全のために活動する団体です。管理組合のなかでの「合意形成」は、区分所有者（管理組合構成員）にとり、所有する財産を自分で管理するという観点からとても重要なことです。

マンションの管理組合は、すべて多数決により管理ルールである管理規約、管理水準、大規模修繕工事などを決めます。すなわちすべて合意形成をしていく必要があるのです。

しかし合意形成を阻害する要因は、マンション管理に関する知識格差、関心の格差、協調性のない区分所有者の存在、資金不足など多々あります。

管理不全に陥らないためには

管理不全は、管理規約がない、等価交換方式のマンションに見られるような多住戸の所有者への議決権の偏り、投資型やリゾート型マンションに見られるような非居住の区分所有者が多い、などの理由が挙げられます。

また、大規模修繕を実施するにあたり修繕費が不足する状況や、震災による修繕費不足も挙げられます。

管理不全に陥らないためには、常日頃から計画的な管理体制をつくっておくことが重要です。それには適正な管理の条件として、①竣工図面、構造設計書、総会議案書の保管、②修繕履歴の整理と管理、③長期修繕計画の作成・修正・保管、④役員の経験の継続性および役員と組合員に対する研修体制

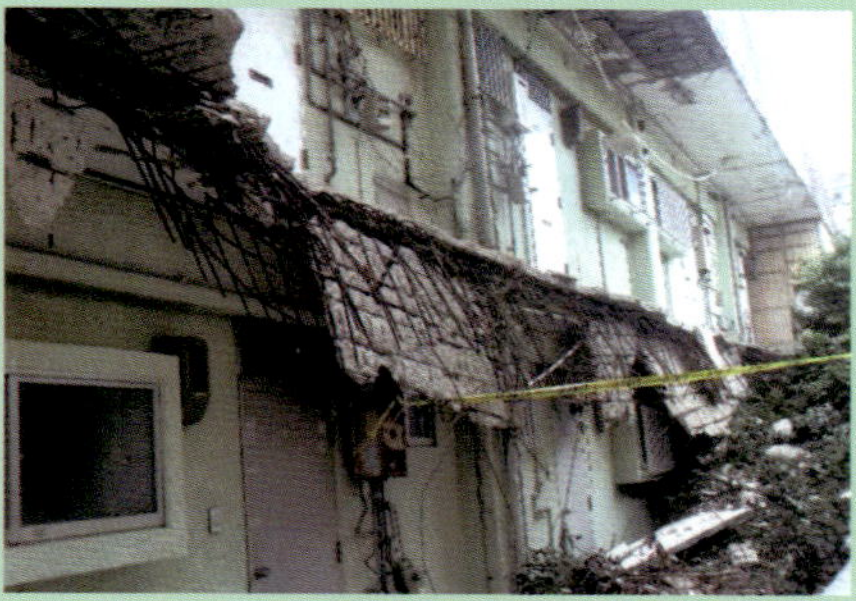

2階部分の外廊下が倒壊した沖縄のマンション

築61年の大阪のマンション。ほぼ修繕をしたことがない

築61年の東京のマンション。大規模修繕をしたことはないが、何度も修繕を実施

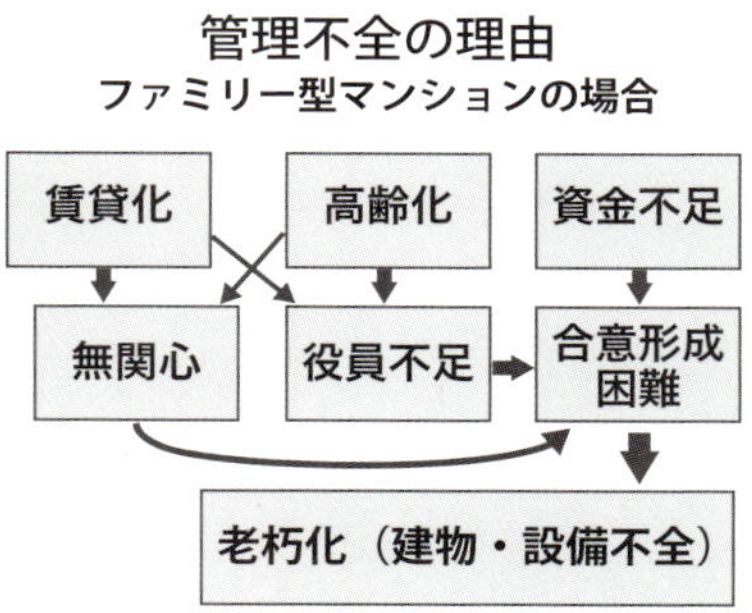

戸建てとマンションの違い
ー四つの共同ー

- **共同生活**
  上下、左右の重なりあった住戸
- **共同利用**
  廊下、階段、エレベーター、駐車場、集会所、駐輪場、バイク置場など
- **共同所有**
  複数の住戸所有者
- **共同管理**
  管理組合による合意形成

住みたいマンションとは？

1、安全安心なマンション
2、スムーズな管理組合運営
3、コミュニティの活性化
4、地域との連携

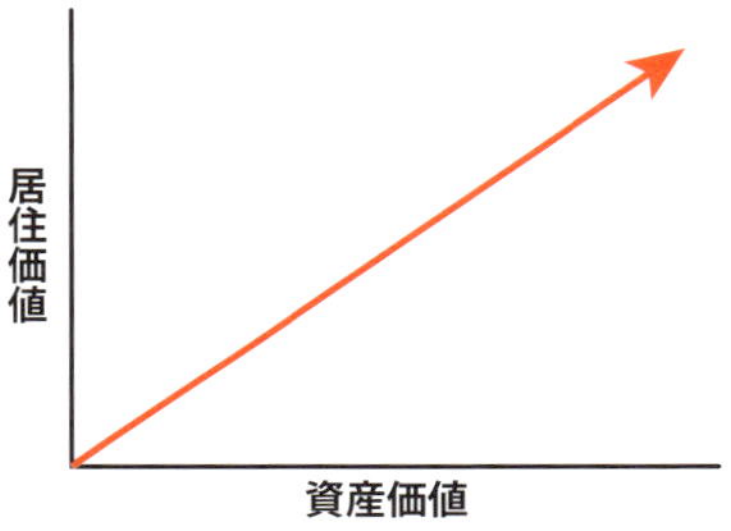

などが求められます。

つまり、専門性、継続性、責任性をもった管理組合へステップアップすることだと考えます。

防災面から長期的かつ計画的な管理を

地震活動期に入ったといわれるわが国では、次の二項目への準備対応が重要となります。
①震災の教訓と災害に強いまちづくり、住まいづくり
● 地震や津波による被害
● 建物の損壊や地盤の液状化による被害
②計画的管理・計画的修繕
● 日常の手入れ
● 大規模修繕工事の実施
● 耐震診断や耐震補強、耐震改修
● ライフスタイルの変化に応じた環境改善計画の推進
● 場合により建て替えと管理組合の解消
筆者の2017年7月24日付調査では、熊本地震の場合、約850マンションのうち、全壊判定は17事例あり、建て替えへ進んでいるのは1事例、解消を選択するのは6事例、補修・補強を選択したのは6事例、未決議が4事例でした。

公費解体の申請を受理されたのは2事例のみです。解体決議は5分の4以上で行なえても、解体には全員の同意書を求められており、同意書がそろわないマンションでは仮申請となっています。未決議のところは、建物を解体し管理組合解消か、補修・補強かで検討中です。

計画的な管理には「住みたい」マンションづくり

管理不全に陥らないためには、地震国のわが国では四つの項目が考えられます。
①安全安心なマンション、②スムーズな管理組合の運営、③良好なコミュニティ、④地域との連携です。
まず建物が地震や津波、水害などの自然災害に安全で、子育てや高齢者にも安全なマンションであることです。

次に、管理組合が合意形成しやすい、良好な意思決定が行なえる住環境にあることです。それには、日ごろからのコミュニティの充実や、自助、互助、共助できる環境にあること、さらに地域との良好な関係を形成していることです。

それには、皆が、私が、「住みたいマンション」をつくることなのです。このようなマンションであれば、このようなマンションにしたい、このようなマンションに住みたいという、マンションをつくることなのです。

マンションの生涯設計を

住みたいマンションであっても、大規模修繕を行ない、どれだけ改修工事を実施しても、いつかは終末を迎えます。どんなマンションづくりしたいのか、何年このマンションをもたせたいのか、マンションの終末をどのように迎えたいのか、人間の一生涯と同じように考えてみましょう。

歳をとった高経年マンションには、三つの選択肢があります。①建て替えるか、②長期に使いつづけるか、③解消するかです。②長期に使いつづける、を選択した場合、修繕か、改修するかという選択肢があります。そして、最後にマンションの寿命が尽きるときに、建て替えするか、解消するかという二択が出てきます。

このマンションの寿命をどのように考えるか、どこまで長期に使いつづけたいかにより、選択肢が決まってきます。

阪神・淡路大震災の場合、最終的に建て替えは１０９事例、解消は10事例に満たなかったのではないかと考えられます。東日本大震災の場合、筆者の調査では、被災マンションの解消は4事例、建て替えは1事例でした。熊本地震の場合は、建て替えは1事例の予定、解消は6事例プラス数事例となるかもしれません。公費解体制度を利用しても、建て替えはほとんどなく、解消する事例も少ないのです。

これは、震災という災害時にあたり、マンションの将来を決める管理組合の合意形成の難しさをよく表していると思います。すなわち平常時には、時間をかけて「長期にマンションを使いつづける」ことが、一番合意形成がしやすいといえましょう。

長く快適に住みつづけるためには、計画的に大規模修繕工事を実施できるように、修繕積立金を準備しておき、そしてマンションの終末をどのように迎えるのか、準備を怠らないことだと考えます。

皆さまのマンションの未来が明るいように願っています。

次世代の集合住宅に向けた提案

大阪ガス実験集合住宅NEXT21の試み

大阪ガス株式会社 エネルギー・文化研究所 主席研究員 加茂みどり

日本をはじめ先進国では少子高齢化が進み、
それに伴ってライフスタイルも多様化している。
スケルトン・インフィル方式を採用した実験集合住宅では、
これからの住まい方として「中間領域」を提案しはじめた。

実験集合住宅NEXT21とは

大阪ガス実験集合住宅NEXT21（写真1）は、1993年に竣工した地下1階、地上6階建ての集合住宅です。大阪ガスの社員家族16世帯が、近未来の住宅のあり方を模索する実験に参加しながら居住しています。建物の構造躯体（柱・梁など）であるスケルトンと、内装部分（内装やインテリアなど）であるインフィルを分けて考えるスケルトン・インフィル方式で建設されています。これまでに、リフォーム実験や住み方調査、最新のエネルギーシステムや設備、建物緑化を通じた多くの研究・提案を行なってきました。

今回は、次世代の住宅に向けてNEXT21において提案している内容の一部をご紹介したいと思います

外部空間と親和性の高い暮らし

私は京都の古い町家で育ちましたが、当時の町家の断熱性能はかなり低く、確かに過酷な部分もありました。まず冬の寒さが半端ではありません。隙間風もひどくて、室内の温度は外気温とほぼ同じです。大きな音を立てると、隣家にも聞こえます。一方で、雨音や風鈴の音が聞こえるのは、風情のあるものでした。父の帰宅は、運転する車のブレーキをかけ

かも・みどり
大阪ガス株式会社 エネルギー・文化研究所主席研究員。京都大学大学院工学研究科建築学専攻博士課程修了。博士（工学）。一級建築士。

る音でわかりました。

もともと、温暖な気候の日本の住生活は、外部との親和性が高いものです。外部空間と室内空間に関係性をもたせ、一体的に使用することや、外部空間の快適性や気配を取り入れながら生活することは、本来は日本の居住文化の一つの特徴ともいえます。風通しを重視しつつ、状況に合わせて雨戸や障子、ふすまなどの建具で仕切り方を選択する。縁側のような空間で、季節感を楽しみ、庭の緑を愛で、光、風を感じる。室内にいながら、外の景色や気配を感じ過ごす。このように、室内空間と庭などの外部空間との関係は、とても密接で多様です。そして、そのような生活には、日本の伝統的な住まいにはあたりまえのように存在する縁側のような、外と内の中間的な空間の寄与するところが大きいと考えられます（図1）。

「中間領域」の提案

一方、集合住宅は近年とても気密性が高くなっています。壁や建具も断熱性能や防音性能が高くなり、外部空間と室内空間が、はっきりと分断される傾向にあります。住戸内空間は外から遮断された小空間となり、雨の音などが聞こえず、室内にいると外の様子や天気がわかりません。

そこでＮＥＸＴ21では、日本の居住文化の継承が集合住宅でも実現することを目指し、外部空間と室内空間、または公的領域と私的領域が重なり合う部分を、両方の質を併せもつ「中間領域」として提案しています。気持ちのよい季節には外部空間の質を室内に招き、そうではないときは外部と室内のバッファーゾーンとなります。季節感を楽しんだり、外部空間でありながら雨風や日差しを避けたりできる、縁側やサンルームのような空間です（写真2、3）。

また、省エネルギーの視点から考えても、厚い断熱材で外部と室内を仕切るだけではなく、たとえば「中間領域」の外部空間側・室内空間側の両方の建具で仕切れば、室内空間の断熱性能は向上します。もちろん夏に冷房によらず、開け放して風通しで涼をとるという選択もあり得ます（図2～4）。外壁だけで断熱性能を担保する以外にも、建具を使うなど、従来の居住文化のなかに環境に配慮する手段を見いだすことができます。

さらに、私的な空間と公的な空間の質を併せもつ中間的な空間があれば、来訪者のアクセスについて、居住者がコントロールしやすくなります。来訪者によって招き入れる空間が選択可能であったり、居住者がその時々の状況によって、外部と室内の仕切り方を調整できることは、住まいの一部をコミュニティに開放したり、ヘルパーやシッターなどの外部サ

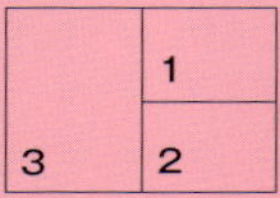

写真1：大阪ガス実験集合住宅 NEXT21外観写真
写真2：NEXT21「余白に棲む家」の中間領域（写真右部）（設計：竹原義二）
写真3：NEXT21「しなやかな家」の中間領域　（設計：近角櫻子）

ービスを安心して受け入れたり、また、住まいの一部を仕事に使ったりするなど、生活行動の可能性を広げます。少子高齢社会における多様なライフスタイルや交流の実現に役立つ可能性があります。

「中間領域」のような空間を備えた集合住宅は、まだあまり普及しているわけではありません。しかし、リフォームやリノベーションを通じて、ベランダと連続的な土間を室内に設けたり、サンルームのような空間をつくる事例は少しずつ増えています。もしリフォームを予定されているのなら、検討してみてもよいのではないでしょうか。

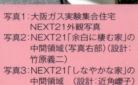

少子高齢化に対応した住まい

少子高齢化に対応した住まいを考えるとき、その一つの課題といえるのは、来訪者の受け入れ方ではないでしょうか。住まいへの来訪者といえばお客さまですが、今後少子高齢化がさらに進むと、もっとさまざまな方々が住まいに訪れることを想定する必要があります。介護サービスや育児サービスのヘルパーさんやシッターさん、そして家事サービスの方々もいらっしゃるかもしれません。また、家で仕事をする場合は、仕事の関係者が打ち合わせなどに来る場合もあるでしょう。

多くの場合、玄関の鍵を開けて、第三者が住まいに入った場合、セキュリティとプライバシーは確保されません。基本的には、住まいのセキュリティを守る、外から開閉できる鍵が、玄関にしかついていないからです。ところが介護や育児のサービスを受ける場合、この唯一のセキュリティを確保する鍵を人に預けなければならないケースが出てきます。シッターさんに保育園から子どもを連れて帰ってもらい、親が帰宅するまで待っていてもらう場合。要介護度の高い高齢者の介護に、他の家族の不在時に来てもらう場合。最近は、家族全員が就寝している夜中に、要介護高齢者のおむつ交換に来訪するサービスもあると聞きます。さらに、住まいの一部を仕事に使用している場合、仕事仲間や関係者が訪れたり、本人の外出中に、家族ではないスタッフが仕事の作業をしたりする場合もあるでしょう。これらの状況でも、セキュリティや家族のプライバシーを守らねば、安心してサービスを受けたり仕事をしたりできません。実際に、私が行なったワーキングマザーへのインタビューでも、仕事と育児の両立が時間的にも肉体的にも困難であるにもかかわらず、シッターサービスを利用しない理由として、セキュリティやプライバシーの確保ができないことを挙げている方もおられました。

そこで、NEXT21では、住まいを二層化する提案をしています。玄関の鍵を持っていても、入れない空間を住まいのなかに確保するのです。そうすることで、貴重品や見られたくないものをその空間に入れておけば、第三者の目に触れられずにサービスを受けることができます。また、仕事に使用するゾーンと、家族の使用する空間を出入り口から分けておけば、家族の誰かが住まいで仕事をしたり、仕事上の来訪者があっても、他の家族はリラックスして過ごすことができます。

住まいを二層化するためには、もちろんリフォームなどで対応することが可能ですが、貴重品などを入れておくだけでよければ、もっとも簡単には、部屋の一つに外から掛けられる鍵を追加するだけでよい場合もあります。わが家はマンション住まいですが、子どもが小さいころには洋室の一室に鍵を取り付け、シッターサービスを利用していました。それだけで、とても安心感があります。

おわりに

NEXT21では、このような提案住戸に社員が実際に居住する実験を実施し、検証しています。ほかにも、燃料電池を含むエネルギーシステムや、建物緑化と自然生態系の復元状況の検証など、多くの実験を行なっています。居住実験の結果から、将来の住まいに役立つ情報をぜひまたご報告できればと思います。

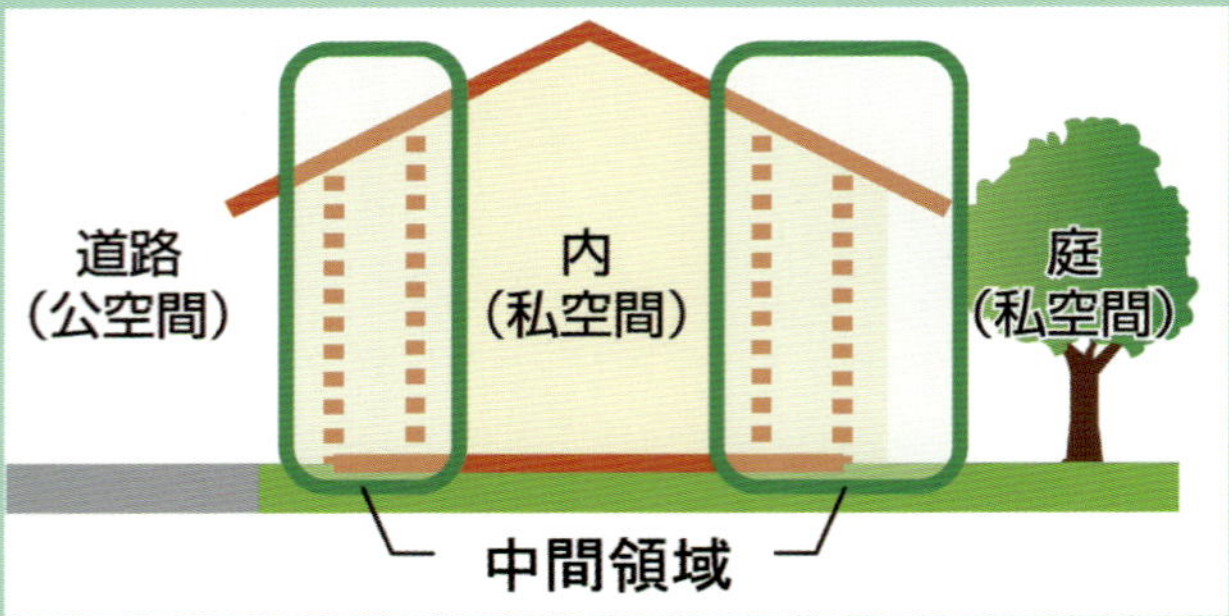

図1：住まいの中間領域

図2：中間領域の活用ー外部空間の気持ちの良さを室内に取り入れる

図3：中間領域の活用ー季節感を楽しむ

図4：中間領域の活用ー建具を閉じて、断熱性能を向上させる

世界の団地・マンションを巡る旅

比較マンション法の研究

早稲田大学法科大学院 教授
鎌野邦樹

かまの・くにき
日本マンション学会会長。主な著書に『マンション法案内』、『コンメンタール マンション区分所有法（第3版）』（共著）など多数。

団地やマンションの再生に関して、他国の状況を知ることは重要だ。どの国で、いつ、どのように法律が定められたのか。ヨーロッパ、イギリス・アメリカ、極東アジアにおけるマンション法とその実態の一端を紹介する。

マンション法制の世界比較研究

20年ほど前から海外の研究者数名を含む十数名の研究者の協力を得て、マンション法制の比較研究を行なっている。現在までに、ドイツ、フランス、イギリス、スイス、オーストリア、ベルギー、イタリア、ギリシャ、オーストラリア、アメリカ、韓国、中国、台湾の法制を調査してきた。できるだけ現地を訪れ、マンションや団地を見学し、また、関係者に話を聞いてきた。以下では、このような研究の旅について述べてみたい。

シチリアの古代ギリシャ遺跡から

本紙での旅の始まりは、古代ギリシャ遺跡から。私は、2013年9月初めイタリア・シチリア島のアグリジェントの古代ギリシャの神殿群から、北側2㎞先の古代ギリシャ期にはアクロポリスがあった丘を眺めていた（南側は地中海、その先はアフリカ）。そこからの眺めについては、1787年にはゲーテが、1927年には和辻哲郎が、1980年代には辻邦生がそれぞれ記している。

現在の眺めは、三十数年ほど前から建設されたマンション群から構成されている。ギリシャ、ローマ、ビザンティン・

イスラム・ノルマンの中世、近代を経て文化を重層させ、行き着いた先の現在の姿である。地中海からの風がアーモンド、レモンの木々を通って吹いてくる「古代ギリシャ」の地点から、「現在の人々の日常のマンションでの営み」や「100年後の風景の変容」について、オリーブの木陰でいろいろと想いをめぐらしたひとときであった。

マンション・団地の誕生と法律の制定

さて、研究の話に戻ろう。近代において、建物を区分して所有し（専有部分）、その区分所有者が敷地やそれ以外の建物の部分（共用部分）を共有するスタイルの住宅（マンション）が登場したのは、第一次世界大戦後であり、それが都市部およびその郊外部で大量に供給され普及したのは、第二次世界大戦後である。それに伴い、1920年代のベルギーやギリシャを皮切りに、各国で、このような建物についての区分所有者間の所有関係と管理の仕方を規律する法律が制定されていった。その後、本格的なマンション法(区分所有法)が、例えば、ドイツでは1951年、フランスでは1965年、そして日本では1962年、韓国では1984年に制定されていった。

大まかに言うと、各国のマンション法は、次の点で共通する。一棟の建物について、各居住者は、自己が専用する部分と全員で共用する部分に対して異なる性格の二つの権利を有し、敷地と共用する部分については、全員により、規約や集会決議に基づいて管理し、その具体的業務は、全員により選任された管理者が、規約や集会決議に基づいて執行する。

このような大枠の下で、各国のマンション法は、①自己が専用する部分と全員で共用する部分の範囲、②規約の制定、③集会決議、④管理の方法、⑤建物の改修・復旧などについての多数決割合などの各事項について、多様な定めを設けている。

このうち、もっとも顕著な多様性が見られるのは、マンション・団地の「再生」に関する事項である。大まかに言うと、(a)ヨーロッパ大陸法は、多数決議による建替えを認めず基本的に改修によって「再生」を図り、(b)イギリス・アメリカ法は、多数決議による「解消」(建物・敷地の売却)によって区分所有関係を終了させて「再生」を図り、(c)日本を含む極東アジア法は、「建替え」によって「再生」を図るものとしている。

旅の醍醐味

私たちが法制の比較研究において外国を訪ねる目的は、そ

フランス：パリ市内の1925年建築のマンション

イタリア：シチリアの古代神殿から見るマンション群

韓国：ソウル市内の超高層大規模団地群

中国：杭州市の超高層大規模団地

日本：人工地盤上に7つの建物部分が建つ1000戸の「1棟の建物」

韓国：団地の入居者代表会議の集会室

の国の法制にもっとも精通している研究者・政府の立法担当者・弁護士・管理業務担当者などにヒアリングをして、法文の意味や趣旨を尋ねるだけではなく、法律には書かれていない事柄や法律通りには運用されていない事項を教えてもらうことにある。また、実際にマンションや団地を歩いて、その国の住生活の実際を感じとったりする。これらによって、長期間の文献調査では理解できなかったことが一瞬でわかることもあり、逆に、新たな疑問が浮上することもある。このようなことが、旅の醍醐味であるが、次に、そのような断片を二つだけ紹介しよう。

アリゾナ、ソウル、そして日本

マンションや団地の「再生」に関し、先に述べたようにアメリカ法には「解消」制度がある。２０１３年１月に滞在先のアリゾナでコンドミニアム法の第一人者であるハイアット弁護士を訪ね、「解消」の事例がどのくらいあるのかを尋ねた。答えは、「再開発や災害を除くと、Very very rare」とのことだったので、再開発での事例は多いのかを尋ねると「Very rare」、災害の場合を尋ねると「Rare」とのことであった。

中国や韓国のマンションの多くは、超高層建物からなる大規模団地を形成している。１０００戸を超える団地において、法律に定める区分所有者全員による集会の決議はどのように行なわれるだろうか。２０１６年９月にソウルの団地を見学して、「集会」は開催されず、各棟から選出された入居者代表会議において決定されることを改めて認識した。

それでは、日本ではどうか。区分所有法の定める管理者の職務は、実際には理事会が担うことが多い。また、区分所有法には定めのない「管理業者（管理会社）」が重要な役割を果たしており、区分所有法上の管理者を務めるケースも見られる。また、マンションや団地の「再生」が「建替え」によって実現されている事例はきわめて少ない。諸外国と同様に、必ずしも法律通りに現実は動いていない。今後もマンションを巡る各国の旅は必要であり、その研究も、まだまだ旅の途上にある。

イギリスのモデル・ヴィレッジ「ソルテア」

世界初といわれる近代都市計画地を巡る

そもそも集合住宅はどのようにして生まれたのか。産業革命後のイギリスでは、企業家が雇っている労働者と引退した労働者のために住環境を整えたのが発端だという。明治政府も見学したイギリスの「ソルテア」の歴史と今をたどった。

共立女子学園 名誉教授 山森芳郎

やまもり・よしろう
工学博士。主な著書に『ヴィクトリア時代イギリスの田園生活誌』（共訳）、『キーワードで読むイギリスの田園風景』など。

ソルテアの発見

世界で初めての鉄橋、世界で初めての運河トンネル、世界で初めての鉄道トンネル……。イギリスの人たちは「世界で初めて……」という形容がお好きなようだ。「ソルテアは世界最初の近代都市計画である……」と観光パンフレットに出ている。ほんとうだろうか。

私が西ヨークシャーの工業都市ブラッドフォードの北にあるソルテアという「町」の名前を知ったのは、２０１６年夏、20年ぶりのイギリス旅行に出かける2～3カ月前のことだった。

実は四半世紀前、私が初めてイギリスに滞在してイギリスの田園風景研究を開始したとき、産業革命の痕跡をなかなか発見できなかった。今回の旅行は19世紀のイギリス文学と風景の関係を確かめることが主題だったが、目的地の一つ西ヨークシャーは19世紀に工業化が進んでいたので、産業革命や工業化の写真を撮るいいチャンスだった。

とりわけ、工業都市リーズと港湾都市リバプールを結ぶ運河は、途中、ブリテン島の背骨ともいわれるペナイン山脈を越える。インターネットのウィキペディアとグーグルアースを頼りに、あらかじめ魅力的な撮影箇所を探したのだったが、そのうち見過ごしていた運河沿いの工場が気になりはじめた。何度か見返しているうちに、それがソルト・ミルという繊維工場だったことがわかった。ルネッサンス様式、淡黄色の石造建築で、運河の両側にそそり立つ姿には抜群の迫力がある。

企業による都市建設

都市計画の発端はブラッドフォードの位置だった。馬車の時代、ブラッドフォードは工業化によって急成長したが、運河の時代になるとリーズ・リバプール運河から細々とした支川を引き込まなければならなかった。ソルト・ミルは以前、そんなブラッドフォードの中心にあったが工場の拡張もままならず、他方工場や住宅からの排煙による大気汚染は劣悪を極め、労働者の健康を害していた。

19世紀の半ば、輸送手段は運河から鉄道に移りつつあった。鉄道網はリーズ・リバプール運河に並行して敷設されたので、ブラッドフォードは再び、そこからの引き込み線に頼らざるを得なかった。

1851年、ソルト・ミルの当主タイタス・ソルト（1803―1876）は工場の移転を決意し、あわせて労働者の住環境の改善を図ろうと考えた。移転先はブラッドフォードの北4マイル、工業用水をふんだんに供給してくれるエア川に沿い、リーズ・リバプール運河も、1848年開通のリーズ・スキプトン鉄道も開設済みだった。鉄道は、やがてペナイン山脈を越えて、ランカスターやリバプール、マンチェスターなどと結ばれることも決まっていた。ソルトは、移転先の地名として自らの姓であり、企業名でもあるソルト（Salt）とエア（Aire）川（渓谷）をつなぎ、「ソルテア（Saltaire）」と名付けた。そして、地元の建築家ヘンリー・ロックウッドとリチャード・モーソンと契約すると、さっそく新しい「町」の建設に着手した。

注目すべきことに、彼らは工場や労働者住宅を移転しただけではなく、病院や従業員養成学校、教会、文化ホール、広大な公開緑地、労働者のリタイア後の住宅などを併設し、新しいライフ・スタイルを提示しようとした。1853年、早くも最初の建物が完成した。工場棟ソルト・ミルである。従業員3000人、設置した織機1200台、当時世界最大の工場だった。

モデル・ヴィレッジという精神

イギリスの歴史をおさらいすると、18世紀後半の産業革命の後、19世紀にはランカシャーやヨークシャーを中心に工業

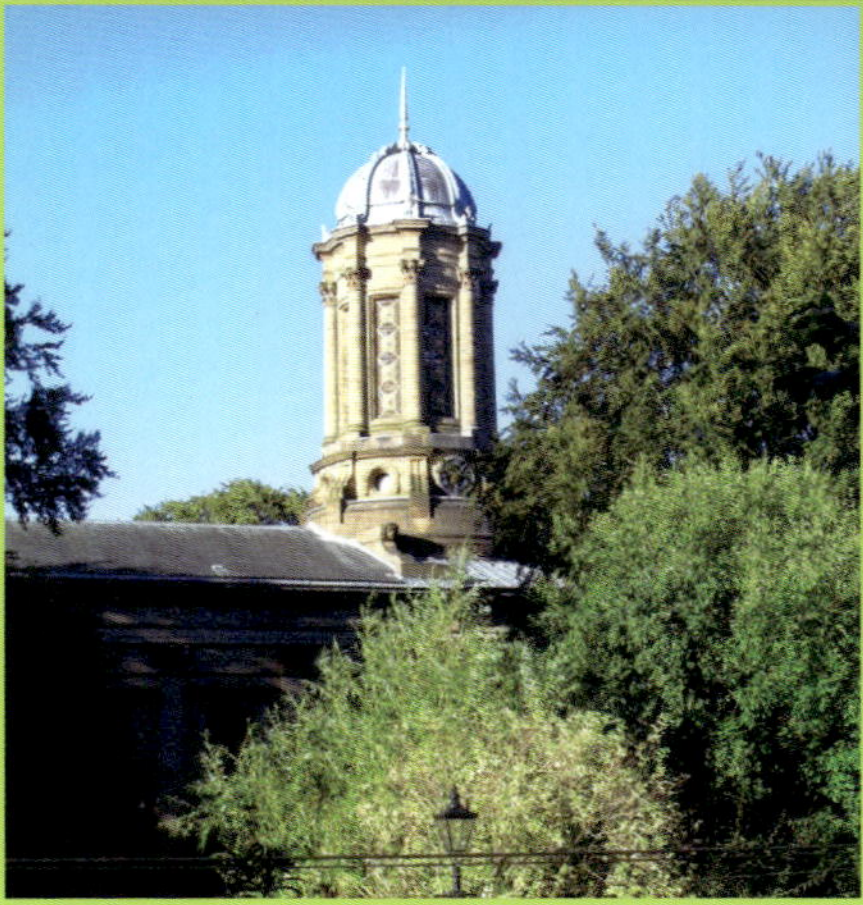

2	1
4	3
6	5

1. ソルト・ミル(工場)。現在は美術館、事務所、商店、レストランなどとして使われている
2. 十分な自然採光に配慮した住宅街
3. ソルテアの中心軸、ヴィクトリア・ロード
4. コンサートや催し物に使われる文化ホール
5. 市民憩いの場、公開緑地
6. タイタス・ソルトが埋葬されている教会

化の時代に入るが、実態は資本主義による経済の好不況が繰り返され、深刻な労使紛争や宗派対立、環境問題に直面することになった。そんなとき、一部の企業家は私財をつぎ込んで、雇用している現役の労働者や引退した労働者のために快適な住環境をつくり、労使関係を安定させようとした。

このような、篤志家（フィランソロピスト）によって建設される住宅群は「モデル・ヴィレッジ」と呼ばれ、産業革命直後の19世紀前半には、その名の通り、田園地帯に建設された十数戸程度の小規模なものがほとんどだった。そして工業化が進んだ19世紀半ばを過ぎると、住宅規模は数百戸単位になり、工場はもとより、教育施設やレクリエーション施設、病院などを含む総合市街地として開発され、ソルテアはその先駆的な役割を果たした。明治維新の最初期に欧米に派遣された岩倉具視使節団もここを見学したという。

ソルテアと並ぶ市街地型モデル・ヴィレッジの代表例として、19世紀末から20世紀にかけてチョコレート・メーカー、キャドバリーの創始者ジョン・キャドバリーとその後継者によってバーミンガム南部に開発されたボーンヴィルがある。

ソルテアの再生

モデル・ヴィレッジの「モデル」とは普通「模範的な」「手本となる」などと訳されるが、解説書はわざわざ「理想的な」という意味だとことわっている。

ソルテアやボーンヴィルで提案された都市計画の精神は、やがて二〇世紀冒頭の「ガーデン・シティ（田園都市）」や第二次世界大戦後の「ニュータウン」へと引き継がれ、栄光あるイギリス近代都市計画の歴史を形づくった。

１９８０年代に入ると繊維産業が不振に陥り、１９８６年、広大なソルト・ミルは閉鎖を余儀なくされた。ところが、有能な事業家ジョナサン・シルヴァーがその工場を買収し、たった数カ月後に建物の一部を使って美術館をオープンさせ、１９９０年代には事務所、商店、レストランなどが入る複合ビルとして再生させた。住宅群は設備が改良され、さまざまな階層の市民に提供されている。文化ホールはコンサートなど催し物に利用され、病院はアパートメント、教育施設はコミュニティ・カレッジとして新しい機能を担うことになった。最初の建物の完成から１５０年以上経過したが、すべての建物が現役である。

これらがユネスコによって評価され、２００１年、ソルテアの工場建築および住宅市街地は世界遺産に登録された…という次第である。

日本初の「文化アパートメント」の誕生

経済学者・森本厚吉の挑戦

関東大震災からの復興支援のために設立された財団法人同潤会が、大正末期から昭和初期に建設した集合住宅が「同潤会アパート」だ。唯一残っていた「上野下アパートメント」も取り壊された今、その設計思想を考えると近未来の文化的生活が見えるかもしれない。

佐藤由巳子プランニングオフィス 主宰　**佐藤由巳子**

さとう・ゆみこ
明治大学建築意匠学博士課程満期修了。MBA（ヘルス&ソーシャル・ケア）。建築家前川國男、草月流家元勅使河原宏の秘書を経て佐藤由巳子プランニングオフィス主宰。

日本初の文化アパートメント・ハウス

　1986（昭和61）年に壊された東京お茶ノ水と水道橋の間の神田川沿いの外堀通りに面して建っていた当時の「日本学生会館」。この建物が、1925（大正14）年12月1日に開館した欧米の生活様式を取り入れた「日本初のアパートメント・ハウス」（鉄筋コンクリート造り五階建て、94戸の集合住宅）であると知ったのは、最近送られてきた小冊子、松岡明子著『文化アパートメントの誕生―経済学者森本厚吉の挑戦―』（松岡明子先生記念会2016）からです。

　森本厚吉（1877―1950）は、人間の肉体的生存への欲求、社会的地位への欲求、経済的能率への欲求という三つを満たすことができる中流階級は、社会を改善する中枢的な役割を担うべきだとし、中流階級のためにこの都市住宅としての「文化アパートメント」を建てました。

江戸川アパートの理想は文化アパートメント

　一方、新宿区にあった同潤会江戸川アパート（1934～2003年、鉄筋コンクリート造り地下1階、地上5階と6階、131戸の単身者用ワンルームを含めた全260戸）の解体前の10年間、私はその1階の端の部屋を仕事場にしていました。

設備は老朽化していましたが、天井高は高く、住戸の間取りは暮らしやすく、隣室の扉と対面することもありませんでした。しかも住棟間には広い中庭があり、住戸のプライバシーは守られ、下階は家族用、上階は単身者用の狭い部屋という近距離で多世代が暮らせました。また、使われていない集会所や共同浴場、造形力あふれる広々とした階段室などを見ると、ここがかなり文化程度の高い、優れた都市住宅であることがわかりました。

関東大震災（１９２３［大正12］年）の翌年、帝都復興のために発足した同潤会の役割の一つに耐震耐火型ＲＣ造りのアパート建設（18年間に16カ所、全２８００戸）がありました。会は、森本を理事の一人に迎え、彼の理想を引き継ごうとしたのでした。その計画の最後となった江戸川アパート（１９３４［昭和九］年）は、スラム浄化という目的のほかに、「日本の中産階級者の住居として指導的アパートになる」という、まさに森本の夢である新しい暮らしぶりを啓蒙していた（『乱歩と東京―１９２０都市の貌』松山巖著）というのですから、私はその文化アパートメントに興味を抱きました。

森本の文化生活の実験事業

１８９７（明治30）年、新渡戸稲造（１８６２―１９３３）を慕い札幌農学校本科に入学した森本厚吉は、そこで有島武郎（１８７８―１９２３）と親交を深めます。卒業後、森本は新渡戸と同じジョンズ・ホプキンス大学へ留学し、その後、母校で教鞭をとりますが、１９１５（大正４）年、生活水準の比較方法を学ぶため再びジョンズ・ホプキンス大学に行き、翌年"The Standard of Living in Japan"でPh.D.の学位を取り、１９１８年、北海道帝国大学農科大学の教授になります。

そして、１９２０（大正９）年、有島武郎と大正デモクラシーの立役者、民本主義者の吉野作造（１８７８―１９３３／東京帝国大学教授、法学博士）を顧問に「文化生活研究会」を設立し、『文化生活研究』を刊行し、文化生活に関する啓蒙運動を開始します。

「文化生活は名目ではなく実質である」。

文化生活（Cultured Life）、市民生活（Civilized Life）ではなく"Modern Life"こそが文化生活であるという森本は、１９２２（大正11）年、「財団法人文化普及会」を設立し、

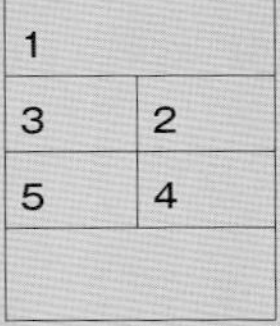

1. 文化アパートメント・ハウス全景
2. モダンな文化アパートメント。暖炉のある居室
3. 文化アパートメントの食事室(椅子とテーブルはすべて洋式)
4. 新装された文化アパートメントの社交室
5. 文化アパートメントの寝室

自らが理事長となり、文化生活の実験事業として『文化アパートメント・ハウス』の建設に取りかかりました。

建設費は、当初、内務省から低利融資を受けることになっていましたが、関東大震災後で減額されたため、建設にかかわる大林組やヴォーリズ建築事務所らからの寄付金などを加えて、いったんは四階建てで完成させ、後に原案の五階に増築しました。

文化生活は上流階級のもの

設計図には、地下1階に自動車車庫・洗濯室・倉庫・機関室・給湯タンク室、そして当時としては最新式の設備、セントラルヒーティング方式のボイラー室があり、地上1階には共用部分の玄関ホール・社交室・宴会室・食堂・料理室・売店・管理事務所などがあります。

2～4階までのアパート専用部分は、2階に8戸、3階に17戸、4階に17戸が配され、一戸当たりの室数は1室、3室、4室、5室、最大7室の5タイプ。もっとも多い1室タイプは42戸中24戸を占め、約10坪の1室タイプは、主室に台所、食事室、衣装室、バスルームが付属し、便器は水洗式、台所のごみはダストシュートで1階の焼却室で処理され、各室のドアの位置は他の居住者に迷惑がかからないように配置されています。

当時の新聞には一般の市民生活より高級（木造住宅の2倍の家賃）であるため、「ブル（ジョア）的文化人のためのお茶の水の文化アパートメント」と評されています。

そのころ、一家5人の中流階級が東京で暮らすには最低限年収3000円が必要で、この年収を得る層は東京でわずか2％でした。

アパートの管理運営と家政学

一方、教育者であった森本に代わって管理運営を担ったのは、夫人の森本静子です。

静子は、1922（大正11）年に単身渡米し、ニューヨーク市のコロンビア大学ティーチャーズ・カレッジに新設された広義の家政学といえる「公共施設管理」の講座を受けながら、アメリカの集合住宅を視察しアパートメント・ハウスの家族経営の方法を学びます。

実際、開設後は、家具なしから家具付きへの変更や、ホテル・アパートメント形式に一部変えるなど、居住者に対する支配人と事務所を兼ねた静子の家族的管理が、森本の理想とする文化生活を具現化していました。

夫妻は、この文化アパートメントでマネージメントの実習教育を行なうことで将来の有能なハウスキーパーを養成し、世に送り出したいと、1928（昭和3）年、女子経済専門学校（新渡戸稲造校長、森本厚吉副校長）を創設しました。

これからの生活者に求められる文化生活

故松岡明子氏の小冊子をまとめた元共立女子大学の同僚、山森芳郎氏の名著『生活科学論の20世紀』（家政教育社2005）によると、経済学者としての森本は「経済を生産と消費に分ける場合、明らかに生産側には組織や国家を、消費には個人を対応させ」、「あくまで中流階級に属する個人」にこだわり、関東大震災や昭和金融恐慌という当時の厳しい経済環境下にあっても、国家による生活改善運動に疑問を呈し、自由を有する個人による「文化（モダン）生活」とは何かを追求し、その実現に向かっていました。

今日、森本の思想をただのブル（ジョア）的生活の実現として捉えるのではなく、人間本来の内にある生活に対する自由な欲求を、近未来的に忌憚《きたん》なく捉えれば、これからの個人や家族、民間の豊かな都市生活が見えてくるような気がします。

それには、森本自身がアパートメントに「文化（モダン）」と名づけたように、今日の文化生活とは何かを問い、それを実現していくことなのでしょう。なぜならば、建築様式はともかく、文化アパートメントの生活も江戸川アパートの生活も、文化人には快適そうではありませんか。

集合住宅の過去100年と建て替え問題

維持保全を評価する手法を考える

NPO法人リニューアル技術開発協会 会長 望月重美

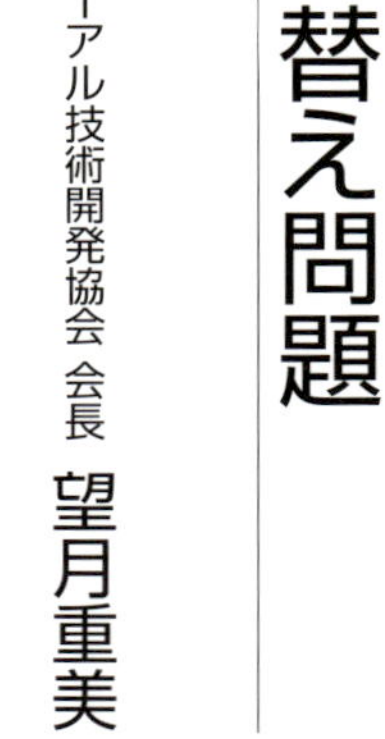

もちづき・しげみ
1956年生まれ。武蔵野美術大学大学院修了。ゼネコン勤務を経て独立、建物維持管理に関する技術系の一級建築士事務所、株式会社ファーマ代表。

主に公営の集合住宅においては、築後40～50年が経過したものから順に建て替えおよび解体・再生事業が進められてきた。しかし、技術が進歩し、維持管理も適切に行なうことによってもっと長い年月にわたり住みつづけられる可能性が出てきている。

マンションはどれくらいもつのか

マンションの管理組合の会議などに出席すると、「マンションは何年くらいもつと考えればよいのか」という質問をよく受ける。その返事として、うまく維持管理されていけば１００年以上もつと考えてよいと思う、と答えている。

１９１６年に日本で最初の鉄筋コンクリート造りの集合住宅として長崎県の端島（軍艦島）に「三〇号棟」が建設された。１９７４年に炭鉱が閉山することにより無人となった軍艦島では「三〇号棟」は海のすぐ脇で直接塩水をかぶる場所にあるため、40年を経て現在は崩壊が進んでいる。しかし標高の高い場所にある住宅は、今でも躯体がそのままの形で残った状態にある。

また、１９２４年からは関東大震災の火災による被害から不燃の鉄筋コンクリート造りによる集合住宅を供給することを目的として同潤会アパートが建設された。最後の「同潤会上野下アパートメント」は１９２９年に建設され、解体される２０１３年まで居住者がそこで生活をしていた。この躯体の状態と経過年数から考えて、鉄筋コンクリート造りの集合住宅は、ほぼ80～１００年の実績があるといってよいだろう。

マンションは建て替えが必要なのか

高度成長期に一気に増えた集合住宅は、大型団地に代表されるように1960年代ごろからのものが多い。そのなかで建て替えに向かう40〜50年経過した集合住宅も、多くが鉄筋コンクリートの躯体が使用限度を迎えたということではなく、耐震性能の問題や、エレベーターがないことや階高や開口高さへの不満、サッシや設備など快適性への不満などから総合的判断により建て替えの決断がされているといえる。

その後建設される集合住宅は、さらに躯体や仕上げの技術や性能が向上しており、住みつづけていくための適切な維持保全が行なわれていくことで、今後100年以上存続できるであろうことは容易に推測できる。

長く維持していくために

現在多くのマンションにおいて、長期修繕計画に基づいて、大規模修繕工事や設備関連の修繕工事が行なわれている。特に躯体については、定期的な大規模修繕工事によりひび割れや爆裂の補修が行なわれ、水分の浸入を防ぐことで鉄筋の発錆が抑えられ、表層の再塗装などにより中性化の進行を遅らせるなど、延命措置が繰り返し実施されている。さらには、サッシや玄関扉の改善、給排水管の劣化対策、エレベーターの劣化対策や安全性の向上などの工事も行なわれている。

生活環境を維持するだけでなく、改善することでさらに永住の場として保全していこうという考え方は、高度成長期のスクラップアンドビルドの考え方や、集合住宅の価格が上昇していた時期の買い替えて住んでいくという考え方とは大きく方向転換された結果であろう。国土交通省のガイドラインなどに代表されるように、長期修繕計画や計画修繕工事について長期的視野で集合住宅の維持管理を考える風潮がかなり浸透してきている。

マンションの長寿命を考えるのであれば、長期修繕計画は現状25〜30年先までつくられているものがほとんどであるが、60年程度先までの期間で試算してみることも必要であると考える。そこには世代交代もあり、時代のニーズも読めない部分が多いが、長寿命が前提であればそれなりに考えていかなくてはならない事項も見えてくる。

また、近い将来に大きな地震が来ることが予測されている地域においては、大規模修繕直後に被害を受けても足場を架けて補修ができる程度の費用を見込んでおこうという考えをもつ管理組合もあり、ここでもきちんと維持していきたいという考え方が進んできているといえるだろう。

維持保全に対する評価と価値

このように積極的に長期的な視野をもって維持管理を進めているマンションも、それが評価されるための判断基準が明確となってはいない。例えば、専有部の売買を考えたときにきちんと共用部の維持保全がされているものであれば、それが売買価格に反映されてよいはずである。

そこで、きちんと共用部の維持がされているマンションがそれなりの評価を受けることを目的として、マンション関連団体が連携し「ヴィンテージマンションプロジェクト推進協議会」が設立された。ここでは一定の評価基準を設け、マンション共用部評価書を作成するシステムを用意している。

この評価書が作成されることにより、①マンション共用部工事のわかりやすい履歴管理、②宅建業法改正に伴う重要事項説明（建物の維持修繕実施状況）要因資料、③金融機関融資・不動産担保評価のための参考資料、④売買時の既存マンション購入者の見えない不具合の不安解消のための参考資料、となる。さらに、これをきっかけとして、ただたんに新築であること、駅に近いことなどでそのマンションの価値が決まるのではなく、維持保全をきちんと考えそれが実施されているという事実がそのマンションの価値として認められることを目的としている。

評価書の作成は、評価員として認定された者が一定の基準に基づいて採点していく方式となっており、その内容は躯体、構造に関すること、建物の仕上げに関すること、主要な設備に関すること、付帯設備や付加性能に関することなどにおいて、その修繕が適切な材料や工法を用いて実施されているか、さらには積極的な改善が行なわれているかなどが評価されるようになっている。

評価書の作成にあたっては、過去の修繕履歴、直近の大規模修繕工事の内容、隠蔽部分の設備関連の確認など現地確認も含めて厳正な評価を行なうことが必要となっており、今まではなかったマンションの共用部の評価が目に見えるものとなり、さらに共通事項として比較できるようになったといえる。

これが広く採用されるようになれば、新たなマンションの維持保全の考え方としての参考となり、管理組合として修繕積立金に関する合意形成や、長く住みつづけるために次に何をすべきかを整理することにも活用できるものと考える。

ヴィンテージマンションという評価

なお、新築後30年以上のマンションで高評価（評価書でAAの評価を得た場合）の物件にはヴィンテージマンション認定マークが協議会から発行され、エントランスなどにその表示が貼られるシステムとしている。この認定マークが認知されていくことによる相乗効果にも期待したい。

長期的によい住宅に住んでいこうという風潮のなかで、さまざまな取り組みが行なわれているが、マンションの場合は共用部と専有部という特殊な形態のために、その線引きの問題や管理組合として施設を管理することの難しさがある。

共用部の評価を即専有部の売買評価へとつなげることは簡単ではないかもしれないが、今までとは違った考え方として、築後100年以上はもつであろうことが見えてきたマンションの今後を考えると、このような共用部の評価が積極的に行なわれていくことの必要性が見えてきたといってもよいのではないだろうか。

鉄筋の腐食で崩壊が進む躯体（端島）

鉄筋の腐食で崩壊が進む躯体（端島）

躯体が崩壊していない箇所も多い（端島）

解体前の同潤会上野下アパートメント

解体前の同潤会上野下アパートメント

解体前の同潤会上野下アパートメント

ヴィンテージマンション
認定マーク

急を要する団地ストックの再生

グレードアップ改修の資金計画・団地経営を考える

団地再生支援協会 副会長／アール・アイ・エー 専務取締役
砂金宏和

団地再生は、その地域社会を維持するためにも急を要する課題である
そこで従来の大規模修繕の延長ではなく、住棟や団地ならではの空間など
団地がもつ既存ストックを改修することで再生に結びつけていきたい。
「グレードアップ改修」という新しいモデルと実践について考える。

いさご・ひろかず
東京大学建築学科卒業。天王洲、品川シーサイドなど大規模再開発の計画、マンション建て替え・団地再生関連調査・コンサルタント業務に従事。

団地の置かれた状況と住環境再生

近年、高経年マンションの増加と課題、対策の必要性は社会的課題として取り上げられることが多くなりました。住宅団地においては建物高経年化に伴う問題に併せて、高齢化や単身世帯・空き家増加による人口減少とこれに伴う購買力低下により、団地により構成される地域社会の存立自体が危うさを増しており、人口減少に歯止めをかけ、魅力ある団地＝地域再生を進めることが急務となっています。

地域社会としての団地の再生は、「団地経営と運営・住環境（建物・空間）・コミュニティ」の三つの再生を並列的に進める必要があります。

本稿でこのうち特に住環境の再生に着目し、住宅市場の変化（マンション立地としての「駅近・利便性重視」など）から、郊外型大規模団地では余剰容積を活かし等価交換方式を活用した建て替え事業の成立が難しくなっている状況を踏まえて、既存ストックの改修による再生（以下「グレードアップ改修」）について、資金計画を中心とした課題を整理し、モデルを設定して実践的な考察を行ないます。

大規模修繕とグレードアップ改修の違い

既存ストックを活かした団地再生は、大規模修繕の延長と捉えられがちですが、その目的と事業実施のためのスキームを考えると、長期修繕計画に基づく大規模修繕とグレードアップ改修は異なるものであるとの認識が必要です。

■目的

大規模修繕が建物機能の維持保全を目的とするのに対し、グレードアップ改修の目的・目標は広い空間と緑などの既存団地の魅力を活かしながら、住宅性能や（住戸を含めた）空間の魅力を高め、団地外の人々を含め住みたい団地を創造していくことにあります。したがって、再生の合意形成にあたっては、区分所有者の間で再生後の新しい居住空間のビジョンを共有することが重要です。

■資金計画

大規模修繕は毎月の修繕積立金を原資として実施されるのに対し、計画修繕に含まれず多額の費用を要するグレードアップ改修は、新たに区分所有者が負担することが原則です。

建て替え事業では従前面積住戸への住み替えに負担が発生する場合には「負担金支払・小さな住居への住み替え・売払い転出」など複数の選択肢が用意されていますが、改修では区分所有者に建て替え事業のような選択肢がなく、決議がなされるとすべての区分所有者に自動的に債務(支払い義務)が発生します。

このことがグレードアップ改修の合意形成の最大のハードルとなっており、実施されている改修事業は「修繕積立金または将来の修繕積立金を原資とした借入」によるものが大半で、新たに多額の費用負担を要するグレードアップ改修実施はほとんどありません。

グレードアップ改修による事業費試算と資金計画

本稿では、区分所有者の資金負担に対する合意形成を円滑に行なうことを考慮しながら、標準的な団地でグレードアップ改修(環境性能等の向上＋専有部リフォーム提案)による再生モデルを設定、事業費の試算と資金調達の検討を行ないました(表:グレードアップ改修の事業費試算と資金調達の検討)。

改修による再生は、区分所有者自らが所要資金を負担することになりますが、一時金の徴収や修繕積立金の増額（共用部改修に対し所要費用を借入10年で返済することを考えると標準的な修繕積立金を3倍程度に増額する必要あり）以外に、表に示したように返済方法に多様な選択肢があります。リバ

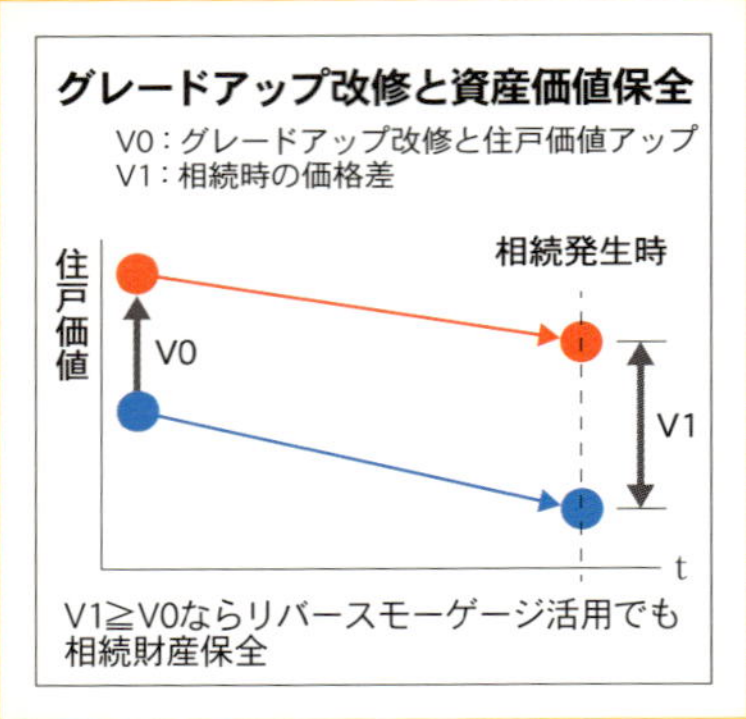

団地住戸のインフィル改修例（提供：団地再生事業協同組合）

ースモーゲージ、高齢者返済特例を活用すれば専有部分リフォームを合わせて最低月5000円以下の負担で可能との試算結果となりました。

合意形成に向けた考え方と管理組合の役割

性能向上のための改修は管理組合の特別決議（4分の3）が必要となります。このため以下のことに留意して十分に議論し合意形成を図ることが重要です。

- 性能アップの改修によって、資産の保全が図られ投下金額を上回る投資対効果としての資産価値向上が期待できることを伝える
- 改修によって変貌する団地と住まいのイメージを伝える（共用部分改修に併せて専有部分改修のイメージを提案するなどにより改修後の団地生活イメージを共有する）
- 資金調達については一時金支払いからリバースモーゲージ活用などの選択肢を用意して、区分所有者の状況に応じて柔軟な選択が可能なオプションを設ける

なお、リバースモーゲージ活用について「相続時に元本返済で資産が失われる」という見方ではなく「再生で価値を高め市場価値のある資産が残せる」という積極的な側面を認識することが重要です。

グレードアップ改修の事業費試算と資金調達の検討

【団地の状況(設定条件)】

- ●立地と団地形態:大都市圏郊外、中層階段室型(耐震改修不要)
- ●敷 地 面 積:2ha
- ●住　　戸　　数:300戸(平均住戸面積60㎡)
- ●修 繕 積 立 金:200円/㎡(12千円/月・戸)長期修繕計画に基づく費用に対応。

【グレードアップ改修の内容及び必要費用】

再生後の住まいとしての魅力を伝えるため、共用部分改修に加え、専有部分改修モデルを提示。

表1:試算に用いた改修項目と費用

改修項目と費用		戸当たり金額	備考
共用部分	外断熱	120〜130万円	
	サッシュ交換	70〜80万円	カバー工法、高断熱サッシュ
	入り口扉	20〜30万円	
	外構他	50〜100万円	外構・エントランス改修(バリアフリー化他)
	合　計	260〜340万円	費用の累計額
専有部分リフォーム		300〜600万円	複数のリフォーム案を提案

【資金計画】

表2:借入と返済:区分所有者の負担金額(住宅金融支援機構・19年1月時点金利)

	金額(千円) 表3に示す補助控除後	組合調達(積立金増額10年返済)	個人調達(共用部分リフォーム)	
			借入(20年)	高齢者返済特例※
共用部分	2,330〜3,130	20〜27千円/月(共用部リフォーム融資0.54%)	11〜15千円/月(個人申込1.14%)	1.9〜2.5千円/月(0.97%)
専有部分	金額(千円)	借入(20年返済)(民間リフォーム融資)	リバースモーゲージ	
			部分バリアフリー特例	一般(リバース60)
	3,000〜6,000	29〜58千円/月(3.00%)	2.4〜4.9千円/月(0.97%)	7.5〜15.0千円/月(3.00%)

※高齢者融資特例は毎月金利のみ返済し借入し死亡時に元本返済の仕組み。

表3:参考資料ー補助制度の活用

補助制度を活用し事業費を圧縮。活用可能な制度を十分調査することが肝要。試算では表に示す2つの補助事業の適用を想定した。

事業手法	補助額	備考
高性能建材による住宅の断熱リフォーム支援事業(経済産業省)	15万円/戸	外断熱改修:高性能建材を用いた住宅の断熱改修
既存住宅における高断熱窓導入促進事業(東京都)	12万円/戸	工事費用の1/6(上限50万円)

また、団地経営の視点から管理組合法人化などによる以下のような方策も有効と考えます。

- 非居住区分所有者に対し、民間事業者との連携等によるサブリース、買取再販事業者と連携して事業モデルを提案
- 団地余剰地の利活用と売却などによる区分所有者負担の圧縮（ただし、共有財産の処分は民法上の制約があり注意が必要）

終わりに

10年後には法定耐用年数の3分の2を超える団地はおよそ90万戸に達し、首都圏ニュータウンの高齢化率は40％近くになると予測され、地域社会維持のためにも団地再生はまったなしの段階にきています。

一方、社会保障費の増大で構造的な赤字体質に陥っている国や自治体の財政状況を見ると、分譲住宅団地再生に対し公的助成制度の拡充に期待することは難しく、区分所有者団体たる管理組合が「団地経営」の視点で再生を推進していく覚悟が必要です。

本稿はグレードアップ改修を資金調達と合意形成の面から課題整理と現行制度下での対応策を考察したものであり、管理組合が再生を検討するうえでの一助になればと考えています。

いま改めて同潤会建築から学ぶこと

「同潤会の16の試み」展を見て

画家／建築家　二瓶博厚

1924（大正13）年設立の同潤会が、関東大震災後の住宅不足救済のため、東京や横浜などに中層鉄筋コンクリートのアパートを建てた。その「同潤会アパート」は今の時代にも大きな影響を及ぼしている。

（二瓶博厚氏は2016年に逝去されました。謹んでお悔やみ申し上げます）

にへい・ひろあつ　1945年生まれ。東京大学建築学科大学院卒。大高建築設計事務所で福島県立美術館など。東北工大教授を経て画家。2015年上野の森美術館日本の自然を描く展大賞受賞。2016年逝去。

同潤会展を見て

5月に江東区の竹中工務店東京本店を訪れる機会があり、1階の「ギャラリーエークワッド」で開催していた「同潤会の16の試み」展を見ることができました。

同潤会アパートの名前を初めて耳にしたのは、ほぼ半世紀前の建築学科の授業「建築計画」です。当時は成りたての建築学科の学生で、建築設計の対象に「共同住宅」という分野があることすら知りませんでした。

当時は、都市部への人口集中が進み、都市環境の問題、車の増加による交通戦争、工業地帯での公害問題など社会問題が顕在化しつつあった時代でした。都市部の住宅供給のため日本住宅公団が設立され、団地がつくられ、さらにまとまった住宅供給のためニュータウンの計画、建設が始まったのもこのころです。

質が高く内容豊富な展示

展示された写真、図面から、住棟、住戸プランも多様で女性専用や独身者用のアパートだったり、中庭や共同室が設けられたり、居住者のコミュニティをいかに重視していたかが窺えます。

復元された「代官山アパートメント」の一室は、30㎡未満という狭さながらも床の間付きで、ガスコンロ台、水洗トイレも完備、最先端の都市住宅でした。保存された建築各部の部材を並べたコーナーでは、アールデコ様式を彷彿する窓枠や手すりに注目しました。以上、同潤会アパートの全貌を知ることができ、改めて感銘を受けました。

アパートは、上野下アパートメントが2013（平成25）年に取り壊されてすべて姿を消しました。しかし今日なお学ぶべきものは多いと思います。

同潤会アパートとは

同潤会が大正末期から昭和初期にかけて東京・横浜の各地に建設した集合住宅の総称です。建設は1926（大正15）年の中之郷アパートメントから1934（昭和9）年の江戸川アパートメントと16に及びます。

関東大震災の復興支援のため設立されたこの同潤会によるアパートは耐久性を高めるため鉄筋コンクリート造りで建設され、当時として先進的な設計や設備がなされていました。

同潤会建築と今

現在、全国のさまざまなところで団地再生事業の取り組みがなされています。地域の特性を加味した特色ある計画も実現しています。今の最重要課題は東日本大震災からの復旧・復興にほかなりません。東北では東日本大震災で、多くの人々が津波で家を失い、原発事故で故郷を離れ、仮設住宅や遠く離れた土地での生活を余儀なくされています。そのなかで復興住宅建設も大きな課題の一つです。

身近なところでは、私の出身地は福島県ですが、郡山市の日本大学工学部建築学科、浦部研究室は震災後、被災地区に入りさまざまな調査活動を継続的に行なう一方、県内のログハウス型仮設住宅の計画、さらには小規模コミュニティ型復興住宅モデルを提案。積極的な活動を続けています。

現在も、同潤会の建築、活動はさまざまなヒントを与えてくれます。震災後の復興にこの理念と思想を活かしてほしいと願います。

「絵」について

大正期、昭和期の都市の風景のなかに当時の同潤会の建築の姿、生活の様子などを織り交ぜて1枚の絵としました。緑のなかに埋もれた代官山アパート。並木の大通りに面した青山アパートと緑に覆われた外壁。下町の大通りの角、シンボリックな塔屋の清砂通りアパートの俯瞰。アールデコ風のデ

二瓶博厚画『同潤会建築に思いをはせる』日本画 F20(縦73cm×横61cm)2015(平成27)年6月制作

ィテールを彷彿するらせん階段の迫力ある造形。構内で祝福される花嫁。屋上で遊ぶ少年たち。お祭り、盆踊りの風景。アーチ下の「通り」の空間。などなどです。制作にあたり展示会パンフレットのなか、兼平雄樹氏の撮影による写真を参考にさせていただきました。感謝申し上げます。

第2章

いまの団地で長く暮らすために

団地が本来備えている魅力とはなんだろうか。ゆとりある緑の多いスペース、時を経た建物ならではの落ち着き、隣人との距離の近さなどが挙げられる。それらを活かせば、老朽化が進み空き家になりがちな集合住宅でも可能性はある。また、竣工してからまだ数十年しか経っていないと考えるならば、創意工夫の余地が十分あるし、これまで縁のなかった異業種を巻き込むこともできる。いまの団地で長く暮らすための新たな価値創造を考える。

民間賃貸団地をビンテージ化する

福岡県久留米市「コーポ江戸屋敷」の取り組み

株式会社スペースRデザイン／ビンテージのまち株式会社 代表取締役　吉原勝己
株式会社スペースRデザイン 学術チーム　梶原あき

老朽化した団地でも、やり方によっては新たな価値を生み出せる――
そんな実例が全国で出はじめている。
福岡周辺で進むビンテージ団地の取り組みを通じて
人が住みつづけられる方法論を考えたい。

「コーポ江戸屋敷」における団地再生の取り組み

建築ストックはまちの資源。エンジンが動くようになれば眠っていた古い車がまた動き出すように、空き家も使いこなせればまちは元気になると考える。なかでも、団地の空き家再生の意味は大きい。

今回、民間団地における不動産経営の現場で、古い建物のよさと地域文化をテーマにした〝リノベーションデザイン〟と、入居者のつながりを創育する〝コミュニティデザイン〟を融合させる「久留米ビンテージ団地化計画」が動きはじめた。

よしはら・かつみ
１９６１年福岡県生まれ。吉原住宅有限会社代表取締役、株式会社スペースRデザイン代表取締役。NPO法人福岡ビルストック研究会理事長。

かじわら・あき
１９８９年生まれ。九州大学大学院修士卒業後、株式会社スペースRデザインに入社。学術担当。

その舞台となる福岡県南部の筑後地方は、筑後川がつくり出した豊かな自然と特色ある伝統工芸の技術が色濃く残る地域である。その拠点として発展してきた久留米市で、私たちが所有運営しはじめたのが団地型賃貸マンション「コーポ江戸屋敷」だ。

約１０００坪の敷地に北から南にかけ、階段室型の住棟が３棟、駐車スペースと交互に建ち並ぶ。１９７８（昭和53）

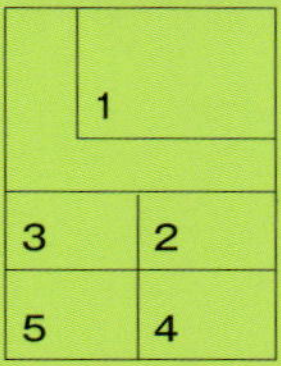

1. コーポ江戸屋敷外観。周りには畑や戸建てが広がる
2. 245号室『プラスアール』。デザインは半田兄弟
3. 221号室『木(き)いろ』。大川の若手職人集団「88's garage」によるデザイン
4. 現場の様子。手作業が必要な箇所は半田兄弟が行なうこともある
5. 1階の部屋にはウッドデッキを実験的に制作。職人さんとの打ち合わせやカレッジの場所としても活用

年竣工の鉄筋コンクリート造四階建ての賃貸マンションで、一棟につき3DK（60・4㎡）の部屋が16戸。総世帯48の一つのまちともいえる。

経営は、吉原勝己が設立した地方活性化を目的とした老朽不動産再生まちづくり会社「ビンテージのまち株式会社」である。経営に難航した前オーナーから2015（平成27）年に取得し再生プロジェクトを開始。しかし、躯体設備の老朽化、賃料の確保、長期経営計画など、課題は山積みであった。

福岡市内を中心に老朽不動産に特化した経営再生コンサルティングを手がける株式会社スペースRデザイン、地元久留米で賃貸を兄弟で経営する半田啓祐・満兄弟（通称・半田ブラザーズ）「H&A　brothers」と協力体制で再生プロジェクトを進め、今に至る。彼らは、地元の30代前後の若者たちとチームを組み、久留米への移住希望者をサポートする「久留米移住計画」を運営し、まちのオープンな学び場「CHIETSUKU（知恵つく）講座」開催など、行政と連携して地域を盛り上げる活動家としての一面ももつ。

リノベーションデザイン
「筑後リノベーションミュージアム計画」

各部屋のリノベーションプロジェクトには、久留米、大牟田、大川など筑後地域で活躍する職人やデザイナーを携わらせている。空き部屋が出るたびに「ほとめき」（久留米弁の「おもてなし」）をテーマにした部屋、大川の木工職人やペインターがデザインした部屋など、各地域のエッセンスが詰まった部屋を生み出す「筑後リノベーションミュージアム計画」を実行中だ。

たんなる原状回復・募集ではもったいない。間取りのバリエーション充実、素材の使い方の実験、若手活躍の場など、未来の種として空き家は貴重な資源となる。

2017年3月に5室目の部屋、大川の職人チームがデザインした「木（き）いろ」の完成見学会を開催したところ、デザイナーや半田ブラザーズの友人、コーポ江戸屋敷の住人など、約50名を超える来場があった。「今回はウッディだね」と、前回の部屋との違いを楽しむ声、つくり方をデザイナーに尋ねる声、団地での思い出を語り合う声、見学会は一日中賑わいをみせた。

コミュニティデザイン
「住民DIYによるコミュニティベネフィット計画」

団地ならではのゆとりある屋外スペースは、コーポ江戸屋敷再生のキーポイントだ。私たちは、環境とコミュニティを

1. カレッジは毎回、甲斐氏による講義と各チームでのワークショップの2本立て
2. ワークショップは甲斐氏がつくった『シナリオプランニング』の手法に沿って実施
3. ガーデンは子どもたちの遊び場、近所の人も立ち寄れるコモンスペース。将来像を具体的に描くことがスタート

活かしたプロジェクトを数多く手がける甲斐徹郎氏（株式会社チームネット代表）とのコラボプロジェクトをスタートさせた。

甲斐氏は、「アフォーダンス」（人は環境に従う）という原理から、あいまいに語られがちなコミュニティの正体を丁寧に紐解き、「コミュニティベネフィット」を不動産活用に応用している。管理者を設定せずとも、共通の価値観のもとで自然と共同体がつくられ、個では叶わない豊かな環境を育むことが可能になり、結果、不動産の付加価値が増加していく理論である（甲斐徹郎著『土地活用のリノベーション〜不動産の価値はコミュニティで決まる〜』［学芸出版社２０１６］より）。

現在は駐車場のみで、ベランダからは灰色の殺風景な景色しかない。そこで住人を巻き込みながらＤＩＹによる環境の改良により、心地よさを体感できる風景を住人・オーナー共通の財産にしていく。風景を軸としたコミュニティが育まれ、眠っていた賃貸マンションが再び活気を取り戻す。そんなコーポ江戸屋敷ならではの再生ストーリーを組み立てた。

甲斐氏を講師に環境と不動産活用に関する「コミュニティデザインカレッジ〜ランドスケープ編」と題した連続勉強会を、２０１６年12月より開催してきた。再生ストーリーを落

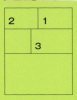

とし込んだコーポ江戸屋敷の住人によるＤＩＹや敷地緑化計画をもとに、コミュニティ形成のシナリオを組み立て、実行計画を練っていく。参加者は、賃貸住宅経営者や、まちづくりＮＰＯ団体、ＵＲ都市機構関係者など、約40名。各専門分野の立場から意見を出し合い、時にはそれぞれがかかわるまちや建物にあてはめ、ディスカッションを深める。貴重な異業種ネットワークがコーポ江戸屋敷を介して誕生した。

ビンテージ団地による地方再生

スペースＲデザインでは、時間の経過とともに価値が上がりつづける「ビンテージ」の概念をもとにした、「ビンテージ不動産」という経営仮説を打ち立てている。

一般的に、時間の経過はものの商品価値を低下させる。一方で建物がもつポテンシャルと、そこに可能性を見いだしたプレイヤーが独自につながりをつくり上げることで、時間の蓄積は付加価値になる。経営再生のステップを踏んでいく過程で、この一定のラインに到達した建物は「ビンテージ不動産」となり、持続的な不動産経営が可能になる。この手法を用いて、これまで福岡市内を中心に、全35棟４３５室（うち福岡市外4棟、長野県長野市1棟）のプロジェクトを走らせており、案件の平均築年数は40年を超える。

コーポ江戸屋敷を動かしているのは、不動産の経営再生の過程で発生した工事や人がつながる必然性がきっかけとなって生まれたネットワークだ。管理者主体でもなく、部屋をカッコよくリノベーションするのでもない。地域でリアルに動いている人が活動できる枠組みをつくり、場を自ら改良し、人のネットワークを積み上げていく。一方、屋外スペースは住人に働きかけながら時間をかけて人が集まる風景をつくり上げていく。心地よい風景を介して、これまでの歩みと、これからの挑戦がゆるやかにつながれていく。コーポ江戸屋敷が目指す未来は、関わる人が学び実践する〝まちの学校〟である。

風土に根ざした建築を考える

沖縄における住宅の変遷と課題について

今ある集合住宅は数百年もの歴史があるわけではない。とすれば、まだ発展途上だと考えることもできる。特に沖縄は、戦前と戦後で住宅の構造ががらりと変わった地域だ。沖縄で起きている住宅の課題と解消の取り組みは、全国の参考になる。

有限会社チーム・ドリーム　具志好規

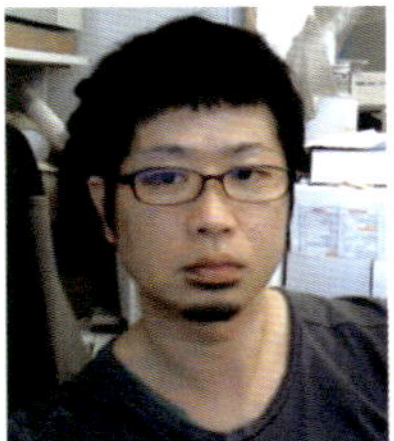

ぐし・よしのり
1981年沖縄県生まれ。沖縄職業能力開発大学校卒業。有限会社チーム・ドリーム（建築設計事務所）に勤務している。

建築との出合い

私は南国の地、沖縄県那覇市の郊外で生まれ育った。今では都市化が進んでいるが、当時は畑や空き地や自然もまだまだ残っていた。

私の生家は昔ながらの木造住宅で、便所はくみ取り式、風呂場は別棟、思い返せば、今のこの便利な世の中で生まれ育った現代の若者たちには住めないのではないか？と思ってしまう（笑）。

そんな生家も私が中学生のころにコンクリート住宅に建て替えられた。そのことがきっかけで建築の道に進もうと思い立ったのだが、学生時代も含めるとかれこれ二十数年余り建築設計の仕事に携わっている。

沖縄の建物の変遷

現在の沖縄では鉄筋コンクリート造りの建築が主流であるが、近年、木造建築も増えつつある。つまり、戦前の木造↓鉄筋コンクリート造り↓木造と変遷をたどっているのだ。この流れには沖縄特有の建築事情がある。

■失われた沖縄建築

台風銀座と呼ばれる沖縄にあって、木造の建物は先人たちの知恵によって台風対策がなされていた。強烈な風に対抗するため、屋敷の周りには屋根より高い防風林が植えられ、敷地を石垣で囲み、屋根を延ばし、軒先は低く抑えられ、飛ばされることがないようにと重い赤瓦が載っていた。こうした風情ある木造建築の多くは第二次世界大戦の悲劇により消失してしまった。

■戦後復興で生まれたものと失ったもの

戦後、アメリカ駐留軍は木造の施設をつくりはじめるが、台風の被害でことごとく倒壊した。そこで鉄筋コンクリート造りの登場である。資材も現地で調達でき、台風で壊れることもない建物は、米軍施設の建設に携わる沖縄の職人さんへと技術が伝わり沖縄全域に普及していった。

しかし、技術は得たものの、鉄筋コンクリートに関する知識はほとんどなく、塩分を多く含んだ砂を使ったり、メンテナンスを行なうという発想もなかったようである。戦後当時に建設された建物は老朽化が進み、現状は悲惨なものである。

鉄筋コンクリート造りの普及によって戦前の木造建築の技術や知恵はすたれていった。そしてまちにはコンクリートの建物が増えつづけた。コンクリートは複雑な形をつくるのも比較的容易で、人々は思い思いの形の建物をつくり、さまざまな色の塗装を施し、現在のまとまりのない沖縄のまちなみを形成している。

■木造建築の再燃と懸念

そして近年の木造住宅の増加である。鉄筋コンクリートは木造より建築コストがかかるため、今度は本州から入ってきたコストの安いプレカット木造住宅が増えつつあるのだ。

しかし、全国画一の建築基準法でつくられた建物であり、先人の知恵に替わる技術で建てられているわけではない。本来ならばまず始めに「沖縄で建てる木造建築はこうあるべきだ」というものを考えなければいけないのだが……。近年は大きな台風こそきていないが、そのうち大きな被害があるのではないかと心配している。

沖縄の鉄筋コンクリート建築の現状

設計の仕事を始めてまもなくのころ、県内で最大規模（約１３００戸）の豊見城《とみぐすく》団地の建て替え計画の仕事に携わった。

建て替えの理由は建物の老朽化。既存の団地を調査してみてわかったのは、あまりにひどい現状であった。強アルカリ性であるコンクリートが中性化し、内部の鉄筋が酸化し錆びて膨張し、爆裂、剥離しているのだ。

「夜寝ているときに大きな音がして、明かりをつけてみると居間の座布団の上にコンクリートの塊が落ちていた」という入居者のゾッとする話はとても衝撃的だった。

こういった現状が戦後の建物には多く見られる。海風による塩害や海砂の使用が主な原因で、コンクリート構造体の耐用年数はきわめて短くなってしまうのだ。わずか30〜40年で建物を取り壊し、建て替えを行なうというなんとも非効率なサイクルが生まれている。

後世へ継承すべき経験と知識

何事においてもそうなのだが、技術と知識は失敗と成功の経験の積み重ねで育まれる。戦前の木造建築は当時の経験と知恵によって風土に根ざした建物になっていた。戦後の鉄筋コンクリートの建物は現在、経験と知識の蓄積中であり、成長時期なのだと思う。

例えば沖縄の鉄筋コンクリートの建物の多くは屋根の防水をしていなかった。見た目は石のように見えるが実際は多孔質で水をよく吸うのだ。塩分を含んだ潮風や雨によって表面のみならず内部にも塩分が浸透していき、徐々に中性化が進んでいく。一時期流行した打ち放しコンクリートの建物も同様に、内部に塩分が浸透し中性化が進むのが速い。

こういった問題に対応し、コンクリートを外気から遮断するための屋上防水や外壁塗装の重要性が見直され、少しずつ普及が進んでいる。また、既存の建物もより長もちさせるために、外壁の再塗装や防水などのメンテナンス工事も見られるようになった。

こうした経験により鉄筋コンクリートの建物も徐々に寿命を延ばしていくだろう。失敗から経験を得ながら、知識や知恵を積み重ね風土に根ざした建物をつくり、後世へ継承していくことが、われわれ設計者の大きな役割であろうと感じている。

多様な環境・文化と多様な建築

地域性による特殊事情というのはどこにでもあるはずで、沖縄のように日差しが強い地域、塩害や台風被害の多い地域、また、降雪の多い地域もあれば、地震の多い地域、過密な都市もある。周囲の状況に応じて景観を考えたり、土地の形状や高低差、周辺の環境によってもその場に適した建物は異なる。

私の母の田舎では地域コミュニティが色濃く残っていて、

ほとんど戸締まりもせず、友人が家に勝手に上がり込んでくることも普通だ。そんな人間関係の地域性も、建物をつくる際に考慮し、材料や構造、工法など多岐にわたる内容を加味しながら計画しなければならないのである。

そう考えるとよい建物は何か？ 何が正解なのかというのは建物一つひとつ違ってくる。ただ一つ言えるのは、その地のことをよく考えて建物をつくらなければならないという基本的な思想である。流行の建築雑誌を見て、「カッコイイ」「おもしろい」からといって何も考えずに建物をつくることは大きな過ちであろう。

建物やまちなみは人々の意識から生まれる

こうして一つひとつの建物が折り重なりまちなみが形成されていく。そのなかで生活している私たちはその場に記憶を埋め込んでいる。懐かしい風景を目の当たりにすると昔の記憶がよみがえってくるものだ。

幼少のころ多くの友人が公営団地に住んでおり、団地内でよく遊んでいた。友人たちとの楽しい思い出は深く記憶に刻まれているが、記憶にあるその団地はとてもきれいなものとはいえず、薄暗い陰気なイメージなのである。初めてヨーロッパのまちなみを目にしたとき、こんなきれいなまちに育った人を心からうらやましいと思った。

よりよい建物・まちなみをつくっていくことで場に対する愛着と誇りを多くの人がもつようになれば、人々の建物やまちなみに対する意識を向上させることになるだろう。

社会資本としての建築のあり方

沖縄の土建業界はスクラップアンドビルドを繰り返すことで、大いに潤ってきた。大きな金銭の動く業界であるため、沖縄経済の主軸にもなっているくらいだ。「仕事になるから古い建物は建て替えた方がいい」なんて発想の人が多くいるのも事実である。これも国から多額の補助金がおりている沖縄の特有の問題かもしれない。

しかし、長もちしない建物をつくって何の意味があるだろうか？ 資本的価値のない建物をつくることが問題であって、後世に残す価値や魅力のあるサステナブルなまちや建物をつくることが、われわれ建築にかかわる者の本来の使命ではないのだろうか？ と常に自問自答しながら日々建築に向き合っている。

1	
3	2
5	4

1. 竹富島に残る赤瓦屋根の集落は戦前の風景を今に残す
2. 伝統木造住宅の中村家住宅。さまざまな建築的工夫がなされている
3. 現在の沖縄で見られるまちなみ。建物はバラバラでまとまりがない
4. コンクリートが剥離した学校建築。この下を子どもたちが普通に歩いていた
5. 公営住宅でも外壁塗装などの改修工事が行なわれるようになりつつある

戸建ての集合団地を維持・発展させる

「京王ガーデン平山」における百年計画

特に郊外に多く建てられた、戸建ての集合住宅団地。第一世代から第二世代、さらにその先へと受け継ぐためには、「住んでみたい」と思わせる建物とまちなみが必要だ。住民かつ建築家でもある立場から牽引した大規模修繕の実例を見る。

一級建築士事務所杢和《もくわ》設計　主宰　川﨑和彦

かわさき・かずひこ
1951年茨城県生まれ。東京電機大学工学部建築学科卒業。山梨県早川町の伝統的建造物群保存地区「赤沢」のまちなみ保存調査から修復工事まで一貫して担当。

住民として、建築専門家として

この集合住宅団地に暮らしはじめて20年、一住民として、かつ建築専門家として、建物群の保守管理にかかわってきた立場から、このたびの大規模修繕工事の計画から実施に至る経過を報告したい。

「京王ガーデン平山」の周辺環境と現状

都心から西へ30㎞余り、新宿と八王子を結ぶ京王電鉄沿線の、多摩丘陵の外縁部標高150ｍの稜線沿いに、1950～60年代、多摩動物公園や多摩テック、平山城址公園といった郊外型リゾート施設が相次いで開園した。この地域は風光明媚（めいび）で、なおかつ都心へ1時間という通勤の利便性から、1970年代に入ると、近隣の傾斜地にいくつもの戸建て住宅団地がつくられた。

「京王ガーデン平山」は1977（昭和52）年、平山城址公園に隣接した尾根筋に、敷地面積7000㎡、戸数48戸24棟の集合住宅団地として開発された。一戸当たりの床面積72・0㎡、構造形式は2戸／棟の二階建てPCコンクリート造り、2015年で築38年を迎えた分棟型集合住宅である。

1977年建築当初に入居した住民を第一世代とすると、

現在は後年に入居した第二世代が住民の40％を占めるほどになった。第一世代の子どもたちはすでに独立転出し、しばらくの間近所から子どもたちの声が聞こえなくなり人気が消えた地域となっていたが、この7〜8年の間に子育て中の若い世代の新住民が増えてきたことで、団地に再び賑わいと活気が生まれている。

「専門委員会」で団地を管理

入居当初は建設会社系列の管理会社に建物の管理委託をしていたが、ほどなく住民による自主管理方式に切り替え、現在に至っている。管理会社から引き継いだ「管理規約」も年を重ねるうちに、5回、改定を行なっている。

管理組合の運営は4名の理事会役員が当たる。役員は1年交代の各戸輪番制なので、住民は12年ごとに役員を務めることになる。この方式は団地全体の管理状況を住民間で共有することができる半面、建築設備などの総合的な管理の継続性に欠けたり、諸問題の先送りが起こりがちであった。これらを補う形で住民のなかから実務経験者や研究者を選任し「専門委員会」を設置した。

２０１０（平成22）年には、ここに末長く住みつづけたいというわれわれの希望を１００年に象徴させた「ガーデン百年計画委員会」を発足した。

今後、遠からず大地震の発生が予測されることから、建物を含めて持続的な居住環境を維持するための対策を検討することが喫緊の課題である。

活動目標は、

①建物管理長期計画の検討

a　建物の耐震性能と補強工事の必要性の検討

b　自然災害による建物被害発生を想定した場合、土地と24棟の建物が区分所有法を適用した48戸の共同施設であるという特殊性を踏まえて対応を検討

②地震等防災対策の検討

などである。

立地のわずかな違いがもたらす劣化

２０１０年、コンクリートの強度と中性化の調査を行なった。躯体のＰＣコンクリート板は、工場生産品であり品質にムラがなく一定の強度が確保されているものとして鉄筋探査のみ行なった。一方で、現場施工の鉄筋コンクリート布基礎の劣化が懸念されており、コア試験体検査と打撃検査の併用で調査を行なった。

その結果、80％が設計基準圧縮強度２１０ｋｇｆ／㎠を上

回り、中性化深度は16～30㎜。目視検査においてもコンクリートの欠損、ひび割れなど不良箇所もなく、良好な状態と判断された。

2013年（平成25）には、団地の長期修繕計画に基づき、3回目となる大規模修繕計画に着手した。これまでは外壁および屋上やベランダの防水などの塗装工事が主体であったが、築38年を経た現在、建物の各所に経年劣化が目立ちはじめていた。

屋上のシート防水層のふくれ、ひび割れ、あるいは排水ドレンあたりからの漏水が軒裏にまで浸透していた。鉄筋のコンクリートかぶりが浅い箇所でコンクリートの剥離症状が出てきている。また、ベランダ手すりの鉄パイプ製支柱の根元に錆による腐食欠損が多く見られ、これを原因とするコンクリートの爆裂が発生している。さらに、PC板継目地やサッシ枠の目地シールの剥離などが見られた。

京王ガーデン平山団地は東西200m、南側に緑地が迫り北側は幹線道路に面している。各々の建物の立地環境のわずかな違いが40年近い年月を経て、建物の経年変化に大きな差を生じていた。

一例を挙げると、緑地に近い棟では屋上の広さ100㎡に対し十余年間に約50kgの土砂が堆積し、排水ドレンが腐葉土で埋まり苔が生育する状況にあり、道路に面した側では床下にパウダー状の埃が数㎜の厚さで堆積していた。この大量の埃が屋内にも吹き込まれていたのである。

煩雑化する電気設備の問題点

屋上露出配線の電源ケーブルは、建物により多少の差はあるが、経年劣化により被覆材が破砕し漏電寸前の状態であった。TVや電話線も、当初の共聴アンテナ配線からCATVに移り、光ケーブルに代わりつつある現在、旧来の設備配線はそのままに、新たなケーブルが競合会社ごとに次々に引かれた結果、電柱電線はクモの巣状態と化している。

今まで電柱電線のクモの巣化問題は景観上の視点から問われたことはあったが、社会インフラのシステムのあり様として、改めて問い直すべき問題であろうと考える。

大規模修繕計画の策定

屋上防水層の劣化、PCコンクリート面の剥離劣化に対して、今回の計画は屋上に置屋根式木構造にアーチ形金属屋根を葺くこととした。これは既存屋根防水層をそのままにPC屋根板の保護を兼ねて二重屋根とすることで2階居室の断熱効果が得られ、夏季は輻射熱を抑え、冬季には保温効果が期

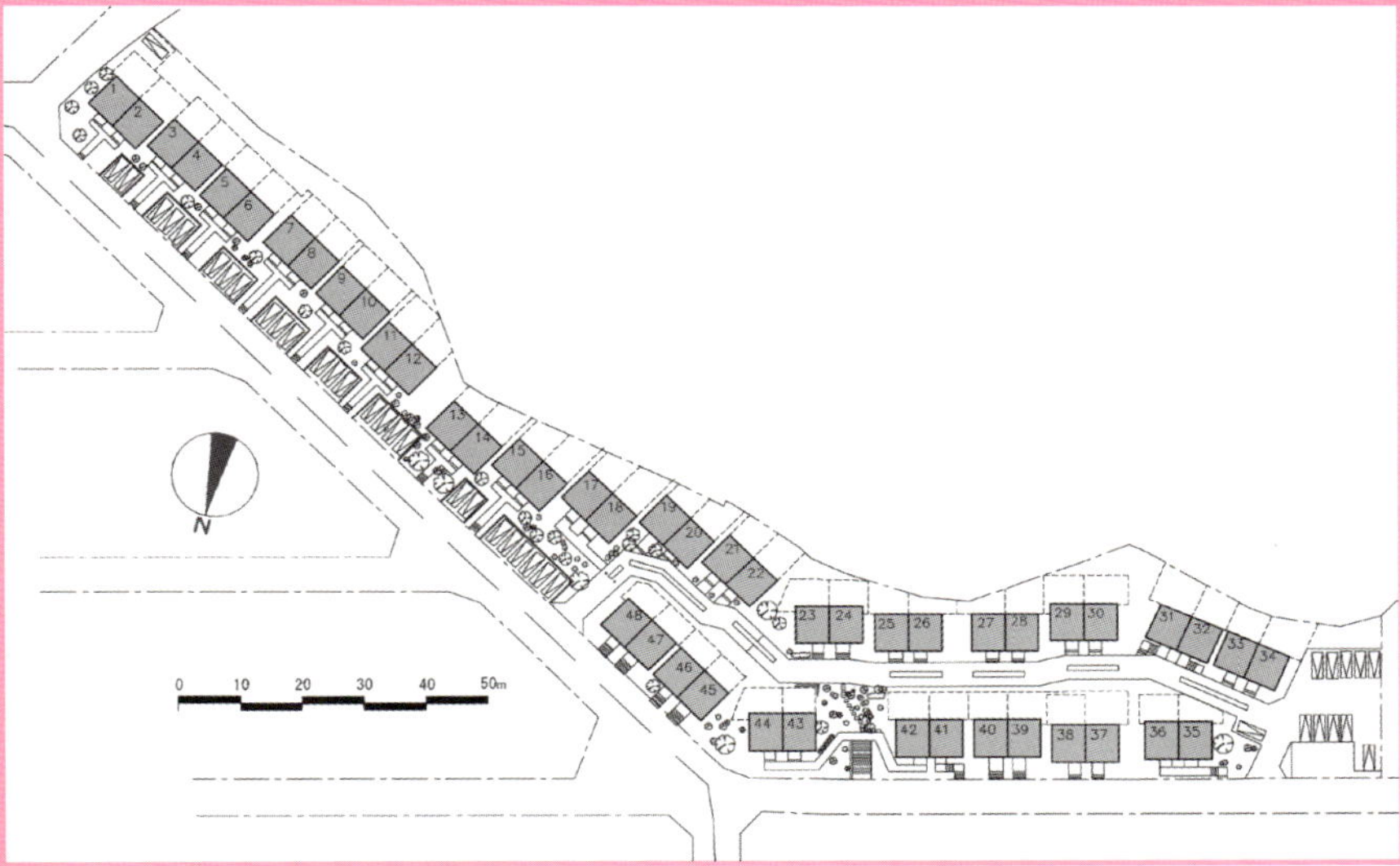

1	
3	2
4	

1.「京王ガーデン平山」配置図
2. 完成パース図
3. 2015年4月初旬に工事が完成したモデル棟
4.工事着工前の住戸。15カ月間の工事を経て、2018年3月竣工

待できるという企図である。

屋根の総重量は、既存の断熱ボード押さえブロック4・5tを撤去し、新たに木造小屋組プラス金属屋根としたことで、総体として軽量化が図られた。

地元出身の若手工務店を施工業者に

施工業者の選定に当たっては、①都内中堅工事会社、②住宅メーカー、③工事実績のある地元工務店、④地元出身の若手工務店の4社の競争となった。

①と②は工事規模から施工監理態勢に重点を置き大きな予算を見込んでいたが設計見積もりと大きな隔たりがあり、結果として④の若手職人を抱えた小さな工務店を施工業者に選択した。

施工監理は、筆者と住民組織の施工管理委員がこれにあたることとし、安全管理を含む諸問題の解決のために、週1回の定例会議を開き、互いに齟齬《そご》が生じないよう濃密な話し合いを続けることで、施主・設計者・施工者が相互に補完するよい関係を築いていこうとしている。

100年計画に向けた工事をスタート

工事はまずモデル棟を2015（平成27）年1月末に着工し、そこで生じた諸問題を一つひとつ解決しながらつくり上げ、住民の評価意見を聞き、同年4月初旬に完成した。今回外壁に使用した高弾性断熱塗料は下塗りから仕上まで6層、厚さ0・3㎜以上という仕様である。

工事期間が極寒期にあたり、2軒の住人の意見が気になるところであったが、思いのほか、断熱効果が高いという実体験からの意見であった。本来は着工前と完成後の室内温度変化を連続的に記録し、データを数値化し、断熱効果の実証調査を検討したが、予算的な制約で実現できなかった。

全工程1年間をかけて、残り23棟の大規模修繕工事がスタートした。当初は試行錯誤の作業で工程の遅れが続いたが、1棟ごとに完結する屋根工事は、回を重ねるごとに錬度が増していった。

工事中もっとも懸念されたのは、夏場の炎天下での屋上作業あるいは冬季の屋根材凍結などによる落下事故などの恐れであり、これについては工事作業の安全管理を徹底して行なった。

2018年3月、15カ月の長期にわたる工事期間中を無事故で完成を迎えることができたことが何よりうれしいことだった。

生まれ育った家を新たに住みつなぐ

制約のなかでも可能なリフォーム例

自分が育った団地を親から受け継ぐときに困るのは、間取りが自由に変えられないことかもしれない。しかし、リフォームのやり方によっては限られた条件のもとでも今、そして未来の暮らしに合わせることは可能だ。

一級建築士事務所 ジェル・アーキテクツ 代表
北出健展

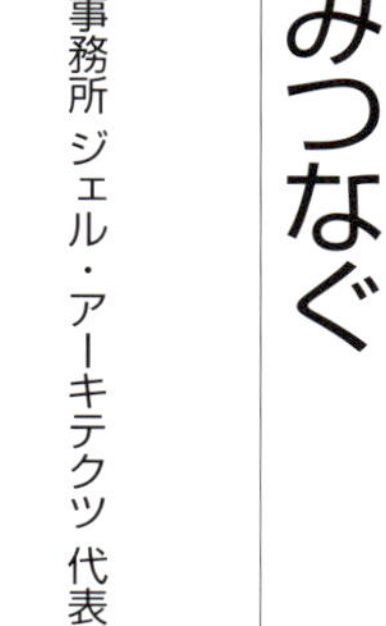

きたで・たけのぶ
1972年生まれ。横浜国立大学工学部建設学科建築学コース卒業。同大学大学院修了。2005年に一級建築士事務所ジェル・アーキテクツを設立。一級建築士。

景観と管理から見える団地のよさ

団地での暮らしでは、各住戸の間取りの善し悪しや交通の利便性などとともに、団地全体の景観形成や維持管理も大事なポイントの一つです。

リノベーションの計画から工事の監理にかけて通いつづけた千葉県船橋市にあるこの団地では、長年にわたり良質な維持管理が行なわれているのを感じとることができました。

外観は、よく見られるバルコニーが横にまっすぐに延びる、平面的な形式ではなく、階段ごとの住戸群をずらしながら配置することで、建物ボリュームの圧迫感を低減させ、外観に変化とリズムをもたせています。敷地内の植栽も高木から低木まで、棟ごとの高さと調和するように、茂りすぎることなく定期的に剪定されており、季節ごとの移ろいを楽しませてくれています。

２０１１年3月に起こった東日本大震災の際には、建物には被害はほぼ見られませんでした。外構には縁石のズレや歩道の損傷が生じていましたが、半年を経ずに修繕を終え、元の姿に戻りました。

各棟は5階建てで、階段を挟んで両側に住戸があります。エレベーターがなく、階段を上ることが大変な年配者の転居により、上層階の住戸ほど、年とともに空室が増える傾向があるようです。

かつての暮らしを検証する

ふとんで寝起きし、ちゃぶ台を囲む。子どもにはそれぞれ子ども部屋。そんな暮らし方を想定していたのでしょうか。改修前の間取りは4DK＋サンルーム。ダイニングキッチンと続き間で畳の茶の間。その他に畳の寝室と子ども部屋が2部屋ありました。

建物の構造は、鉄筋コンクリート壁式構造のため、各部屋に柱が出っ張っていることはありません。一方で、その壁が各部屋を仕切っていて壊すことができず、もともとの出入口だけしか開いているところはありません。そのため、まっさらに広々としたワンルームへと改修することはできません。

改修前のサンルームと和室は、縁側と和室のような位置関係にありましたが、壁式構造による開口の幅と高さの制約から、日当りのよい縁側のような気持ちよさをあまり感じることができませんでした。

そして、暮らしているうちに増えていく物たち。押し入れやキッチンからはみ出した品々は洋服たんすや食器の収納戸棚へ。収納家具も徐々に増え、もともとのシンプルな暮らし方から物があふれる暮らしへと移り変わっていきながら、だんだんと窮屈さをまとっていったのでしょうか。

東日本大震災の際は、住戸が5階ということもあり、揺れも大きかったようで、家具の転倒や家財の散乱がありました。

ご両親が購入され、ご自身が生まれ育った家を新たに生まれ変わらせたい。それらの収納家具や物たちを整理整頓し、もう一度シンプルな暮らし方へ戻したい。そしてまた皆が集まれる場にしたい。そんな思いを依頼主からリノベーションの希望としていただきました。

「今」に変えて暮らす

デジタルマーケティングの仕事をされている依頼主からは職住近接の暮らしとともに、ほかの住人の方々も集まれる場にできないかとの相談をいただきました。

通常、新しくリノベーションするプランには建物の構造上、おのずと制約があります。また、パイプスペースの位置や排水距離、コンクリートの床と床仕上げとの高さの関係から水回りの位置を大きく変化させることは難しいケースが多々あります。

この住戸でも、それぞれの部屋はほとんどが鉄筋コンクリートの壁で仕切られているため、その壁がどの位置に、ど

1. 団地の外観。住戸群をずらした配置と植栽
2. 土間からLDKを望む。土間には自転車や本棚
3. リビングからサンルームを望む。窓には視界を調整する和紙ブラインドを採用
4. 寝室。コンクリートと木と白い壁紙、障子のコントラスト
5. リビングからキッチンを望む。上には高さを活かしたロフト

改修前と改修後のプラン

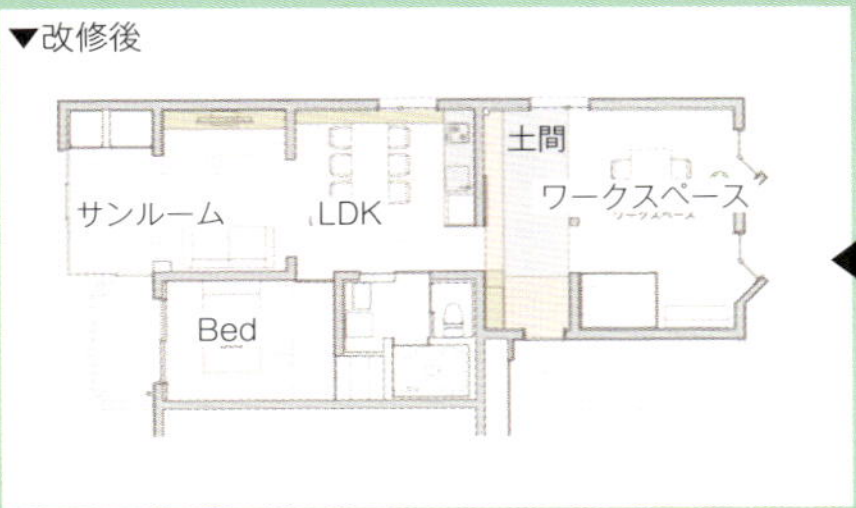

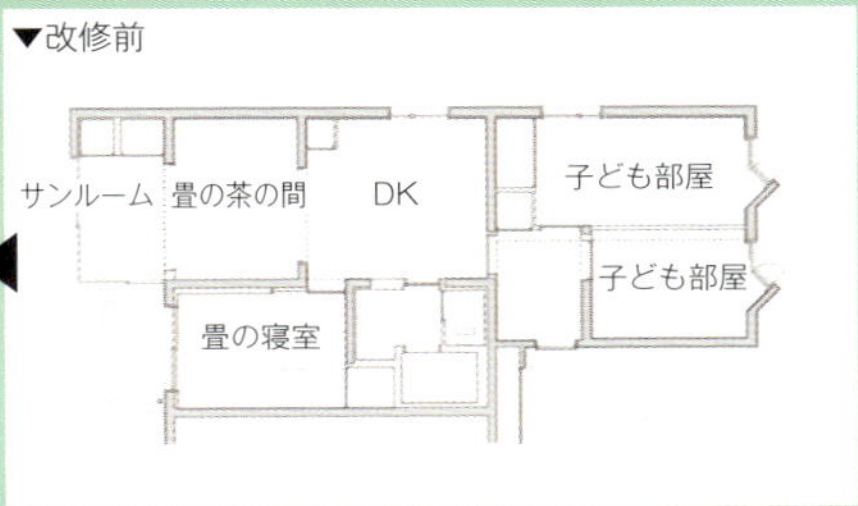

の大きさ・厚さであるのか、出入口だったところの壁の開口の幅と高さはどれくらいかを想定しながら、プランニングを進めていきました。

また、内装の解体を終えた後に、実際に鉄筋コンクリートの壁をもう一度確認し、計測することにより、プランや造り付け家具のサイズなどの微調整を行ないました。

玄関ドアを開けてから住戸を横切るように広くとった土間は、自転車などがそのまま入れられるようにしています。また、リビング・キッチンや寝室などプライベートな暮らしのスペースと、仕事をしたり、団地の住人が来訪できるオープンなスペースとを床の段差と仕上げでゆるやかに仕切り、二つのスペースを土間を渡って移動する、気持ちの切り替えができる場所にもしています。

仕事のスペースは土間とも壁を設けず、仕事場をシェアすることも想定できるように、間仕切りにも使える、可動式のクローゼットをつくりました。

プライベートな暮らしのスペースは、土間からキッチンをくぐり、ダイニング～リビング～サンルームへと、メープル材を使った明るい木目のフローリングを連続させながら、元のコンクリートの壁をゆるやかな間仕切りとして、できるだけ大きなサイズの開口とし、額縁にも見立てた、見通しのよい一つながりの空間としました。

壁は白いキャンバス調の壁紙貼りとすることで、サンルームはよりサンルームらしく、射し込む光が柔らかく室内を反射しながら部屋の奥まで届くようにしました。床と壁とに光が美しく映り込み、温かな色合いを醸成してくれます。

キッチンやTVカウンターも新しくし、圧迫感がないように、幅や高さに留意しながらオリジナルの家具をデザインしています。

寝室とダイニングの間は幅70㎝ほどの小さな開口だけ。壁のコンクリートを見せながら、一部にはシナ合板を貼り、コントラストを形成しています。もとの間取りの障子戸はそのまま残して和紙を透過してくる柔らかな光を楽しめるようにしました。

その後、ご結婚され、ご夫婦ともに職住近接の暮らしをされながら、そしてまた三代目となる子育てに励まれています。休日には離れて住んでいるそれぞれの家族が集まり、会食や誕生会、節句などを楽しまれているそうです。

次の暮らしへとつなぐ

建てられてからの年数が経過することにより、暮らし方や人数も変化し、間取りが合わなくなってきたり、日々の暮ららしのなかで高い階までの上り下りが難しくなったりすることで、新たな住まいへ移る方々も少なくないと思います。

一方で、今回ご紹介しましたように、時代と人に適したリノベーションを行なうことで、生まれ育った家を継承しながら、その時々の暮らしに合わせて変化させていく暮らし方も今後は増えていくのかもしれません。住み慣れた場所にはその場所のよさがあります。暮らしつづけた時間と記憶もこれからの豊かな暮らしとまた新しい思い出を重ねて、さらに彩ってくれるよう願っています。

スケルトン（共用部分）は誰のものか

区分所有法が抱える問題点と管理組合の限界

共立女子学園 名誉教授 山森芳郎
やまもり・よしろう
工学博士。主な著書に『ヴィクトリア時代イギリスの田園生活誌』（共訳）、『キーワードで読むイギリスの田園風景』など。

戦後に大量供給された団地が更新時期を迎えて久しい。しかし、大規模修繕や建て替えなど抜本的な対策はなかなか進まない。それを阻むものの一因としてスケルトン（共用部分）の扱いがある。区分所有法に基づく従来の解釈を、時代に合わせて見直すべきではないか。

曲がり角を迎えた戦後の団地再生

「スケルトン（骨組み・構造体）＋インフィル（内部の設備・内装）」という集合住宅の構成概念は、近年、かなり広く受け入れられるようになった。

人生のほとんどが団地住まいの私は、20年ほど前に一念発起して、自宅の台所や風呂場のタイルを含め、古い内装（専有部分）をすべて取り払って鉄筋コンクリートをむき出しにしたのち、一部間取りを変え、内装し直して、スケルトン＋インフィルを実体験した。自分でいうのははばかられるが、そのときの内装には今日に至るまで非常に満足している。

間もなく、築後半世紀を迎えるスケルトンはどうか。劣化が進んでいるが、管理組合は3回目の大規模修繕工事を含め、更新工事になかなか着手できないでいる。何が問題か——。

スケルトンの所有と管理

あらためるまでもなく、スケルトン＋インフィルを建物の区分所有等に関する法律（区分所有法）に照らしていえば、共用部分と専有部分である。専有部分＝インフィルは購入者が個々に専有し、自分の責任で管理する。一方、共用部分＝スケルトンは購入者同士が共有し、管理組合を結成して管理にあたる。

以上は単棟型分譲住宅の場合だが、団地型の共用部分では棟共用部分に、敷地や棟と棟を結ぶライフライン、公園、管理事務所などの団地共用部分が加わる。棟共用部分は棟の居住者が共有し、団地共用部分は団地全体の居住者によって共有されている。

集合住宅や団地ができて日が浅い段階であれば、あまり深刻な問題は起きないから、通常の維持管理で間に合う。もし、問題が発生したら、デベロッパーに相談するなり、その責任を問うなりすることができる。この間の一大事業といえば、12年から15年に1回屋根や外壁を修理する大規模修繕工事がせいぜいである。

さらに１０００戸を超えるような大規模団地になると、まさに都市経営のレベルになる。戸建て市街地であれば、住戸の敷地が接する公共空間は、道路も、ライフラインも、公園も、自治体が専門知識をもった職員を配置し、管理してくれるのだが…。

管理組合方式にも限界がある

築後35年から40年を経過すると、給水管や雑排水管、汚水管などのライフラインの劣化が目立ちはじめ、それらの更新期に入る。通常の管理から「再生管理」への転換が不可避になる。

すでにデベロッパーとの縁も切れ、管理組合は、自分たちで更新工事という難題に取り組まなければならない。特に大規模団地であれば、専門家でもない組合員にとって技術的判断が難しい。適切な長期修繕計画がつくられていない場合は、工事費が予想をはるかに超える場合がある。

管理組合は迅速な意思決定ができない場合もある。大規模で、長経年の団地となれば、なおさらである。なぜか——。

このころになると、躯体やライフラインの劣化が進むのと同時に、組合員の高齢化も重なってくる。それは体力の衰えばかりではない。管理組合という閉鎖社会は、ともすれば地下のマグマだまりのように人間関係をこじれさせ、合理的な合意形成を難しくしてしまう。

そこで、区分所有法が定めているように、管理組合の意思決定は、2分の1以上、4分の3以上といった多数決によることになるが、この多数決には、大きな矛盾がある。意思決定をした結果について、組合員は人任せで自分たちの責任という認識をもっている人が少ないというのが現状なのだ。

私たちは子どものころから「多数決＝民主主義」と教えられ、その矛盾にあまり気がついていない。責任を押しつけられるのを嫌って思考を停止し、なんでも多数派に賛成してしまいがちになる。

スケルトンはみんなで所有し、みんなで管理するという「管理組合方式」には、判断に時間がかかり、適切なときに、適切な管理ができないというやっかいな矛盾が潜んでいるのだ。

そこで、国土交通省では、マンション管理会社など、その道の専門家に任せなさい、と勧めている。実際に、日本全国に約６００万戸マンションがあるが、72・9％の管理組合が基幹事務を含め管理事務のすべてをマンション管理業者に委託している（国土交通省「平成25年度マンション総合調査結果」より）。管理会社に委託するかどうかは、管理組合の判断によるが、経験豊富な専門家に委託することにより、適切なときに適切な管理ができるようになることが見込める。しかし、その一方で、組合員のなかから自称専門家が次々登場して議論を紛糾させ、組合としての意思決定を遅らせてしまうこともある。

今こそ歴史的な変革を

２０１５（平成27）年秋に亡くなった家政学者の松岡明子共立女子学園名誉教授が残した冊子『文化アパートメントの誕生――経済学者森本厚吉の挑戦』によれば、日本で最初のアパートメント・ハウスを建てて近代都市住宅の歴史を切り開いた森本は、４階建ての既存部分に抵当権を設定して融資を受け、５階を増築しようとした。建物の部分に抵当権は設定できないとする当局に対し、アメリカ合衆国の法律を紹介して自らの主張を認めさせ、５階部分を増築した。「これで日本でも、コンドミニアム方式の都市住宅を供給できる」――１９３０年、彼は新聞記者を前に、誇らしげに今後の都市住宅供給の可能性を力説した。おそらく、これが契機になって、戦後の区分所有法の道が開かれたのだろう。

それから85年あまり、健全な社会資産としての都市住宅を維持していくため、「スケルトンとインフィルそれぞれの所有主体・所有期間・管理業務を分離する」など、現行の「スケルトンはみんなで所有し、みんなで管理する」という考え方を、根本的に再検討すべき時期にきているのではないか。

1. 間もなく築後半世紀を迎える団地
2. 団地のシンボルの給水塔。しかし、受水槽や埋設管で深刻な劣化が進んでいることが多い
3. 外部の学識経験者や専門家らの助言を聞く団地住民。なかなか実行へ踏み出せない

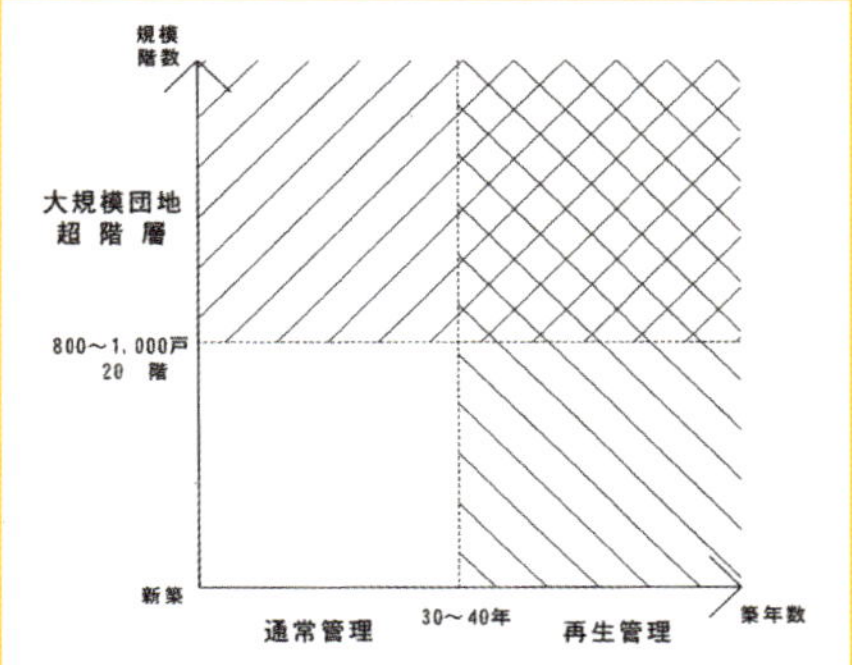

管理の難度（斜線部分）

UR都市機構が提案する「間shikiru」

20年後を見据えて模索した新たな住まい方

独立行政法人 都市再生機構中部支社 中部公園事務所 工務第二課長 伊藤芳徳

魅力的な集合住宅でも、手を入れなければ徐々に色あせてくる。家族の年齢構成や生業の変化によって、ライフスタイルも変わるからだ。既存の「ストック賃貸住宅」を活かす再生提案を進めるUR都市機構が、20年後を見据えて考案した新たな住まい方とは――。

いとう・よしのり
1965年愛知県生まれ。名古屋大学大学院建築学専攻修了。1990年住宅・都市整備公団（現・UR都市機構）入社。一級建築士。

住まいで人を幸せにする

どんな家に住みたいか。住まいに何を求めるか。人それぞれに考えがあります。引っ越しをする事情はさまざまですが、せっかくなら、素敵な家に住みたいと思いますよね。家賃を払うなら、なおさらです。玄関ドアを開けて入る瞬間に、ふわっと幸せな雰囲気がする。そんな魅力的な家なら、早く帰りたくなります。

私は建築技術者として、主に集合住宅というジャンルに20年ほどかかわってきました。賃貸マンション、分譲マンション、戸建て住宅や再開発ビルに至るまで、いろいろ担当することができました。そのなかで、偶然を含め、自分がそうしたいと願った結果なのか、住宅の企画を提案する機会が多くありました。自分なりの「人を幸せにする」企画を込めた住宅を、実現させるのです。皆さんの協力を得て住宅が完成するまでのワクワク感を、何度も楽しむことができました。

なかでももっとも楽しみにしていたのは、完成直前の住宅をお客さまが内覧する期間です。内覧中に、家族や友人同士で語られる好き勝手なコメント。一人暮らしであろうおばあちゃんが、思わずつぶやく独り言。そんな声を聞き漏らすまいと、気配を消す私……。この家に住んでみたいと思いますか？　幸せな予感を何か感じましたか？　提案をどう評価してもらえたのかを、できるだけじかに聞き、その手ごたえや反省などをどうやって次に活かしていくかを考える。そんなことを繰り返しながら仕事をしてきました。

しかし、入社して20年も経つと、私が新入職員だったころに担当した住宅（団地）たちも、少しずつ齢を重ねてきました。かつて満室御礼だった団地に、忍び寄る空き家という黒い影。住宅は「商品」という面もあるので、築年数とともに商品力や魅力が衰えていくことは、避けがたいのかもしれません。20年経つと古くなる。そんな感覚を実体験することになったのです。

若い職員とともに企画・提案

ＵＲ都市機構は、私の入社当時と比べて新築住宅の建設戸数が少なくなった一方、既存の「ストック賃貸住宅」を活かしていくことがとても重要になりました。ＵＲ都市機構の各団地では、そんなストック賃貸住宅の再生を提案する事例がいくつか現れはじめました。住まいで人を幸せにするというテーマで取り組むなら、新築じゃなくてもワクワクするべきである。そう考えていたころ、入社1〜2年目で20代の若い職員４名と、私を含めた「おじさん職員（※）」３名が、一緒にストック賃貸住宅の再生を企画提案するプロジェクトが始まったのです。（※おじさんといっても、年齢は皆40代です）

「若い世代にも住んでいただきたいストック賃貸住宅団地を対象に、『10年後もお客さまから支持される住宅』を、若い職員の感性を活かして企画提案してください」

与えられたこのテーマを、年度末までのわずか3カ月でまとめるのは正直キツイという印象でしたが、「おじさん世代の職員には理解されないくらい若い発想で」「企画がよければ実際につくる」という励ましもあり、7名のプロジェクトチームは、密度の濃い3カ月間を過ごすことになりました。

自分たちで参考事例などの実物を見て・聞き・話し・考える。ひと言で伝わる価値を練り上げる。時間のやりくりは大変でしたが、ビジョンを共有してつくる、ワクワク感を味わうことができました。若い職員のあふれる気力、体力、好奇心、そしてプレゼン能力が発揮され、おじさん職員たちの経験も役立ち、提案された企画は翌年度に実現されることとなりました。

「間ｓｈｉｋｉｒｕ」誕生

企画が実現されたのは、名古屋市内で利便性のよい立地に建つ、高層賃貸団地の２ＤＫ住宅（ダイニングキッチンと２

つの和室をもつ間取り）でした。この団地が建設された昭和50年ごろは、「量から質へ」と住宅の価値観が変わりはじめた時期でしたが、同じころに建設された高層賃貸団地では、画一的で小規模な住宅を多く供給した団地もありました。エレベーターは付いていても、建設後30年以上を経て、内装や水回り設備などの古めかしさが増してくると、お客さまのニーズに応えられなくなってきました。

前年度の企画を受け、このような古い2DK住宅の内装をシンプルに改装し、壁やふすまを使わず、カーテンや家具で自由に「間仕切る」ことができる住宅＝「間ｓｈｉｋｉｒｕ」が誕生しました。インテリアの素材感も、昭和50年ごろに建てられた団地の内外装とバランスがとれたものとし、これまでのUR賃貸住宅になかった住まいの価値を、提案することができました。

間ｓｈｉｋｉｒｕでは「ゆるやかに心地よく　しなやかに私らしく」というキャッチコピーを、お客さまによりよく伝えることが重要でした。お客さまに住宅を内覧していただくためには、リフォームといったハード面だけでなく、PRなどソフト面も充実したかったのです。

そこで、「遊べる本屋：ヴィレッジヴァンガード」が提案するインテリアコーディネートを得て、魅力的なモデルルームを公開することになりました。同社が提供する不動産・住宅情報サイト「ヴィレッジ不動産」でもPRを実施しました。このサイトでは、「UR＃団地」という刺激的なタイトルのほか、遊び心のある文章や生活提案が満載でした。URとの接点が少なかった若い世代のお客さまにも、間ｓｈｉｋｉｒｕを伝えることができたと思います。

20年後を見据えた渾身の一戸を

住宅をつくる、住宅を改修する、という仕事をしていると、「やってみなくちゃわからない」ことを体験します。失敗の痛みをもって反省し、経験を積んで勉強することが、不動産ビジネスなのだと感じます。

そんな経験から、賃貸住宅を企画する際には、普遍性と可変性の絶妙なバランスを保つことに注意しています。例えば2LDKであれば、誰もが想像するような2LDKらしくありつつ、いろいろな暮らしのニーズにも応える必要がある。尖りすぎてはいけないけれど、普通すぎても魅力が乏しいのです。

また、住宅の商品力は20年程度で見直す時期が来ると感じます。言い換えれば、建設（改修）後20年程度の間は、安定してお客さまのニーズに応えることができる……そんな住宅

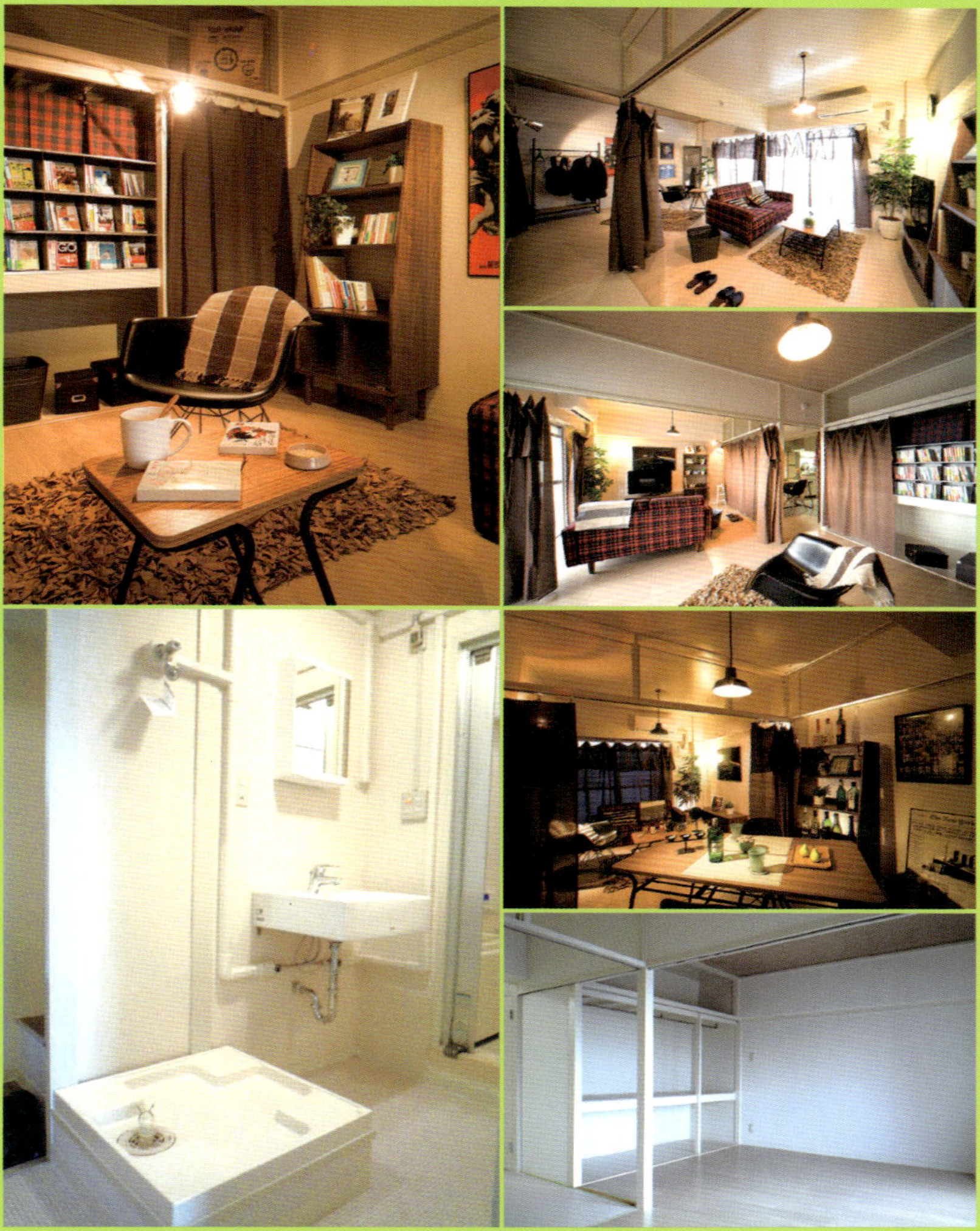

	1
3	2
	4
6	5

1. インテリアコーディネート後のモデルルーム
   カーテンを開放すれば、ワンルーム
2. インテリアコーディネート後のモデルルーム
   ワンルームをカーテンで「ゆるく」仕切る住まい方
3. インテリアコーディネート後のモデルルーム
   ひとり読書を楽しむ生活はいかが？
4. インテリアコーディネート後のモデルルーム
   雰囲気のよいリビング・ダイニング
5. インテリアコーディネート前の住宅内部
6. 洗面所に洗濯機置場を設置

を提案しなければならないということです。探してみると、建設後20年を経ても、商品力の高い良質な住宅が存在します。20年後はどうなっているかを常に考え、20年後を見据えて、渾身の一戸をつくる。その積み重ねが豊かな住宅ストックになるのです。

都心超高層に住まうダイナミズム

住まいの履歴から見る心地よい暮らしとは

人にはそれぞれ「住まいの履歴」というべきものがある。団地で生まれ育った人は同じような環境を求めることが多いし、超高層マンションに住む筆者・三井氏の原風景も高層アパートだった。住まいの履歴や感性によって暮らし方が選べる都市は魅力的だ。

共立女子短期大学 生活科学科 教授
三井直樹

みつい・なおき
京都大学博士（人間・環境学）。主な共著に『色彩デザイン学』（六耀社 2009）、『構成学のデザイントレーニング』（六耀社 2017）などがある。

住まいの原風景は「晴海高層アパート」

現在、私が家族とともに住む中央区、勝どきの高層マンションは10年目。54階の角部屋にあるわが家からは、朝になると、広い空とともに遠くの筑波山を背に東京スカイツリーや銀座、大手町の高層ビル群、皇居の眺望が広がり、隅田川とともに築地市場を眼下に望む。夜になると銀座のイルミネーションが美しい。

地上では感じられない、そんな開放感あふれる風景こそが超高層に住まうダイナミズムだと実感する。

子どもが2人いる家族にとっては、職住近接のライフスタイルは必須であり、今の住まいを選んだのはごく自然でもあるが、私自身が過ごしてきた生活環境も大きく影響しているのも事実である。

住んでいた場所や住居形態というバロメーターでみれば、私の住まい遍歴はバラエティに富んでいるかもしれない。これまでの私の住環境は、子どものころから学生時代を経て、社会人になるまで、かなり目まぐるしいものだった。

記憶をさかのぼれるのは銀座の幼稚園に通っていた時期で、「晴海高層アパート」に住んでいたころだ。ここが私の住まいの原風景である。

今の晴海トリトンスクエアの場所（東京都中央区晴海一丁目）にあたるが、当時の日本住宅公団が１９５８年（昭和33年）に建設した（平成９年に解体）。ＵＲ都市機構のサイトの紹介によると、将来の高層集合住宅を見据え、建築家の故・前川國男氏が設計し、公団初のエレベーターや新しい構造の導入など先進的な試みが随所に盛り込まれていた。

ここは銀座からわずか２㎞ほどの距離でありながら、交通手段が当時都バスのみで不便であったが、開放感のあるウォーターフロントの立地で、月島、佃などの下町風情にも恵まれた地域であった。お世辞にもぜいたくな住まいではなかったが、わずか10階建てで高層住宅と呼ばれただけに、新しい住居形態であったことはたしかだろう。

小さいときのことなので、住まいに対して特段の感覚はないが、銀座の学校に通ったせいもあり、大都会で暮らしているという意識だけはもっていた。

筑波研究学園都市の近未来的一軒家

中学になると、父親の職場が移り筑波研究学園都市へ越すことになり、私の住環境は一変した。公務員住宅や中古の一軒家を経て、私が大学生になったころ、父は筑波大学から少し離れた高台に家を建てた。

この家は建築家・松永安光氏による設計で斬新なデザインであった。筑波山を間近に見る緑豊かな自然に囲まれ、シルバーの屋根が輝く円形と三角形で構成された建物は、当時のハイテックスタイルともいえる近未来的な外観の住宅であった。

インテリアには、家具デザイナーの故・大橋晃朗氏による大胆な色彩と造りのソファやテーブル、本棚やワイヤーで張られた天蓋など、ギャラリーの様を呈したインスタレーションであった。

どの部屋にも一般的な矩形やフラットな天井は見当たらず、規格的な建具は皆無であった。このアンバランスで非対称な空間で暮らすことは私にとっては刺激的でもあった。緑のなかにぽつんと建つ家は当初ミスマッチにも見えたが、さりげなくなじんでいた。無機質さと和みを共存させた住まいの佇まいがあったのだろう。

ボストン、ニューヨーク、そしてジョージアの暮らし

大学卒業後、大学院進学のため米国に渡り、在米７年ほどの間にボストン、ニューヨーク、ジョージア州サヴァナで過ごした。ボストンでは築１００年を過ぎたアパートメント、ニューヨークではチェルシーのマンション、サヴァナでは緑

豊かな敷地にあるタウンハウスで過ごしてきた。それぞれの住環境はとても好対照であり、米国の住宅事情の一端を体感することができた。

大都会のニューヨークやボストンでは、古いマンションほど人気があり、リフォームしながら住むことがステータスだ。ゲストを招いたときにも、リビングだけでなくベッドルームまですべて見せる習慣がある。自らの住まいを見てもらうことが、自己表現の場として捉えられているのだろう。

また、ジョージアのサヴァナで暮らしたタウンハウスは、歴史的建造物が建ち並ぶダウンタウンから少し離れた地区にあった。敷地内にプールやジムを備え、美しい芝生とともに、スパニッシュモスが南部ならではの独特の雰囲気を醸し出す居心地のよい住環境であった。

一方、サヴァナのダウンタウンは、碁盤目状に広がる全米最初の計画都市で、19世紀にはもっとも豊かな都市の一つでもあった。今では、川沿いの古い綿花倉庫は改装されて、マーケットプレイスとして賑わっている。

私が生活してきた米国のいずれの都市も、古い建物をリニューアルさせながら成熟度を上げた住環境の集積であり、ウォーターフロントという海や川の水辺のシーンをうまく取り入れた点で共通している。

さまざまな住まい方が選べるまち「東京」

留学を終えた帰国後、しばらくぶりの東京で生活が始まった。子どものころの感覚に引き寄せられたのか、再び気心知れた場所に居を構えた。20年前には、すでに佃、月島、勝どき、豊洲、東雲など湾岸エリアの再開発は進みつつあり、次々と高層住宅が建設され、その姿は20代のころに住んだマンハッタンの摩天楼のように風景ががらりと変わっていた。

このまちの将来の風景は想像もできないが、今なお高層マンションやビルの間にひっそりと昔ながらの情景も見ることができる。どんなにまちが新しくなろうとも下町風情のようなものが宿れば、もっと東京の魅力が出てくるのではないだろうか。

東京のまちは、もともと江戸の昔から埋め立てとともに発展し、運河や掘割を巡らせた水の都が形成された。今は、その水辺の魅力を活かしたまちづくりとして、東京都港湾局による「運河ルネサンス」が10年以上前より進められている。湾岸エリアの再開発は、新しい水の都として都心の未来の姿を告げていくことになるだろう。

超高層マンションというと無機質なイメージが先行しやすいが、実は自然が身近に感じられる。わが家の北東角部屋の窓からは、遠くには房総半島から富士山まで、足元には都

自宅からの眺望。隅田川の先に筑波山と東京スカイツリーを望む。手前は佃リバーシティ21のマンション群
（撮影：三井直樹）

会のまちなみや皇居が広がり、朝焼けや夕日も楽しめる。大雨や台風の翌日は、隅田川は茶色く濁り水辺の様子も一目でわかる。

広い窓から見える情景の変化で春夏秋冬の移ろいを実感できる。都心でありながら自然が身近にある、そのコントラストが心地よい。私にとって、変化しつづける東京都心のまちなみは自然と一体化した風景だ。

今では個人の好みに合わせてさまざまな住まい方を選ぶことが可能である。昔ながらの下町、できたばかりの新しいまちなみ、それぞれに、それぞれの価値をもつ東京は、新しい住まいのあり方を探索できる楽しいまちだ。

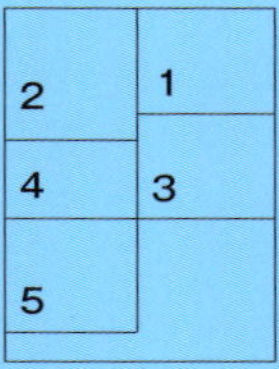

1. 大学時代を過ごした松永安光氏設計の「INSCRIPTION」
2. 同内部の様子(撮影:三井秀樹／1987年)
3. 夕闇せまるエンパイアステートビル。古い建造物とのコントラストが美しい。19丁目チェルシーからの眺め(撮影:三井直樹／1993年)
4. 中庭とプールを中心に広がるタウンハウスの様子。米国、ジョージア州サヴァナ(撮影:三井直樹／1996年)
5. 現在、勝どき周辺は駅や五輪選手村、豊洲新市場、環状2号など、急ピッチで工事が進行中

住まいと健康と団地再生

室内環境因子による健康影響への諸課題

いま住んでいる団地でこれからも長く暮らすには、健康面にも配慮しなければならない。すべての人がより高い生活の質を保つために、化学物質、ダニやカビに起因するアレルギーにも気をつけたい。

共立女子大学 名誉教授 芳住邦雄

よしずみ・くにお
Master of Science (California Institute of Technology)、工学博士（東京工業大学）。環境省環境審議会専門委員、東京都環境審議会委員を務める。

団地再生において望ましい居住空間

居住空間における快適性とともに健康を支える因子の確保は、団地再生を図る際の重要要因といえる。

共働き世帯のみならず高齢者世帯の増加など、従前とは異なる状況が現出しているからである。住宅のもつ物理的な条件、住宅内の化学物質などの条件、さらに、カビ・ダニなどの生物学的な条件に対する吟味は、再生される団地での居住環境を望ましいものにしていくための必須要件といえる。

その基礎となる人間の条件を表1にまとめる（標準値は国、性別、年齢などで異なる）。

室内環境と有害化学物質

室内環境には多様の化学物質が放出される。表2は、ヒトがその濃度の空気を一生涯にわたって摂取しても、健康への有害な影響は受けないとされる濃度としての指針値の取りまとめである。さらに、ノナナールには暫定値41、また、総揮発性有機化合物（ＴＶＯＣ）には、暫定目標値を４００が目安として提示されている。

そのうち、ホルムアルデヒドは、建材の接着、衣類のしわ防止、洗濯時の縮み防止など多様に使用されており、新しい家屋、家具および衣類により室内環境でのアレルゲンとなる要注意物質である。

一方、居住ないしは施設利用者にさまざまな体調不良が生じ、それが室内環境の何かに由来すると推測されることがあり、このような体調不良はシックハウス症候群と一般に呼ばれる。その原因物質の一つにホルムアルデヒドが挙げられている。なお、厚生労働省では、シックハウス症候群の医学的定義は困難であるとしている。

ダニとカビは生物由来の有害物質

まずは、ダニである。一般家庭では、チリダニ科のコナヒョウヒダニとヤケヒョウヒダニの2種類がもっとも多く見られる。室内のチリ、ホコリ、ヒトからの寝具への付着物、カビなどをエサとして繁殖する。そのピーク期は、夏から秋にかけてである。床面のダニ数は100匹/㎡以下が望まれるが、容易には達成しがたい。ダニは、虫体のみならず、その死骸、抜け殻、糞が室内空気中に浮遊し、アレルゲンとなり得る。

さらに注目されるのは、カビの存在である。室内を浮遊するカビの胞子や菌糸の断片はアレルゲンとなる。カビが好む環境はダニの好む温・湿度とほぼ一致している。また、ダニはカビを好んで食べるので、カビが生えることはダニを増やすことにもなる。カビの発生しにくい環境づくりが重要である。

免疫機構によるアレルギー反応

ヒトの体内に細菌、ウイルスあるいは化学物質などの異物（抗原）が侵入すると、その異物に対抗する物質である抗体がつくられる。そうした侵入物を抗体により排除しようとするのが免疫というしくみである。通常、免疫は外敵から身を守り自分の体に有利に働くものであり、その例であるIgGは、ヒト免疫グロブリンの70～75%を占め、血漿中にもっとも多い単量体の抗体である。

しかし、免疫機構が不利な方向（過敏に反応）に働くと、ぜんそくやじんましんなどを引き起こすことになる。この人体にとって不利益な反応を起こすことをアレルギーといい、アレルギー反応を起こす原因物質をアレルゲンと呼ぶ。図1にその概念を示した。

一般に、アレルゲンとなるものには、前述したダニ、カビ、ペットの毛、花粉、昆虫、食物などがある。それらに対してアレルギー症状になるかどうかは個人、つまり個体により差がある。この場合には、IgE抗体が作用する。図2に示すように、IgE抗体は、皮膚や粘膜にあるマスト細胞の表面にくっつき、ダニや花粉、食物などのアレルゲンが入り込んでくるのを待っている。これが感作《かんさ》である。この感作された状態で再び原因物質が体のなかに入り込むと、マスト細胞についているIgE抗体と結びつき、その刺激でヒスタミンなどの化学物質が放出される。これらの化学物質がさまざまなアレルギー症状を誘発する。マスト細胞は、造血幹細胞由来のものであり、気管支、鼻粘膜、皮膚など外界と接触する組織の粘膜や結合組織に存在する。

本庶佑教授の功績

こうした免疫機構にかかわる概念において、がん治療を実現したのが本庶佑《ほんじょたすく》京都大学特別教授であり、２０１８（平成30）年12月10日のスウェーデンの首都ストックホルムでのノーベル賞授賞式に臨んだ。

白血球は、体のなかに侵入してきたウイルスや細菌などから、常に命を守りつづける免疫細胞群である。その一つを構成するT細胞には感染した細胞あるいはがん化した細胞を見つけて排除する作用がある。

一方、がん細胞には免疫細胞の攻撃から逃れようとするさまざまなメカニズムがあるため、体内の免疫細胞の活動だけでは、がんを完全に攻撃するのは難しいという原理的な問題がある。換言すれば、がん細胞が免疫細胞の攻撃から逃れるしくみを見破り、そのブレーキである免疫抑制の働きを持つ分子「ＰＤ－Ｌ１」の作用を阻害する方法が求められていた。免疫チェックポイント阻害薬が待たれていたのに応えたのが本庶佑教授の成果である。がん免疫療法の道を拓く、画期的成果である。

長く健やかに暮らすために

人生１００年時代にあって、積極的に健康づくりを進めていく生活スタイルの構築が長寿社会の質の向上には不可欠な考え方である。人は誰しも多かれ少なかれ病気や障害とともに生活している。潜在能力を十分に発揮して生活することが何よりとの健康観も定着しつつある。

本稿では、健康・快適居住環境に関して、すべての人がより高い生活の質をもって、より健やかに生きるための課題を取りまとめた。総括として室内環境でのアレルゲンの発生態様を図３に取りまとめた。要点検箇所の数々である。団地再生への一助となれば幸甚である。

［参考文献］

※１　東京都福祉保健局・健康・快適居住環境の指針（２０１７年）
※２　大気環境学会室内環境分科会・室内空気汚染の現状と今後の展望（２０１８年）
※３　大気環境学会関東支部・有害大気汚染物質のいま（２０１８年）

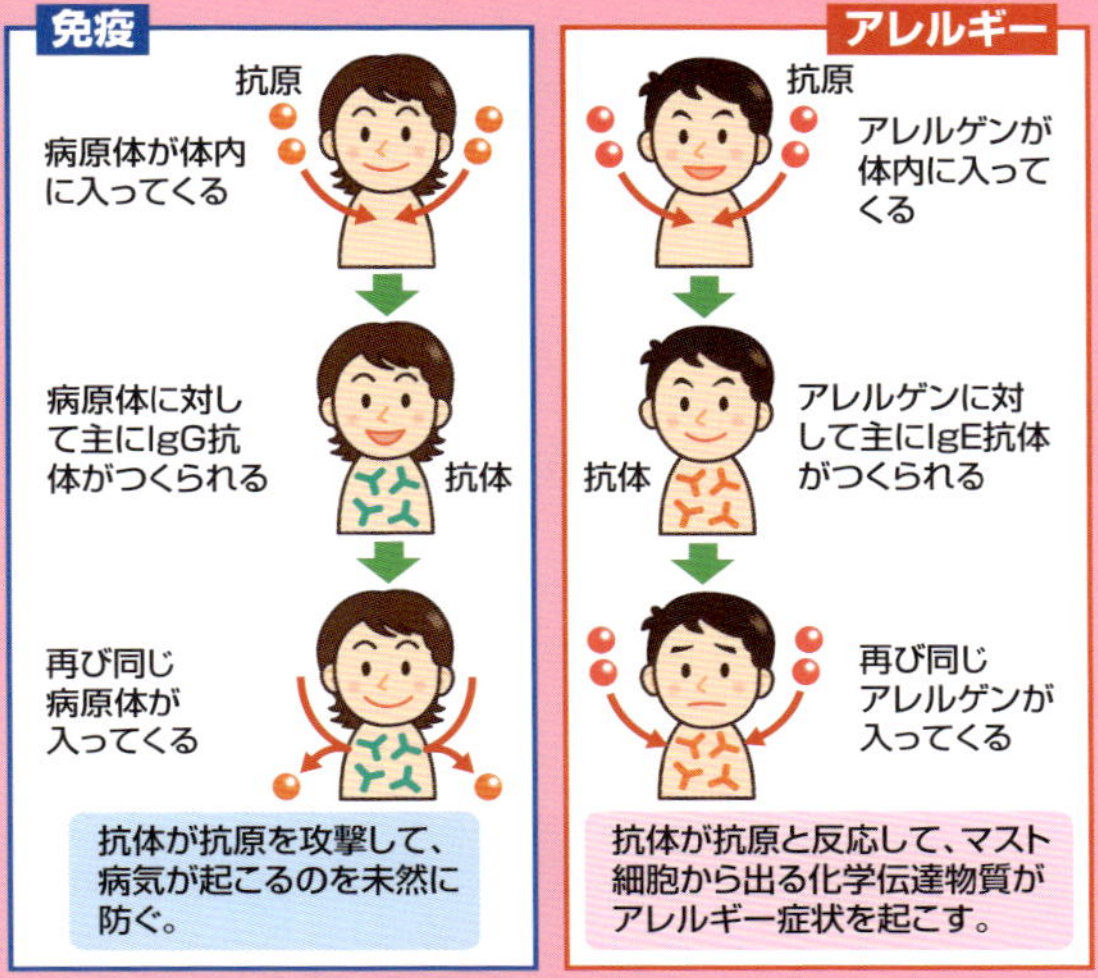

図1：免疫反応とアレルギー反応との比較 ※1

表1：基礎となる人間の条件

	標準値
体重	50kg
寿命	70年
呼吸量	15m³/日
飲料水摂取量	2L/日
食事摂取量	2kg/日

表2：室内濃度指針値 ※3）

化学物質	室内濃度(μg/m³)
ホルムアルデヒド	100
アセトアルデヒド	48
トルエン	260
キシレン	870
エチルベンゼン	3800
スチレン	220
パラジクロロベンゼン	240
テトラデカン	330
クロルピリホス*	1
フェノブカルブ	33
ダイアジノン	0.29
フタル酸ジ-n-ブチル	220
フタル酸ジ-2-エチルヘキシル	120

＊小児の場合0.1μg/m³

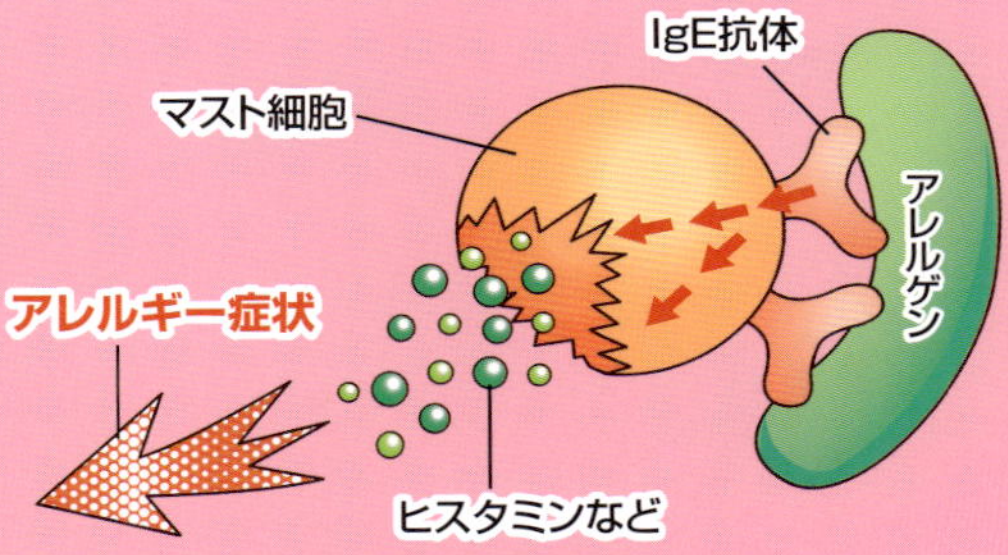

図2：抗体・抗原によるアレルギー反応 ※1

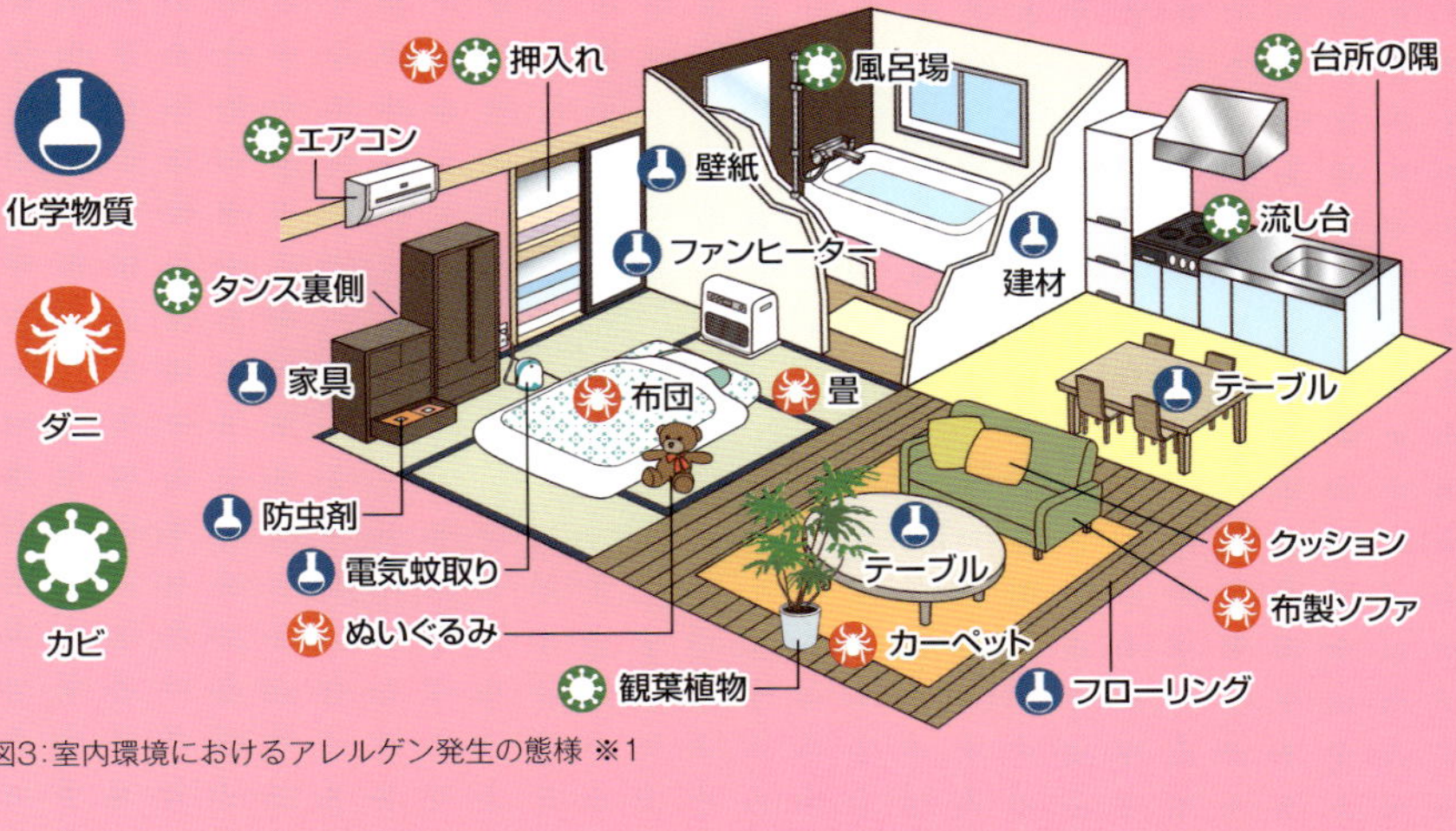

図3：室内環境におけるアレルゲン発生の態様 ※1

第3章

「助け合い」で安心安全なまち

堤防が決壊すると浸水してしまう低地に人口の約50％が住み、資産の75％が集中する日本は、災害大国といわれる。地震に強い家を建てる、堤防を強くする、低い土地には住まないなどの予防策（防災）だけでは十分ではない。突然襲い来る災害には、その被害をできるだけ軽くする「減災」の備えが必要だ。自分で身を守る「自助」に加えて、集合住宅および地域の人たちと助け合う「共助」があってこそ、初めて安心して暮らせるまちとなる。

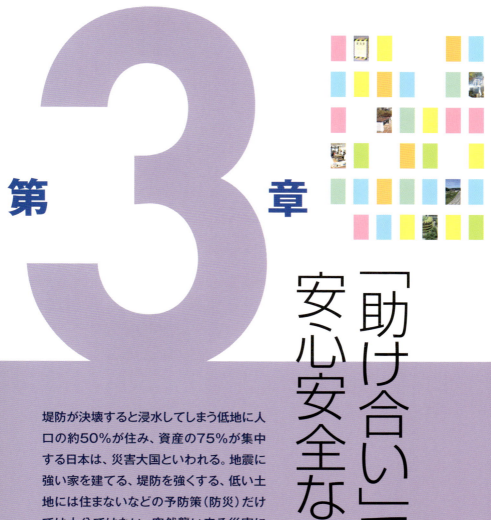

災害時にマンションでの生活はどうなるのか

熊本地震に見る「自助」と「共助」の大切さ

防災都市計画研究所 主任研究員 竹内美弥子

短期間に二度も大きな地震に見舞われた熊本地震は、記憶に新しい。そうした災害時、マンションではどのようなことが起こるのか。実は、耐震性の高いマンション居住者は避難所の人数に含まれていないため、自助と共助を重視して、居住者同士が助け合うことが求められるのだ。

たけうち・みやこ
共立女子大学家政学部卒業。現在は被災地調査、マンションの防災対策のほか、防災まちづくり・防災計画策定などの支援に携わる。一級建築士。

熊本地震におけるマンションの教訓

２０１６年熊本地震では、４月14日夜と16日未明に最大震度７が観測され、その後も繰り返し強い余震が発生しました。マンション管理業協会会員が管理業務を受託する熊本県内の分譲マンションでは、９割以上（５６６棟中５２７棟）がなんらかの被害を受けています（一般社団法人マンション管理業協会、平成28年６月14日発表）。

４月14日に震度６弱、16日に震度６強の本震を経験した熊本市に位置する（図参照）マンション（高層棟14階・低層棟６階建て）では、本震のあと2、3日間は、ほぼ全員が避難所などに避難しました。その間、理事が「震災復旧対策本部」を設置し、建物・ライフラインの被害点検、安否確認、立入禁止区域の設定、応急処置などを実施しました。

その後、理事や低層階の住民などが少しずつ戻り、在宅避難者は居住者の2割弱となりました。引っ越した世帯は15%、半分以上の世帯は余震の恐怖から5月10日ごろまで小学校の避難所生活や近隣のスーパーマーケット、小学校の駐車場での車中泊をしていました。

建物は、構造上主要ではない雑壁やドア、窓などの被害があり、「応急危険度判定」で「要注意」となりましたが、構造的な被害はありませんでした（写真1～3参照）。在宅判断を求められたため、理事などが防犯も兼ねてマンション出入口で受付を行ない、「建物の出入りについては自己責任」であることを居住者に伝えました。在宅避難者は、受水槽からの直接給水などの代替手段を活用してライフラインの確保に努め、食料などの物資は避難所や地域から十分な量を調達することができました。

　このような在宅避難生活を送ることができた要因として、本マンションの管理組合が平時から防災訓練はもとより、もちつき大会、夏まつりなどのイベントを実施するなど、マンション内外のコミュニティづくりを大切にしてきたことが挙げられます（２０１６年防災都市計画研究所調査）。

避難所での被災生活の過酷さ

　マンション居住者の方は「避難所に行けばなんとかなるだろう」と漠然と思っていませんか。

　実は、小学校など指定避難所の収容人数は、地震の場合、おおよそ築年数や構造などにより推定する全壊建物の全棟数と半壊建物の半棟数分で算定しており、耐震性の高いマンション居住者は人数に含まれていません。これは、災害救助法により避難所が「災害により現に被害を受け、又は受けるおそれのある者を収容するものとする」と定義しているためです。

　一方、避難所における被災生活の衛生、環境、防犯などには課題が多く、熊本地震では、震災のストレスと過酷な避難所生活で衰弱し死に至る「震災関連死」が２００人と、「直接死（圧死など）」の4倍となりました（２０１７年11月28日時点）。

　災害時、特に大都市圏ではマンション居住者が多く、耐震性の高い建物でも余震の不安や高層階での生活の不便による避難が考えられ、車中泊やテント泊などが可能なオープンスペースも少ないことから、膨大な避難者が避難所に詰めかけさらに過酷な状況になることが想定できます。それらを考えると、できるだけマンション居住者が助け合って自宅で被災生活を送るに越したことはありません。

自宅の安全は誰が担保するのか

　災害発生後、行政では、「応急危険度判定」を行ないます。これは、余震などによる建物倒壊や落下物などの危険がないかなど、簡易な方法で応急的に確認を行ない、二次災害を防止するために実施するもので、「住めるか、恒久的に利用できるか」どうかを判定するものではありません。

過去の事例を見ると大規模地震の場合、この「応急危険度判定」は、建物によっては1カ月以上かかることも想定されます。また、建物の応急処置を行なう専門業者もすぐに手配できるとは限りません。繰り返す余震のなかでマンションの建物の安全性、つまり自宅に住みつづけられるか否かの判断は誰が行なうのでしょうのか?

それは、居住者の「自己判断、自己責任」です。管理組合の役員が「建物は安全だ」と判断して居住者に周知した結果、仮に二次被害があっても管理組合の役員はその責任をとることはできません。そこで、まずは、事前の備えとして耐震診断・耐震補強が重要になります。

さらに、在宅生活が可能かどうか各自の判断材料となるように、居住者が協力して被災後の建物点検ができるとよいのではないでしょうか。建物点検の結果、建物構造上の被害であれば避難し、構造上の被害がなければ危険箇所の立ち入り禁止や応急処置などを行ない在宅生活ができるようにします。

具体的には内閣府から、建築の専門家でなくても建物点検できるガイドライン「大規模地震発生直後における施設管理者等による建物の緊急点検に係る指針、平成27年2月（HPでダウンロード可）」が出ています。これを応用してマンションの建物カルテをつくり、例えば「このひび割れの発生は地震前なのか後なのか」を写真により一目でわかるようにしておくことや、建物点検の訓練を行なうことが考えられます。

自宅だけでなく、共用施設の利用についても同様です。私がかかわった団地では、高層階居住者がエレベーター停止時に自宅で避難生活をおくるのは難しいことから、共用施設を一時の避難生活場所として利用するマニュアルをつくりました。共用施設を利用するにあたっては、前記の内閣府のガイドラインを応用した建物点検チェック表を使って点検し、危険箇所の立ち入り禁止や応急処置を行ったうえで受け入れます。施設利用希望者は、受付で「建物被害等による二次被害は自己責任となること」という誓約書に同意するしくみとなっています（写真4参照）。

マンションでの生活継続の条件

マンション居住者が生活を継続するときの判断基準は、建物の被害程度のほか、身体状況、生活の不便さ、余震状況などがあり、建物が安全だからといって生活を継続できるとは限りません。

しかし、そのなかでもできるだけマンション内で生活を継続するためには、自助として自宅での簡易トイレ、水など物資の備蓄、室内の家具転倒防止などを備えたうえで、共助と

2	1
4	3

1. 写真1：熊本地震被災マンション（雑壁の崩壊）
2. 写真2：熊本地震被災マンション（応急危険度判定）
3. 写真3：熊本地震被災マンション（開口部の歪みで閉まらない玄関ドア）
4. 写真4：共用施設の建物点検と利用者受付の手順を確認

☑ 建物被害の点検	・構造被害があれば避難 ・非構造被害は立入り禁止処置、応急処置、排水の禁止等を実施
☑ 室内被害の点検	・寝る場所を確保
☑ 余震情報の収集	・極度の不安で自宅にいられないことがある
☑ ライフライン・インフラの代替資源の確保	・災害用トイレ、水、カセットコンロ・カセットガスボンベ等
☑ 備蓄物資の確保	・食料、生活物資等
☑ 在宅避難生活支援スペースの確保	・集会所、ロビー等の共用施設を使用
☑ マンションの助け合い	・情報連絡、物資調達、防犯、衛生管理、要配慮者の見守り等

表：マンションで生活を継続するときの注意事項

図：熊本地震被災マンション（現場位置図）

して耐震診断・耐震補強などのハードの備えと、在宅生活の助け合いを可能とするための活動マニュアルづくりや顔見知りになるなどのソフトの備えが重要です（表参照）。

まずは、マンション居住者で集まって自分たちのマンションの被災をイメージし、その対応方法を少しずつ検討してみてはいかがでしょうか。

コミュニティ単位で「減災」に取り組む

集合住宅における防災力向上のカギとは

日本では地震、それに伴う津波、そして台風、大雨による水害など過去10年に限っても天変地異が相次いでいる。繰り返し襲う自然災害に対して、公的な支援だけでは不十分だ。団地・マンションなどを一つの単位として、身を守る備えをすべきだろう。

株式会社コトブキ（執筆当時） 中野 竜

なかの・りょう
東京農業大学農学部造園学科卒業。造園設計事務所勤務後、コトブキ入社。現在は造園施工会社に勤務。（一社）ランドスケープアーキテクト連盟（JLAU）理事。

災害がもたらした意識の変化

１９９５年に発生した阪神・淡路大震災、２０１１年に発生した東日本大震災は私たちの日常生活に大きな影響を与えると同時に、今までの価値観を大きく変えました。多くの日本人にとって「災害はいつどこで起こってもおかしくない」という不安を植えつけ、災害を自分のこととして意識するようになりました。

特に東日本大震災以降、国や自治体の災害対策は進みましたが、「もう十分だ」という人は多くありません。一方で「自分自身で何か備えをしよう」と考える人は増えており、自宅に備蓄や災害対策を施す、いざという時の家族の安否を確認できる方法を決めておくなどの災害に対する備えをしている人の割合は、東日本を中心に6割を超えているといわれています。つまり、震災前は「誰か（行政）が助けてくれるだろう」という意識だったものが「自分たちの命は自分たちで守る」という考えにシフトしてきていることを示しています。

東日本大震災以降、よく耳にする言葉として「減災」「自助・共助・公助」「リスクコミュニケーション」などがあり、このキーワードが私たちの災害に対する意識の変化をよく表していると思います。

発想は「防災」から「減災」へ

「減災」とは、災害時に発生する被害を最小限に抑えようという考え方です。

かつての「防災」の考え方は「災害による被害を出さない」というもので、例えば「壊れない丈夫な建物をつくることで、被害を出さない」という考えのもとにさまざまな取り組みがなされてきました。しかし、東日本大震災の津波のように想定を上回る災害に対応するためにはどこまで建物を丈夫につくればよいのでしょう。1000年に一度の災害のために過剰に構えることが適切なのかという議論が繰り返しなされました。

そこで出てきたのが「減災」という考え方です。先ほどの建物の話でいえば「建物は倒れたとしても、人の命が助かるように『防災訓練』をしよう」というのが減災の基本的な考え方です。建物が失われたとしても、人命が失われる最悪の事態は避ける、つまり、災害をすべて防げないが被害を最小化しようというのが「減災」の発想です。

いつ起きてもおかしくない災害に備えて日常的に対策をしておき、いざという時に被害を減らすこと、どんな防災対策を講じても被害は出てしまうのだからほんとうに必要な課題（人命の保護）に資源と予算を集中させようというのが「減災」の考え方です。

「自助・共助・公助」による減災

「自助・共助・公助」は阪神・淡路大震災以降に多く聞かれるようになった言葉で、東日本大震災以降に理解が進み見直されるようになりました。「自助・共助・公助」の考え方は災害対応における役割分担と心構えと言ってもよいかもしれません。

「自助」とは文字通り「自分（たち）を助ける」ことです。日ごろから家庭内で備えをしたり、災害時には自主的に避難したり、自分で自分を守る行動を指します。

「共助」とは、「地域でお互いに助け合う」ことで、地域の防災訓練や災害時における近所の助け合いなどを指します。

「公助」とは、役所や警察、消防、自衛隊等による「公的支援」を指します。地域住民だけではどうしようもない大規模な災害救助活動やインフラの復旧を担当します。

大規模災害の際には自助・共助・公助がバランスよく機能することが減災につながります。

リスクコミュニケーションで防災力を上げる

リスクコミュニケーションとは、行政と地域住民、あるい

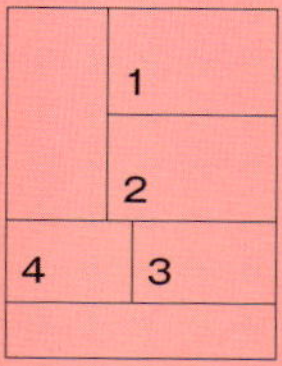

1. 地域防災力向上のために防災訓練を実施
2. 集合住宅における防災訓練の様子
3. 戸建て集合住宅地内に導入された防災ファニチャー
4. 団地に導入されたかまどベンチの例

は地域住民同士が防災に関する情報をしっかり共有し、災害に強い地域をつくるためにコミュニケーションをとりましょうという考え方です。災害が起こった時に初めて会ったご近所同士が協力し合うことはとてもハードルの高い作業です。しかし日常的に防災・減災について意識の共有ができていれば、これほど心強いことはありません。

共助の核になる活動はこのリスクコミュニケーションの促進であり、これは一朝一夕にできることではありません。日ごろのつながりを強化し、顔を合わせる機会や防災訓練などの実施によってリスクコミュニケーションを促進し、地域の防災力を上げることが地域の安全・安心の基盤をつくることになります。

共助の単位としての団地

私たちは、減災の観点から意識的に自助・共助・公助のバランスのとれた社会にしていく必要があります。自助は家庭内で自主的に行なうことで、自分たちの意識で進めることができます。公助は自治体に防災対策を要望したり、情報を集めたりすることは必要ですが、基本的には個人や地域では解決できません。

では、自助と公助の間にある共助の精神はどのように醸成していけばよいのでしょうか。

私は共助、つまり、地域の防災力には「防災意識を向上させる環境づくり」が必要であると考えています。地域住民同士のつながりを強化するためのコミュニケーション強化、防災訓練による啓発活動、いざという時に助け合う協力体制の構築、次世代を担う子どもたちへの防災教育が必要であると考えています。

また、これらのコミュニティの基盤となる単位は、団地自治会、管理組合、戸建て住宅地では町内会が想定されます。コミュニティが共助の機能を最大限発揮するためには向こう三軒両隣よりももう少し大きな単位でつながっておく必要があり、その単位として団地自治会、管理組合というのは適切な大きさです。また、生活基盤を同じくする人たちの集合体ですので共助の単位として機能すべきであると考えています。

団地のなかにはさまざまな人がお住まいになっているでしょう。お年寄りのご夫婦から子育て世代のご家族、共働き、障がいをおもちの方など。ご自分のお住まいの団地にどのような方が住んでおられ、いざという時にどういう行動をとるのかを知っておくことは、共助を考えるうえでとても大切なことです。

団地で育てる共助の精神

　最近では、共助の精神を醸成するために防災訓練を活用されるケースが増えてきているようです。地域の消防署や消防団の方をお招きして防災講話をお話しいただいたり、消火器の使い方をレクチャーしていただいたりすることが主流になっています。

　また、防災ファニチャーと呼ばれるいざという時にはかまどに変身するベンチ（かまどベンチ）を導入し、その使い方講座やかまどベンチを実際に使ってお湯を沸かすなどの訓練も実施されています。

　このような防災訓練は「減災」の一環であり、「共助」のための取り組みであり、「リスクコミュニケーション」の実践です。

　皆さんのお住まいの団地でもぜひリスクコミュニケーションをとるための活動を始めてみてはいかがでしょうか。共助の精神こそ、自分が助かるための重要なキーワードです。

コミュニティで「共助」を創造するために

「しがらみ」と「こどく」の間で手を携える場づくり

事故や災害は突発的に起きるので、直面したときでは手遅れかもしれない。災害時に助け合える関係をつくるにはどうしたらよいのか……普段から顔を合わせて、会話して、そしてほんの少し頼ってみる。団地内にそうした場所を一つつくるだけでも、共助の輪は広がっていく。

コミュニティデザイナー／防災士　葛西優香

かさい・ゆか
同志社大学卒業。リクルートから葛飾FM放送を経て、HITOTOWAへ入社。「防災への備え」の発信が使命だと強く思い活動中。

災害や事故の身近な経験

１９９５年1月17日、阪神・淡路大震災が発生した。５時46分、大きな「ゴー」という音で目覚め、次の瞬間に身動きがとれなくなるほどの大きな揺れ。とにかくお布団のなかに頭を隠し、揺れがおさまることを待った。揺れがおさまり、家のなかを見ると一面ガラスの山。当時、食器棚の開き戸にはストッパーもかけておらず、ガラスの食器はすべて落下。破片が散らばっていた。足の踏み場もない家のなかから外に出ると、普段あいさつや会話をしているご近所さんが声をかけてくれ、下の階に住むお姉さんはなぜかたくさんの靴下を持っていた。はだしだった私は靴下を借りて寒さから体を守ることができた。後から聞くと、「靴下も取り出せない人がいるんじゃないか？」とそのお姉さんは思い、ご近所さんのために靴下を大量に持ち出したようだ。

２００５年4月25日、ＪＲ福知山線脱線事故が発生。大学に通うため、電車を待っていた私は事故が起きたことを少し先の北新地駅で知る。事故が起きた電車に乗っていた友人は、次の日から電車に乗ることが困難になった。

２０１１年3月11日、東日本大震災が発生。就職をし、東京配属となり、都内で暮らしはじめていた私は、地震発生時、

31階のビルで仕事をしていた。14時46分、大きな揺れを感じ一斉にデスク下に身を隠す。揺れがおさまった瞬間、男性が1人走って、エレベーターの方に向かう。直属の上司だったのだ。約1時間後に帰ってきた。上司を悪く言うわけではないのだが、都内で災害が起きると平常時には考えられない行動をとっさにとってしまう人が出てくると鮮明に想像ができた。

この三つの災害と事故の経験から、「事故は自分自身で備えることはできないかもしれない。でも災害は備えておけば、被害を軽減することができる。また、平常心を少しでも保つことができる。減災のために、『備える』ことを伝えなければならない」と心に誓った。

「防災」を呼びかけて危機感を覚える

「備える」ことを発信するためにどんな形がいいのか考えた末に、災害時にすべて放送内容が切り替わる地域の「防災ラジオ」で、まずは一つの地域から発信を始めようと動きはじめた。有事の際にラジオを聞くこと、自分自身で備えておくことの大切さの呼びかけを続けた。

しかし、「備え」の発信をすればするほど、発災直後に地域の方同士で声がけをして乗り越えていく、助け合える「人と人とのつながり」がもっとも大切だと考えはじめた。一人では決して乗り越えられないと自身の経験からも強く感じ、つながりの大切さをまちの方に伝えるようになった。すると、想像していた以上に地域住民の交流が薄れていることを感じ、危機感を覚えた。

ラジオで災害時の情報を得ることも大切だが、直後に助け合える近所の方々との「つながり」をつくることが第一にすべきことだと思い、HITOTOWA INC. に入社した。

自然と人が集える空間づくり

「災害時に助け合えるまちをつくる」HITOTOWA（人と和）は、団地再生に取り組んでいる。高齢化が進んだ団地において、内外から人が集まる拠点づくりを行なっている。

埼玉県三郷市にある「みさと団地」で、2つの部屋をコミュニティ拠点として運営することとなった。普段はカフェとして利用でき、ヨガ教室やパン販売、手づくり教室、脳トレ体操などさまざまなテーマに合わせたコンテンツを用意し、多世代、異なる趣味を持つ人が集う空間をつくっている。

一人…二人と子育てに悩むママが来て、スタッフとお話をする。少し晴れた顔をして、店を出る。次に来たときには、自分の居場所がもう一つできた安心感からか、ご自身のお話を多くされるようになり、同じような悩みを抱えるママと意気投合。ママ友ができていく。

子どもが出入りする様子を見た70代の一人暮らしをしている女性がお店に来て、「私、子どもが大好きなの。何かお役に立てないかしら?」とお話をしてくださった。今では、ママがゆっくりお茶を飲む際に託児サービスとして、その女性がお子さんと遊んでくださっている。女性にとって生きがいが生まれたと同時に、地域の多世代間のつながりが生まれている。

お店に入る一歩もすごく勇気がいること。普段つながりのないご近所さんとお話をするということはもっと勇気のいること。その一歩を打ち破るきっかけがあれば、人は自然とつながることができる。そして、暮らしのなかでそのきっかけを、実はどこか探しつづけていると運営を通して実感している。

ほかにも、兵庫県西宮市の「浜甲子園団地」、東京都西東京市の「ひばりが丘団地」でも「初めの一歩」のきっかけづくりを行なっている。

遠くの親戚より近くの知り合い

『総合都市研究第61号　神戸市東灘区における人的被害と救助活動』によると、阪神・淡路大震災で亡くなった方の原因は、家具転倒・家屋倒壊にかかわるものが大半で、窒息死60%、全身打撲21・5%、圧死8・5%。また、人命救助をしたのは、64%が近所の人。このデータからわかることは、自力で脱出できないときに助けてくれるのは、遠くの親戚ではなく近くに住んでいる人だということ。

精神状態が不安定なときに、「頼れる」「助けたいと思い合える」関係性を日常から形成しておかなければ、結局最初の一歩も踏み出せないまま自力でなんとかしようとして、二次災害も招きかねない。

「共助意識」を共有できるコミュニティへ

「みさと団地」のママとお話をしていると、「自分で全部子育てはしないと」と悩み、抱えきれなくなり、涙する方もいらっしゃる。「頼る」ことに慣れていない世代にとって、頼られる側の先輩から声をかけること、自分から少し勇気をもってみること、両方の「初めの一歩」が平常時の「今」必要なのである。

一歩が踏み出された後、形成されていく小さなつながりのおかげで、いざというときに靴下を貸し借りすることになり、一人の少女の人生を変えるかもしれない。

「パンと雑貨の日」というパンの販売と雑貨販売や手づくりワークショップが体験できるイベントを月1回mi*akinaiで開催。さまざまなコンテンツを用意することで、興味をもつ人数も多くなる

みさと団地で運営している「みさとのおみせ mi*akinai(http://www.mi-akinai.com/)」に来ているママたち。mi*akinaiで友だちに。今では大切な相談仲間

小学生とHUG(避難所運営ゲーム)を体験している様子。避難所を立ち上げるときに自分自身何ができるか頭をフル回転させ考える。このときの学びがいざというときに活きる

「みさとのおみせ mi*akinai」のスタッフ。三郷市内に住んでいる保育士の方も。経験を活かした生きがいをお店のなかでも見つけ、お客さまのために笑顔で出迎えている

地域のカフェに協力してもらい、非常食の備え方のワークショップを実施。「子ども会で炊き出し訓練をしてみよう!」とママが自ら声を上げた

そして、共助の考え方が少しずつ芽生えれば、各地域で具体的なルールを決める段階へと入る。避難所の開設は誰がするの？ 食糧の支援が来たら、どこに取りに行けばいいの？ 水道が止まったら、トイレではどうやって水を流すの？……災害時を想像してみると、さまざまな疑問が生まれてくる。この疑問をまちのなかで一つひとつ話し合い、解決していく過程で「つながり」が生まれていく。そして、頼り頼られ、ともに助け合う「共助」が自然と成り立っている暮らしがつくられていく。

私たちはつながりの大切さを発信しているが、地域住民同士の交流を苦手とする人もいる。しかし何かがあったとき、一人で乗り越えられないときもある。有事に備えて、「〟しがらみ〝と〟こどく〝のあいだ」のコミュニティを創造するために日々活動を続けていきたい。

ご自身がお住まいの地域をちょっと眺めてみてください。「つながり」は生まれていますか？

持続可能で災害に強いまちづくりへ

生態系を活かした「グリーンインフラ」の導入を

社会基盤の整備および国土管理に自然の力やしくみを活かそうという新しい概念「グリーンインフラ」が国内外で注目されている。大きな災害が頻発する今、地域の減災力を高めるためにもこれからの団地再生に「グリーンインフラ」を取り入れることが望まれる。

東京情報大学総合情報学部 教授
原 慶太郎

はら・けいたろう
東京情報大学総合情報学部地球・自然環境コース長、理学博士（東北大学）、英国ロンドン大学客員研究員、日本景観生態学会会長など歴任。

注目集める「グリーンインフラ」

最近、欧米の環境政策や都市政策などで「グリーン・インフラストラクチャー（略してグリーンインフラ）」という言葉をよく耳にするようになった。わが国でも、関連する省庁や学会などで研究会が立ち上げられ、講演会やシンポジウムが実施・計画されている。

欧米での興隆の背景には、持続可能な社会の構築や生物多様性への配慮、自然災害への対応などが挙げられるが、欧州と米国では求める方向性に若干の違いもあるようだ。

本稿では、生態系を活かした持続可能（サステイナブル）でレジリエンス（しなやかさ）を高めたまちづくり（地域づくり）に関する最近の動向を紹介したい。

サステイナブルな地域づくり

わが国は、２００５～２００６年ごろをピークにして総人口が減少に転じ、人口減少社会に突入した。併せて、１９９０年代後半から高齢化率が急激に高まり、２０００年ごろからは世界でもっとも高齢化率の高い国となっている。

人口減少や高齢化は、社会が成熟するに従って起こる事象であり、狭い面積に一億超の人たちが暮らすこの国にとっては、ある面では望ましいことであるが、その変化があまりにも急に起こっていることに、人々の心も、行政も追いついていない。

持続可能な発展（サステイナブル・ディベロップメント）は、ブラジルのリオデジャネイロで開催された1992年の国連環境開発会議で提唱された考えだが、わが国でも発展途上の国々とは異なった形で、この時代に合ったサステイナブルな地域づくりが求められている。

都市に関していえば、高齢者や子育て世代にとって安心できる健康で快適な生活環境を実現すること、財政および経済面において持続可能な都市経営を可能とすることが大きな課題となっている。2014年には、都市再生特別措置法が改正され、行政・住民・民間事業者が一体となったコンパクトなまちづくりを促進するため、立地適正化計画制度が創設された。福祉や交通なども含めて都市全体の構造を見直し、「コンパクトシティ・プラス・ネットワーク」の考えで進めていく取り組みが各地で始まっている。

地域のレジリエンスを高める

2011年の東北地方太平洋沖地震とそれに続く津波では、1万8000人を超える死者・行方不明者を数えた。

2015年9月の関東・東北豪雨では、鬼怒川の堤防が決壊して市街地に流れ込み、5000棟を超える家屋が全半壊した。この豪雨による避難勧告は315万人に上る。

このような災害は、わが国に限ったことではなく、全世界で豪雨や突風、季節外れの大雪などの被害が報じられている。IPCC（気候変動に関する政府間パネル）の報告では、極端気象という呼称で、注意を喚起している。

このようななかにあって、英国の王立協会では、「極端気象に対するレジリエンス」という報告を出して、施策を求めている。このレジリエンスは、もともと「はね返り」や「元気の回復力」の意味で用いられる語句であるが、わが国でも2011年の東日本大震災以降、いろいろなところで散見されるようになってきた。

心理学では、逆境に直面した際に強化される人の許容力や、困難な状況に対してうまく適応する過程や能力などを指す言葉として用いられていたし、生態学では、生態系が台風などの撹乱を受けた際、以前の状態まで戻る速さや許容できる程度の大小を指す用語である。

ここでは、個人や社会が、自然災害などに遭遇した際に、存続・適応・発展し、さらにある状況下では新しい状態へ転換することを指す。

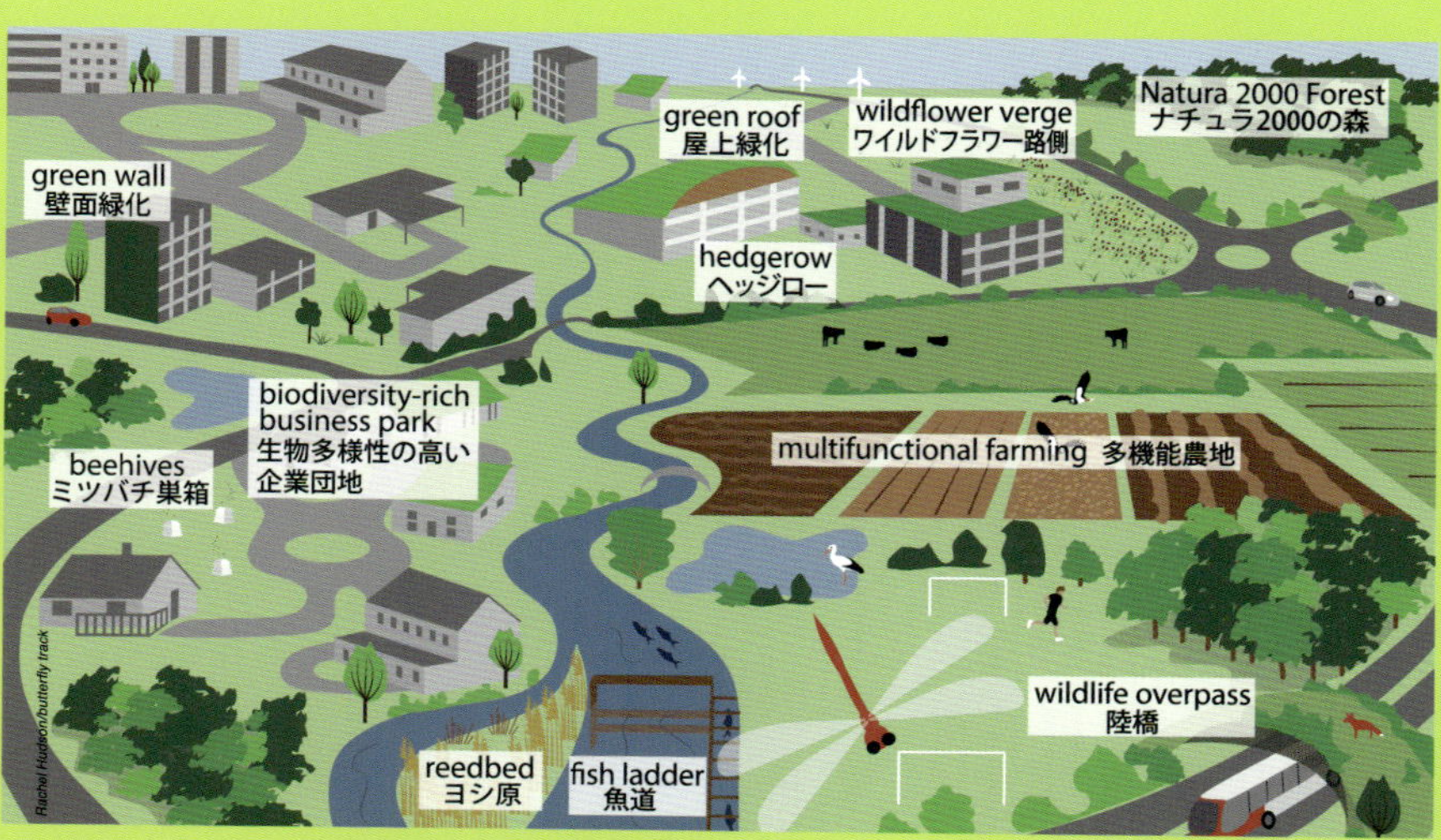

図：欧州グリーンインフラ戦略（EU Commission［2013］を改変）

グレーインフラの例：田老の堤防（岩手県宮古市田老）

グリーンインフラの例：広村堤防（和歌山県有田郡広川町）

生態系を活用した防災・減災

レジリエンスを高める社会の実現を目指して、例えば高潮への対応のために堅牢なコンクリートの防潮堤をつくることで対応してきた。このようなコンクリートに代表される人工のインフラ（グレーインフラ）は、一つの目的（この場合には高潮）の対応には有益であるが、平時にはコンクリートの大きな壁としての役割しか果たさない。また、建造費用に加えて、維持や改修などの費用は膨大なものとなる。今後の人口減少社会においては、これまで通りの社会インフラを維持・管理することは難しいものになる。

それに対して、生態系を活用した防災・減災は、さまざまな災害で効果を発揮し（多機能性）、平時には多様な生態系サービスを提供し、低コストで整備・維持管理が可能であることなど、今後の持続可能な地域づくりには欠かせない。この基本的視点として、①総合的な視点で検討し、②地域で合意形成を図り、③地域本来の生態系と災害履歴や伝統的知識を活用し、④維持管理の仕組みを構築する、ことが挙げられている。

都市における「グリーンインフラ」

1990年代の終わりごろから、欧米でグリーンインフラという言葉が頻用されるようになった。2013年には、EU協議会から「欧州グリーンインフラ戦略」が公表された。ここでグリーンインフラは、自然が人間に便益を提供する空間的構造を指し、清浄な空気や水などの多面的機能をもつ生態系利益・サービスをもたらす自然の機能を強化することを目的としている。

図は、欧州戦略の資料の一部であるが、都市から田園地域までの緑と水の空間がインフラとして抽出されている。グリーンインフラの効能としてナチュラル・イングランド（英国の非政府部門公共機関）は、①人々が自然とふれあうことができる野生生物の生活空間、②屋外のレクリエーション空間、③気候変動の適応、④環境教育、⑤地域での食料生産、⑥ストレスを削減し運動の機会を与えることによる健康と福利の改善、を挙げている。

このグリーンインフラは、ようやくわが国にも導入されつつあり、国土交通省や環境省など各省庁で動きが出てきている。最近では、高層マンションの屋上庭園やオフィスビルの壁面緑化のなかには、地域の自然環境や生物多様性への配慮がみられるものが増えてきた。これらも都市のなかのグリーンインフラである。

持続可能でレジリエントな地域づくりに向けて、生態系をうまく活用したインフラが整備され、生物多様性が豊かで、生態系サービスを享受しつづけることができる社会に向けて動き出すことを願っている。

三井住友海上駿河台ビルの緑化(東京都千代田区):再開発特区の開発許可条件の一つとして生物多様性を取り入れた事業

目黒天空庭園(東京都目黒区):都市の貴重なエコロジカル・ネットワークの拠点や地域交流の場としての役割を果たしているとして土木学会環境賞をはじめ、国土交通大臣賞(屋上緑化部門)などを受賞

第4章

地域資源を活かした再生まちづくり

よい資源があっても、価値を認めて後世に残そうとしなければ、いずれ失われてしまう。目に触れにくいすばらしい建築物、時を重ねた団地、廃校になった小・中学校、産業遺産である蚕室、利用者の少ない港、そしてケヤキがそびえる団地の広場……。サステナブル社会を目指すには、団地を始めとする地域のストックをよそ者が自由な発想で使い、運営することが近道なのかもしれない。まちと人を元気にするさまざまな手法を見てみよう。

建築をひらき、まちをひらく

「建築公開イベント」実践の現場から

地域に残る優れた建築を紹介することでファンを増やし、それを地域の活性化につなげたいと活動する市民組織がある。熱心な市民の目がその建物のオーナーの心を動かし、経年劣化を理由に取り壊されてしまう名建築を残すことにつながる。

アーキウォーク広島 代表 高田 真

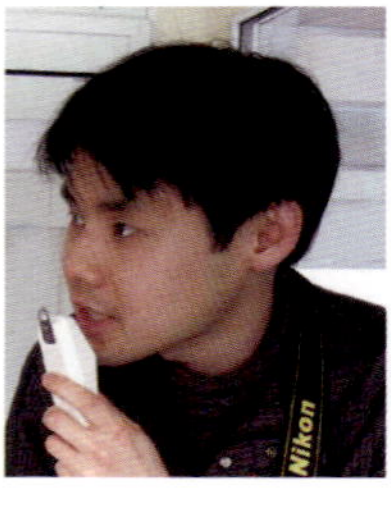

たかた・まこと
1978年生まれ。東京で都市プランナーとして勤務するかたわら、出身地の広島で建築の魅力を発信する活動を展開。著書に『アーキマップ広島』（ブックエンド2012）がある。

アーキウォーク広島とは

アーキウォーク広島は、広島市内を主なフィールドに、優れた建物を広く一般に紹介して建築ファンを増やしていくことで、建築文化の発展や地域活性化を目指している市民組織です。私が出身地である広島の建築を趣味で訪ねるなかで蓄積された情報を発信しようと会を立ち上げてから8年、コツコツと活動を続けてきました。

15人いる会員の大半は建築とは無関係であり、会の実態は趣味のサークルに近いですが、ガイドブック発行や建築公開イベント開催、セミナー講師、県内の無名な建築作品の発掘など、さまざまな活動をしています。

建築ガイドブックを発行

活動の柱の一つが建築ガイドブックの発行です。地域資源の見える化にはガイドブックが必要と考え、まず簡単な冊子状のものをつくりました。これが出版社の目に留まり、内容を増強して『アーキマップ広島』として出版されました（写真1）。

広島の場合、建築といえば戦災復興期のモダニズムが中心となりますが、赤レンガのようなわかりやすさがないモダニズム建築はよさが認識されにくく、無名のまま埋もれている作品が多くあります。そこで、まちを歩き回って調べ上げ、よいと思えた建物は網羅するようにしました。また、被爆建物については建築としてのよさも知ってもらえるように工夫しています。

解説付きの「建築公開イベント」

もう一つの活動の柱が建築公開イベントです。

ガイドブックでは広島の優れた建築が網羅されていますが、その多くは非公開で、外観を眺めることしかできません。また、内部に入れたとしても、鑑賞のポイントを知らなければその価値を見落とすこともあります。

そこで、私たちで建物オーナーにお願いして特別に公開してもらい、参加者を募って解説付きで見学するイベントを毎年秋に開催しています。イベントには建物の持ち手・作り手・使い手の相互交流という目的もあり、建物オーナーや関係者から建物に関する解説や逸話を聞く機会を設けるよう意識しています。

２０１０年から２０１４年までは単独事業として行ない、２０１５年からは広島県が行なう同趣旨のイベント「たてものがたりフェスタ」の一部となりました（２０１８年からは実行委員会による主催）。行政との連携により、アーキウォーク単独ではできない規模に拡大でき、２０１７年のイベントでは3日間で広島市内約30カ所が公開されました。なかでも一番人気なのは基町高層アパートという市営住宅で、建築作品としての解説をしながら非公開箇所を含めじっくり見学するツアーを行ないました（写真２、３）。

建築を公開する意義とは

建築を地域資源として取り上げて公開し、その価値を市民が共有する試みは世界各地で行なわれています。その元祖といえるのがロンドンオープンハウス（ロンドン）で、25年の歴史をもち、２日間で８００の建物が一斉公開されます（写真４）。国内では、生きた建築ミュージアムフェスティバル（大阪）が有名で、大大阪時代の近代建築から現代の建築まで幅広く公開され、しかも徒歩で回遊しながら鑑賞でき、商都の華やかさを直接感じられる大イベントとなっています（写真５）。

いずれのイベントも、大きな目的は市民の建築リテラシー向上とされています。建築リテラシーとはなんでしょうか。例えば欧州で古い家が大切に残され、新たな建物を建てるときに熱い議論が交わされるのは、よい建築をよいと認める目

（建築リテラシー）をもった市民層がいるためです。優れた建物なら古くても賃料を高くできるのでオーナーは解体せずリノベーションで価値を上げようとしますし、新築を担う建築家には「それはよい建築になるのか？」との厳しい目が向けられます。

一方、日本では優れた建築が相応に評価されないため、名建築であっても老朽化を理由に解体され跡地に貧相なプレハブ住宅が建つケースが多く見られますし、大切な公共建築の設計者を入札で決める（デザイン能力でなく一番安い業者に設計させる）ことが横行しています。これでは日本の都市景観が貧しいものになるのは自明です。

この状況を変えるには、時間をかけてでも市民の建築を見る目を高める以外にありません。日本の食のレベルが世界一なのは、舌の肥えた市民層がいて、ほんとうにおいしい食事には相応のお金を払うからであり、誰もが「食事は栄養さえとれれば安いほど良い」と考える社会に豊かな食文化は生まれないでしょう。建築分野も同じことで、リテラシーが高まることで建築文化が豊かなものになっていく将来を夢見ています。

また、建築公開イベントには、市民の建築リテラシー向上以外にシビックプライドの形成（自分たちのまちに誇りをもつ）という目的もあります。

広島には国際的な平和記念都市という誇りが、大阪には日本経済の屋台骨を支えた商都としての誇りがあり、建築という目に見えるものを通して市民が誇りを共有できる意義は大きいと思います。

団地でも行なわれている公開イベント

シビックプライドという観点で見ると、誇りを表現するものは建築でなくても構いませんから、公開イベントにはもっといろいろな形があり得ます。例えば新潟の燕三条では、工場１００カ所が一斉に公開され見学・体験できるイベント「燕三条 工場の祭典」が開催されています。普段見ることのできない製造現場を知ることで、ものづくりのまちという誇りを共有する、大切なイベントに育っています。

もちろん団地再生というミッションにおいても、地域資源を発掘・公開し地域で共有するプロセスは有効です。例えば広島の五月が丘団地で開かれている「五月が丘まるごと展示会」。これは団地内の家々が一斉にオープンされるもので、手芸が得意な人は自宅に作品を展示して公開したり、ガーデニングが得意な人は庭を公開したりし、さらにコンサートや上映会も行なわれ、団地内に臨時バスまで走らせてしまう本

2	1
3	
5	4

1. 写真1:『アーキマップ広島』
2. 写真2:基町高層アパートでの公開イベント
3. 写真3:基町高層アパートにて、普段非公開の屋上を見学
4. 写真4:ロンドンオープンハウス(©タケ)
5. 写真5:生きた建築ミュージアムフェスティバル

格的なイベントになっています。ありふれた普通の団地に見えても、手芸や園芸を楽しむ人が多く住んでいることを地域資源だと発見し、それを公開イベントによって共有する（外部の人に褒めてもらう体験も重要です）ことで団地の活性化、シビックプライドの形成につなげている好例と言えそうです。

このように、都市を開くイベントは、地域資源の共有を手軽に行なえるのがメリットで、コミュニティ活性化など幅広いシーンで活用できます。どの地域にもなんらかの地域資源はあるはずですから、お住まいの地域でも取り組んでみてはいかがでしょうか。

アーキウォーク広島HP http://www.oa-hiroshima.org/

学生参加によるUR団地活性化

大学と地域社会の連携による魅力づくり

椙山女学園大学 生活科学部 講師
川野紀江

かわの・のりえ
横浜国立大学工学部建設学科卒業。設備メーカー勤務後、椙山女学園大学着任。住宅再生・小学校施設利活用などをテーマに研究・活動中。

ＵＲ都市機構と大学が連携して地域の再生に取り組む事例は、徐々に、そして継続的に行なわれており、一定の成果も収めている。それをさらに一歩推し進め、個別のプロジェクトではなく、年間を通じて企画を検討し、実施していくという事例を紹介したい。

包括的協定に基づく「大学×ＵＲ」

１９６０年代から１９７０年代にかけて数多く開発・供給されたわが国の団地は、建物の老朽化や居住者の高齢化、空室率の増加などの問題に直面している。ここでは、築10年から20年程度の比較的新しいＵＲ団地での大学の取り組みを紹介する。

対象団地のある名古屋市星が丘は、環境の整った人気のエリアで子育て世代も多く入居しているが、居住者間のコミュニティの希薄化などが課題となっている。一方、大学は、従来の教育・研究に加えて、地域・社会と連携し、その発展に寄与することが求められている。

こうした背景のなかで、椙山女学園大学とＵＲ都市機構中部支社が２０１４年度から共同して実施している、一連の取り組みについて取り上げる。

ＵＲと大学との個々のプロジェクトでの連携は他の地域でも行なわれているが、この取り組みは、年間を通した企画内容の検討段階から両者が共同し、団地の魅力づくりに取り組む例として特色がある。

椙山女学園大学とＵＲ都市機構中部支社は、２０１４年７月に、ＵＲ賃貸住宅団地の魅力づくりの支援と、学生の研究・

企画活動の実施を目的として包括的協定を締結した。これまでに椙山女学園大学は、名古屋市および近郊の大学生が取り組んだ高蔵寺ニュータウンUR賃貸住戸改修企画（2012年度「URフリースタイルハウス」、2013年度「カラーリノベーションハウス」）への参加実績がある。

協定に記された基本理念は、「星が丘にふさわしい質の高さの実現」、「自分らしく暮らせる要素の実現」である。また、この取り組みを実施する組織として、「椙山女学園大学生活科学部持続可能なUR団地構築ユニット（ユニット長　村上心教授）」が大学内に設置された。ユニットは大学教員の有志で構成され、筆者はユニット員の一人である。

椙山女学園大学のある星が丘エリアは、名古屋都心部から地下鉄で約15分、星ヶ丘三越や星が丘テラスといった商業施設が充実する一方で、落ち着いた緑豊かな環境も有しており、民間調査の「住みたい街ランキング」（SUUMO〈HP〉http://suumo.jp/）では、ここ数年、市内3位以内の人気エリアである。

五つの対象団地に約2000戸

協定の対象エリア内には、星ヶ丘、虹ヶ丘西、虹ヶ丘東、虹ヶ丘南、虹ヶ丘中の五つのUR団地がある。1993年から2004年にかけて建設され、計約2000戸が供給されている。

星が丘が人気エリアであるなかで、UR賃貸住宅も子育て世代にも人気がある団地である。しかしながら、徐々に進行する居住者の高齢化、団地居住者間の交流の少なさなど、団地の活性化に向けたさまざまな課題がある。

学生が中心になって進める企画と取り組み

現在、包括的協定締結から約1年が経過した。これまでに、建築やインテリアを学ぶ生活環境デザイン学科の学生が中心となって、住民交流のイベント・ワークショップや、居住者意識調査などを実施している。これらの取り組みを中心に紹介する。

①住民交流の機会の提供：団地内ワークショップの開催

これまでに4回開催している。ここでは例として、二つのワークショップ（以下、WS）を紹介する。

・子どもとアートWS＝2014年11月に星ヶ丘団地内広場を利用して、教育学部・磯部錦司教授の指導のもと、樹木への紙テープでのデコレーションや、落ち葉を利用した飾りの制作などを行なった。学校ではなかなか体験できない大きな作品をみんなで協力してつくり上げることができ、子どもた

2	1
4	3
	5

1. 子どもとアートワークショップ
2. フェアトレードDAY in 星が丘
3. ソンクラーンNAGOYA in 星が丘（UR団地広場会場の様子）
4. 西山っこ地球広場の告知掲示
5. 星が丘エリアのUR団地

学生がこれまでに実施したイベント・企画

【2014年度】
＊子どもとアートWS
＊X'masオーナメントの制作
＊子育て講演会
◆星が丘つながりMAPの制作
○居住者意識調査

【2015年度】
＊フェアトレードDAY in 星が丘
＊ソンクラーンNAGOYA in 星が丘
◆西山っこ地球広場

＊1日企画　◆継続企画　○調査・研究

ちにとって新鮮で貴重な体験となった。

・フェアトレードＤＡＹ ｉｎ 星が丘＝名古屋市は、２０１５年９月に日本で二番目の「フェアトレードタウン」に認定された。４～６月には市内各地でフェアトレードイベントが開催されたが、その一環として、ＵＲ星ヶ丘団地内集会所で「フェアトレードＤＡＹ ｉｎ 星が丘」を企画・開催した。フェアトレード名古屋ネットワーク代表の原田さとみ氏の講演会、教育学部学生による子ども向け劇「フェアトレードって何？」、また、フェアトレード商品の販売を行なった。子どもから大人まで幅広い世代がイベントに参加し、フェアトレードについて考えるきっかけの場となった。

②子どもの遊び・学びの場：西山っこ地球広場

２０１５年の５月から、小学生を対象に、虹ヶ丘中団地（西山小学校区）内「椙山ワークルーム」（旧団地管理事務室）で、毎月２回開催している。主催は教育学部の宇土研究室の学生で、各月一つの国を紙しばいなどで紹介し、その国をイメージしたジオラマ（模型）を子どもたちと制作。放課後の時間を過ごせる〝子どもの居場所〟となっている。ジオラマづくりの遊びを通じて、世界を学ぶ場でもある。また、子どもを遊ばせながら、周囲では母親たちの交流も見られる。（この取り組みは、ＵＲのホームページでも紹介されている）

③街を巻き込んだ夏祭り：ソンクラーンＮＡＧＯＹＡ ｉｎ 星が丘の開催

ソンクラーンとはタイで行なわれている「水掛け祭り」。かつては旧正月に、仏像や家族の年長者の手に水を掛けてお清めを行なっていたのが、現在では、行き交う人々が水を掛け合う「水掛け祭り」に発展し、最近は東京・代々木公園や名古屋・池田公園などでもイベントが行なわれている。このソンクラーンを団地だけでなく星が丘エリアの地域の夏祭りイベントとして、８月１日に実施した（主催：ＵＲ団地構築ユニット）。ＵＲ虹ヶ丘西団地内広場、星ヶ丘三越前、西山商店街、西山中公園の４会場で同日開催した。好天にも恵まれ、延べ約６００名が来場。団地会場は、子どもたちの水を掛け合う声で賑わった。

また、企画段階から星が丘の関係団体が顔を合わせ、連絡を取り合い、居住者だけでなく地域の関係団体がつながる第一歩となった。

④今後の改修に向けて：居住者意識調査の実施

２０１４年11月には、五つの団地居住者へのアンケート調査を実施した（配布１０２２件、回収３３６件、回収率33％）。アンケートの内容は、入居の理由・住戸の各部位の満足度などで、収納や設備などに関する要望が多く見られた。アンケートの結果は、今後の改修の際の参考資料となる。

団地から周辺地域まで含めた活動を

現在、計画・検討中の企画としては、既存住戸改修提案、ユニットの活動紹介と星が丘エリアの魅力を伝えるホームページの制作などがある。また、前述のソンクラーンのように、団地から周辺の商店街まで含めた地域の魅力を向上させる活動も検討している。

今後も、大学と地域社会が連携し、地域の魅力を向上させる取り組みを継続していきたい。

身近な文化財を地域の拠点へ

旧蚕糸試験場から広がる日野市の取り組み

かつて地域を、そして国をも支えた産業遺産が今また脚光を浴びている
東京都日野市に現存する蚕を飼うための建物が文化財に登録された。
折しも文化財は保護から活用へと動きはじめているなか、
日野に住む多様な人たちは、歴史ある蚕室を舞台に地域活性化へ挑む。

一級建築士事務所COCOON設計室　太田陽子

おおた・ようこ
1971年名古屋市生まれ。東京都立大学工学部建築学科卒業。株式会社日本設計を経て現在、住宅や公共建築の設計監理に携わる。東京都日野市在住。

昭和初期に建てられた蚕室

東京のいわゆる郊外にあたる日野市（人口約18万人）は、多摩平団地などの先進的な団地再生が進んでいるが、今回は住民にスポットをあて、1932（昭和7）年に建てられた「旧農林省蚕糸《さんし》試験場　日野桑園　第一蚕室《さんしつ》」という絹産業遺産から広がっている地域の動きをご報告させていただく。

この建物は、JR中央本線日野駅から徒歩15分ほどの仲田の森蚕糸公園内に、一棟残っている。日野桑園は杉並区にあった本場の分室にあたり、かつては数棟の蚕室、庁舎、宿舎などの建物群が存在していた。この地は日野宿と多摩川に挟まれた場所で、近くに「扶桑社」という養蚕伝習所があり、農家による養蚕も盛んな地域であった。

蚕室とは、その名の通り蚕を飼うための建物である。当時の蚕室は木造がほとんどであったが、第一蚕室は1階が鉄筋コンクリート造で、小屋裏を木造とする珍しい混構造になっている。

その一方で、部屋を温める火炉や換気用の気抜き屋根などの伝統的な蚕室の特長も併せもち、当時は「日野桑園のモダン蚕室」とうたわれていた。

蚕糸試験場は1980（昭和55）年、絹産業の衰退に伴い

茨城県つくば市へ移転した。敷地は財務省の管轄となり、木造の建物は解体され、旧試験場全体がフェンスで囲まれて植物が繁茂し緑地と化した。

１９９１（平成３）年以降、日野市により「自然体験広場」や「ひのアートフェスティバル」の会場として、夏に使われるようになった。第一蚕室は「桑ハウス」の愛称で呼ばれるようになったものの、蚕糸試験場について語られることは次第になくなっていった。

「仲田の森遺産発見プロジェクト」を発足

私たちは、蚕糸試験場があったこの地の魅力を伝えることを目的に、２００９年に市民団体「仲田の森遺産発見プロジェクト」（以下、遺産発見ＰＪ）を結成した。「ひのアートフェスティバル」に参加し、蚕室の遺構をライトアップする「光のインスタレーション」を行なった。

２０１０年は、「桑ハウス・ツーデイリノベーション」として、第一蚕室の床や漆喰の壁を磨き、時を重ねた味わいが建物にあることを紹介した。２０１１年は「ＬＩＶＥ桑ハウス」をＮＰＯ子どもへのまなざしや地元ミュージシャンなど多くの市民と共催した。

２０１２年には、日野市により敷地全体は「仲田の森蚕糸公園」として整備され、いつでも出入りできるようになった。しかし、第一蚕室は老朽化のため、フェンスで囲まれ閉ざされることとなった。

２０１３年以降は、地元の歴史を見つめ直す活動を行なっている日野宿発見隊、蚕糸の会日野、日野市と見学会などを共催している。

第一蚕室の保存と活用に向けて

日野市は２０１４年、第一蚕室の所有権を得て、２０１６年に保存活用計画書を策定した。遺産発見ＰＪの有志５名でＣＯＣＯＯＮ設計室を立ち上げ、耐震診断や保存活用計画書の策定などの業務委託を受けた。

日野市は、保存活用計画書の策定にあたって、自治会、小中学校、関連団体からなる協議会を開き、意見交換や活用案の展示会、類似施設の見学を行なった。協議会では、蚕の展示やカフェ、ワークショップなど多くの活用案が出されたが、案が絞られることはなかった。

保存活用計画書には、第一蚕室を、近代化を知るための歴史的建造物として保存し、地域活性のために活用していくこと、また市民自らの手でつくり上げていくことが記された。

活用に重きを置く登録有形文化財へ

第一蚕室は、2017年6月、造形の規範になっているものとして、国登録有形文化財に登録された。文化財の保護に重きが置かれている指定文化財とは異なり、登録文化財は文化財の活用に重きが置かれている。身近な文化財として、建物の価値を活かしながら使うことで、まちの魅力を高めることができる。

第一蚕室には、試験場当時の器具や資料などは残っておらず、空室の状態であり、このまま保存だけを行なっても第一蚕室の魅力は半分しか伝わらないと思う。ただの空間として利用するのではなく、第一蚕室特有の魅力を活かした活用をじっくり考えたい。漆喰の壁も杉の床も80年を経た魅力を放っている。市民のエネルギーで使いつづけるには、どのような方法があるか、今は各々知恵を絞っている。

市民主体でどう利用していくべきか

登録有形文化財になり、保存活用計画書もまとめられたが、市民自らの手でつくり上げていくことは、一筋縄ではいかない。

現在、仲田の森蚕糸公園とその周辺では、市民団体やNPOなどさまざまな形態で、採算をとるのは難しくとも社会的に重要なことを自主的に行なっている。

一つの建物を多くの団体や市民が使うには、無理のない運営方法や維持管理費などの問題もある。

蚕が地域活性化の糸口に

話は変わって、遺産発見PJでは、2017年6月に蚕を実際に飼ってみた。段ボール箱にキッチンペーパーを敷き、100頭の蚕に桑をやると、1カ月後、蚕たちはきれいな繭に納まった。蚕の生態を観察すると、保温や換気などの蚕室の特長がよく理解できた。繭を煮てとった生糸の美しさには驚いた。

ほかにも蚕飼育を通して、意外と蚕飼育経験者が多いことや、糸を操ることに熱心に取り組んでいる人々の存在を知った。16世紀のヨーロッパの養蚕の様子を書いた絵を見る機会があり、蚕が同じように育てられていたことに感動し、多摩近郊や長野、群馬などにある多くの養蚕関連の建物を見学することが今まで以上に楽しくなった。(公社)横浜歴史資産調査会などが開催しているシルクロードネットワークに、日野市や遺産発見PJメンバーも参加しており、力強い動きに感じている。

話を第一蚕室の今後に戻すと、関連する各団体は、子育て、

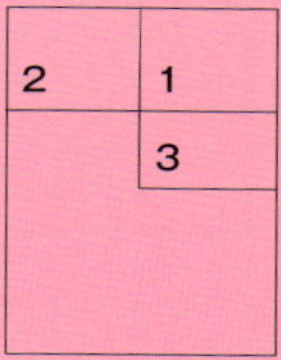

1. 第一蚕室の外観（2016年11月）
2. 第一蚕室内で行なった「LIVE桑ハウス」（2011年）
3. 第一蚕室の改修後予想パース（保存活用計画書より）

植物、歴史、地域、建物など、それぞれのテーマがあり、連携がとりづらいという課題もある。

しかし、「蚕」は共通の話題になり、各団体の横通しに役立ちはじめている。公園内には市民活動で植えた桑が成長しており、市内の緑地にも桑は自生している。来年は蚕を飼ってみようか、という団体も出てきた。遺産発見ＰＪが第一蚕室のペーパークラフトをつくり、商工会がイベントで使うこととなった。年一回の公開に向けた掃除会を各団体で協力するなど、新たな連携が生まれている。

近代化を支えた蚕に、今度は、地域活性の糸口探しを助けられているように感じている。

仲田の森蚕糸公園の位置

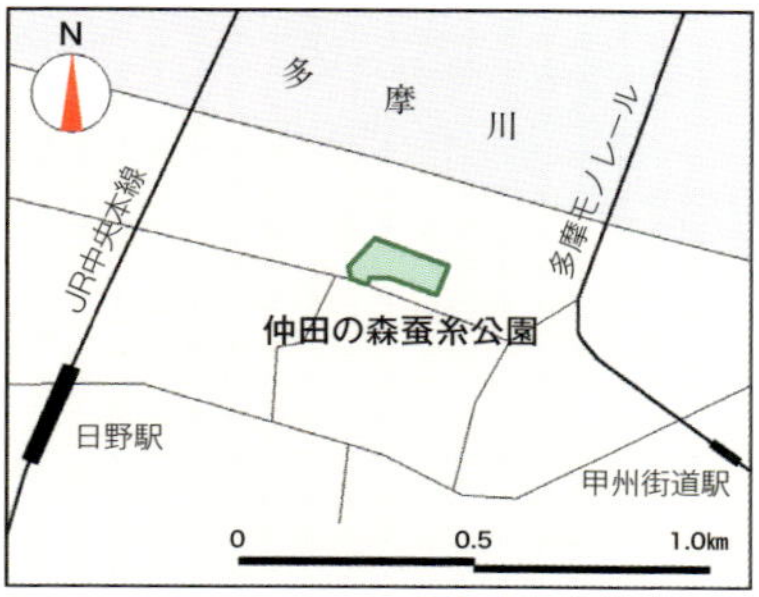

「そのまま」使いつづける可能性

記憶が刻まれた廃校・廃村の活用から考える

近畿大学建築学部建築学科 准教授
宮部浩幸

みやべ・ひろゆき
不動産の企画、建築設計、建築の再生を多く手がけている。建築家、株式会社SPEACパートナーも務める。

仮に自分が生まれ育った団地が知らぬ間に建て替えられていたとする。久しぶりに訪れたあなたは、そこで何を思い出せるだろうか。団地だけではなく、小学校や中学校が閉じられる例は後を絶たない。記憶を留めるためにも、建物をストックとして活用する方法を編み出したい。

人々に親しまれた場所は残すべき

建築の再生に携わる私は、使われなくなってしまった場所を数々見てきた。そこでいつも思うのは、人々に長く親しまれてきた場所はできることなら姿かたち面影を残し、新しい使われ方になるのがよいということだ。その方がこれまでその場所にかかわった人とのつながりや思いを継承し、さまざまな世代の人が心に刻む場所を育むことができるからだ。

場所の姿かたちが完全に変わってしまうと、人々の場所についての記憶はリセットされてしまい、記憶喪失のような状態になる。ある日、更地になった土地を見て、以前そこにあった建物のことが思い出せないという経験は誰にでもあるだろう。場所の記憶が失われてしまうと、それまでそこに親しんできた人たちというのはかかわりがなくなってしまう。そうなると連綿と受け継いでいく、多世代が思いを寄せることができる場所はいつまでたってもできあがらない。

成熟社会にふさわしい、多世代がよりどころとする場所をつくるには、長い時間が必要だと考えている。場所の姿かたちをまったく変えるということは、場所に刻み込まれてきた時間をリセットするようなものだ。

1. さる小／グラウンド。山々を背景にかつての姿をそのまま残している
2. さる小／体育館。体育館は大人数で集まる用途にうってつけ
3. さる小／理科室。かつての理科室、隣の家庭科室から食事を運んできて食べる

廃校を利用した宿泊施設「さる小」

先日「さる小」という学校を貸し切れる宿泊施設を訪れた。場所は群馬県みなかみ町の山あい、２００８年に廃校になった小学校を利用した合宿場のような場所だ。木造校舎内のほとんどの部屋は小学校のときのままでプールも校庭もある。宿泊はというと教室に布団を敷いて寝るスタイルだ。かつての校長室が受付兼事務室で運営責任者は「校長」と呼ばれていて、思わずほほ笑んでしまう。

私はいわゆる研修の一環で40人ほどの一員としてここを利用したのだが、学校という場所の可能性を改めて実感した。メインの目的はチームの未来を考えるワークショップで、これは体育館の大きな空間を利用して行なった。休み時間になればグラウンドでキャッチボールやサッカー。夕飯は外でバーベキュー。食事後は外で焚き火を囲むもよし、視聴覚室でゲームをするもよし。朝食は家庭科室で配膳されて、理科室でみんなでワイワイと食べるといった具合だ。われわれはしなかったが、肝だめしをしたり、キャンプファイヤーをしたり、利用者たちが思い思いのことができる包容力があるのが魅力だ。

校長にお話を伺ったところ、暖かい季節は4カ月ほとんど休みなく稼働しているという人気ぶりだそうだ。大学のサークルの合宿や企業研修、コスプレ撮影会など、さまざまな使い方で利用されている。

宿泊施設にするにあたっては、お風呂とバーベキューコーナーを新設し、トイレを洋式に交換するなど、炊事、水回り整備と防火の対応がメインだったとのこと。町から無償で学校を借り、建物の改修、修繕費用は事業者負担で補助金は使わずに運営している。

お金と引き換えにさまざまな制約がつく補助金を使わないことで、使い方の自由度が担保されて、健全な運営ができているようだ。ちなみに校長は横浜出身の30代でこの事業をするためにみなかみ町に移住したそうだ。

若い人がいない、何もないと途方に暮れがちの山あいの過疎の村だが、ここではかつてここで過ごした人たちの思い出を引き継ぎながら、確実に新しい活動、経済が走りはじめている。

人口ゼロの廃村がキャンプサイトに

山あいの学校がほぼそのままの姿でさまざまな人に活用されているのを見ているうちに、夏に調査に行ったポルトガルの山村を思い出した。

そこは、2000年に人口がゼロになってしまったドラーヴェという村だ。20軒ほどの家と小さなチャペルのある集落で、かつては山賊が暮らしたという。水道も電気もガスもなく、郵便番号すら割り当てられていない山奥の谷間にあるこの廃村を活用している人たちがいる。ドラーヴェ・スカウト・センターの人たちだ。日本ではボーイスカウトといった方がわかりやすいかもしれないが、屋外での活動を通して心身ともに健全な青年を育成する団体だ。

彼らは、村にいた3家族のうちの一つの家族の子孫から家を買い取り、自ら修理して宿泊場所、ミーティングスペース、祈りの場などをつくっている。水は沢から汲み、平坦な土地を畑にしている。家はどれも大きな床下空間があり、人が高床の上、床下は家畜という使い方だった。造りは独特で谷に向かって流れる雨水が大きな砂利、小さな砂利、土間と積み重ねた床（家畜のいたところ）の下を通過する構造になっていて、自然の力を受け流しているような造り方であった。

ある日、彼らが訪ねた先で、廃屋になっていた1軒の家の石造りの壁が崩れていたそうだ。彼らはその崩れた石材を積んで屋外にベンチとテーブルをつくったという。新たな使い手である彼らは、そこにある状況をありのままに受けとり活用していた。

残されたストックの可能性を読みとり、そこに新しい使い

4	
6	5
8	7

4. ドラーヴェ／遠景。山奥の谷あいにひっそりと佇む集落
5. さる小／廊下。壁の絵画は東京藝術大学卒業制作を町が収蔵したもの
6. さる小／バーベキューコート。厨房となっている家庭科室の前に新設された
7. ドラーヴェ／ベンチ。崩れた家の石材でベンチとテーブルをつくっている
8. ドラーヴェ／家の内部。家を自ら修理してつくった集会場

方を見いだす若い人たちの構想力に驚かされた。集落の姿はほとんどそのままに、便利なものが何もないという状況を最大限活かしてキャンプサイトができあがっている。夏場には、周辺の国々からボーイスカウトの団体が訪れるという。

豊かなストックを使うときが来た

少し前のデータになるが、文部科学省によると2013年度までの12年間で廃校になった公立学校は全国に5801あったという。1年に500校のペースで廃校になっていたとは驚きである。そして、そのうちの約12％が解体され、残っているものの約30％が未活用だった。

全国の限界集落はいったいいくつに上るのだろうか。2006年の国土交通省の調査では「いずれ消滅する可能性のある集落」が2643もあったという。多くの場所が存亡の危機にある。廃校、廃村となると寂しさばかりが脳裏を駆け巡る。

しかし、ここで紹介したような事例を見ると、私たちは悲観的になってばかりいる必要はなさそうだ。こうした廃校、廃村は見方を変えれば豊かなストックなのだ。二つの事例はどちらも大掛かりな改造を伴わずに、そこにあった状況から宿泊やキャンプという新しい使い方を見立てている。もしかしたら新しい可能性を秘めた風景がどこかに蓄えられているのかもしれない。そう考えると、今の置かれている状況をポジティブに捉えることができ、創造力が湧いてくる。

成熟社会を築こうとしている私たちに今求められているのは、蓄えられたストックについて、かつてその場所をつくり、守ってきた人たちへの敬意を払い、新しい使い方を考え運用していく力ではないだろうか。

公共施設の再生に必要な市民力

広がる公共施設マネジメント

少子高齢化や人口減少は、公共施設の運営にも影を落としている。統廃合が進む小・中学校やさまざまなニーズへの対応が求められる図書館など、地域の資源ともいえる公共施設に再編の動きが広まっている。成功事例のなかから、まちづくりと市民参加の重要性を考える。

株式会社日本経済研究所　公共デザイン本部　公共マネジメント部長　足立　文

あだち・あや
１９９３年財団法人日本経済研究所入所。２００９年株式会社日本経済研究所転籍。国や地方公共団体などからの受託調査業務に従事。近年は公共施設マネジメントをテーマに調査・研究を進める。

注目される「公共施設マネジメント」

公共施設マネジメントの取り組みをご存じだろうか。今、地方公共団体において、一斉に広がっている取り組みである。

公共施設は高度経済成長期に整備が進められ、多くの施設が築30年、40年を迎え、老朽化が進んでいる。また、地域においては少子高齢化や人口減少が進んでおり、現在のニーズに合わず、施設が余ったり、稼働率が低かったりという問題が生じている。一方、財政面では、税収の減少に加え、社会保障費が増加し、公共施設に投じる財源が減少しているという実態がある。こうしたなかで進められているのが、公共施設マネジメントである。

公共施設マネジメントとは、地域内の複数の公共施設について、まちづくりの考え方に従って、そのあり方や整備の方向性を一体的に考える手法である。地域における公共サービスの機能や質の維持・向上を図りつつ、財政面での負担を軽減・平準化することを検討するものである。施設の老朽化や利用状況、コストなどをデータで整理して、「施設白書」や「施設カルテ」などの形で実態の「見える化」を行ない、これらのデータをもとに、今後施設を維持するのに必要な費用やそれにあてられる予算を整理している。これまでの予算を大きく上回る費用がかかることが明らかになり、具体的にどのように取り組むか将来に向けた方針が示されている。

公共施設の再編の動き

こうしたなかで、地域にある施設を見直し、今後の人口動向やまちづくりの方向性を実現するために必要な機能を整備する公共施設の再編の取り組みが始まっている。

具体的には、類似の施設はできるだけまとめる集約化や異なる施設を合わせて整備する複合化、施設をもたずに民間施設を活用したり、サービス・施設そのものがニーズに合わなくなったものは廃止するというところまで、さまざまな手法が用いられている。このなかで事例が増えてきているのが、公共施設の大きなウエートを占める学校施設の複合化である。

■埼玉県志木市立志木小学校の取り組み

学校の複合化は、まず余裕教室の活用という形で進んできた。文部科学省のデータによると、平成29年度で約8万件の余裕教室があり、そのほとんどが学校施設として活用されている。約3200件が学校以外で活用されており、学童保育、児童館、保育所等の子どもが利用する施設との複合化となっているものが多いなかで、最近の建て替えや大規模改修においては、大人も対象とした施設などとの複合化事例が出はじめている。

埼玉県志木市の志木小学校は、建物の老朽化と耐震性に問題があった建物を建て替える際に、近隣にあった図書館（旧志木図書館→いろは遊学図書館）と公民館（旧志木公民館→いろは遊学館）を複合化している。

この施設の特徴は、「学校教育」と「社会教育」の垣根を取り払い、お互い補い合おうという「学社融合」をコンセプトに整備・運営されていることである。学校を複合化する場合、児童生徒の安全を確保するために、一般市民と児童生徒の動線を完全に分離し、イベントなどでの交流や時間帯を分けた共用にとどまる事例も多い。

しかし、この施設では、イベントでの交流に加え、図書館で子どもたちが総合学習の調べものをしている側で、一般利用者の大人が雑誌を読んでいたり、公民館で行なわれているサークル活動を児童がのぞいたりとさまざまな形で交流が生まれている。

こうしたことを実現できているのは、検討にあたりPTAや地域住民などを交えた市民検討委員会を設置し、施設の安全性や管理運営のあり方を議論することにより、丁寧に地域の合意形成を図ったことが挙げられる。また、施設のハード

2	1
4	3
6	5

［志木市立志木小学校］
1. いろは遊学図書館の様子。学校図書室と地域図書館として共用。授業時間中も子どもと大人が利用（撮影：日本経済研究所）
2. 生涯学習棟と学校棟の間の広場。子どもたちが元気に遊ぶ（撮影：日本経済研究所）
3. ふれあいコーナー。地域との交流スペースとして活用（撮影：日本経済研究所）

［立川市旧多摩川小学校］
4. 旧小学校下駄箱。当時の状態がそのまま保存されており、撮影場所として人気（撮影：日本経済研究所）
5. たちかわ創造舎のカフェスペース。訪問時は小学生が放課後自由に過ごす姿があった（撮影：日本経済研究所）
6. 旧小学校１階廊下。奥からスロープで自転車が入れるようになっている（撮影：日本経済研究所）

面でも、職員室と廊下の間に壁がなく、保護者や地域住民が気軽に立ち寄れたり、ガラス張りや防犯カメラの設置により死角をなくしたり、市民が日常的に利用することにより、地域ぐるみで子どもたちを見守っている。

遊休資産の有効活用

このように公共施設を再編し、複合化や規模の縮小・廃止により、生じた遊休施設や遊休地を有効活用する取り組みも始まっている。

既存の公共施設は地域のコミュニティの核としての機能を有している場合もあり、遊休資産の活用に当たっては、地域と連携して検討を進めることが望ましい。

■立川市旧多摩川小学校の取り組み

旧多摩川小学校は、二つの小学校の統合により、廃校となった施設である。廃校後は、教育財産という位置づけを残したまま、市民による「たまがわ・みらいパーク企画運営委員会」が「子どもを中心に様々な人が集い、楽しみ、学びあう場」の活用方針のもと、暫定事業として旧多摩川小学校の管理や具体的事業を行なっていた。3年間の庁内検討を経て、同委員会が行なっていた「たまがわ・みらいパーク」の事業運営を一つの棟に集約し、もう一棟は新たな活用方針を取り入れた施設とするとともに、教育財産から普通財産に変更し、事業運営や全体の管理について、事業者の力を取り入れて展開するものとした。こうして民間事業者の提案により既存校舎を活用して整備されたのが「たちかわ創造舎」である。

「たちかわ創造舎」は市の求める「インキュベーション・センター」「サイクル・ステーション」「フィルムコミッション」および「コミュニティ・デザイン」にかかわる事業を実施するとともに、それらを通じて市民や事業者等の多様な「出会い」と「交流」を創出する場として運営されている。

新しい施設に生まれ変わっても、引き続き市民の委員会による施設の運営は行なわれており、市と民間事業者と市民の委員会とが三者で協定を結ぶことによって、従来からの市民の活動の場を確保しつつ、民間事業者が新しい機能を設置して、一定の事業収益を上げることにより、財政負担の軽減と地域の拠点としての価値を高めることを同時に成立させている。

都心からドラマなどの撮影クルーが訪れたり、多摩川沿いのサイクリストの憩いの場となったり、演劇団体の活動の場となったり、地域の子どもたちのたまり場となったり、さまざまな人が交差する施設となっている。

旧多摩川小学校有効活用事業　関係者の関係

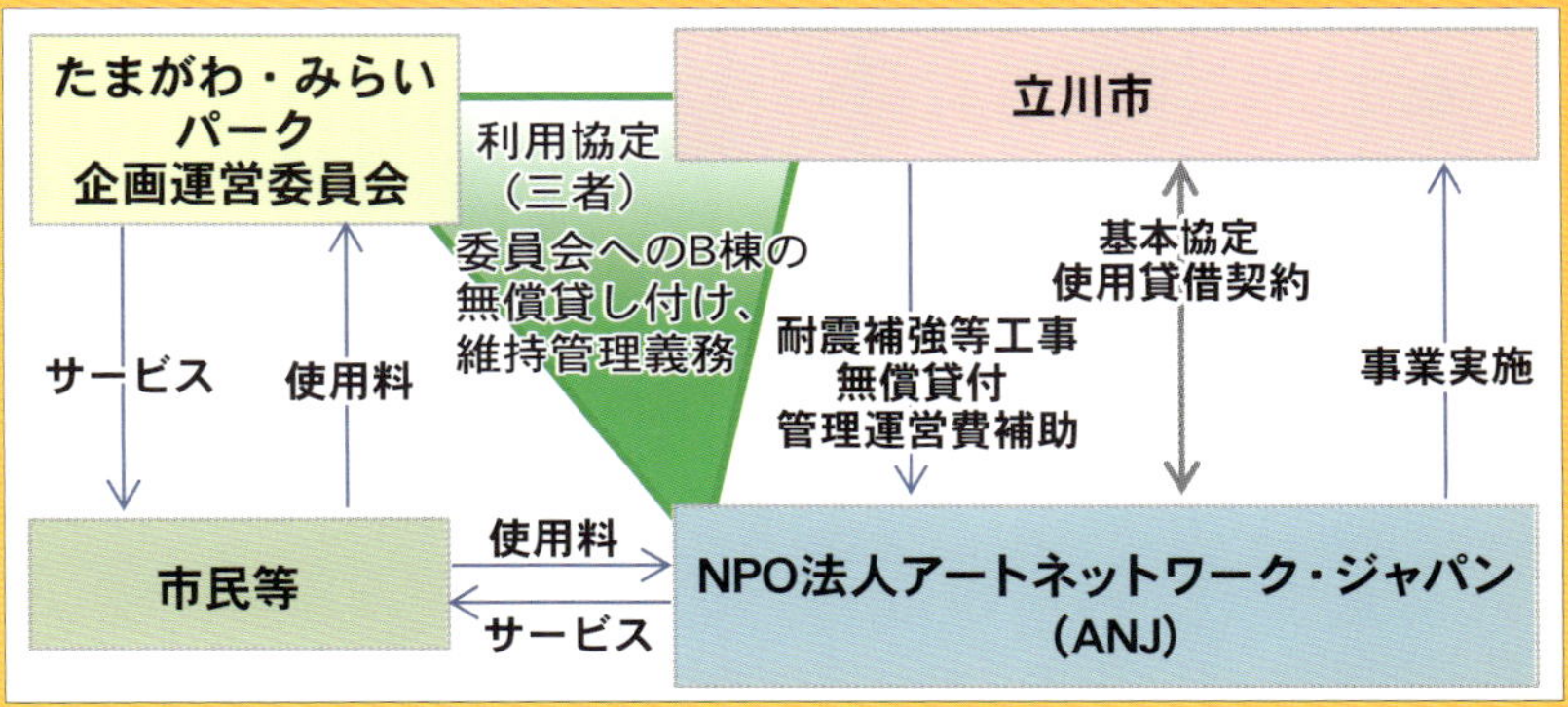

出典：立川市資料から（株）日本経済研究所作成

ポイントはまちづくりと市民参加

これらの事業の成功のポイントは、二つある。まちづくりの視点から必要な機能を整備することと、検討にあたって地域の主体である市民が参加していることである。

これからの公共施設の再編は、財政状況が厳しいなかで選択が求められる時代となる。市民が主体となって、自分たちのまちに何が必要で、何を優先させたいかを十分に議論して、自ら決め、自らまちづくりに参加することが必要となるであろう。

団地内の廃校をサテライトキャンパスに

地域の拠点に生まれ変わった小学校

住民の高齢化や全国的な少子化によって、団地内の小・中学校が統廃合されて廃校となるケースが各地で数多く見られる。しかし小・中学校は貴重なストックであり、活用しない手はない。サテライトキャンパスとして小学校を地域の拠点にした大学の事例を見る。

千葉大学地域イノベーション部門長　**鈴木雅之**

すずき・まさゆき
千葉大学国際教養学部准教授・地域イノベーション部門長。NPO法人ちば地域再生リサーチ事務局長を務める。

千葉市における廃校小学校の活用

少子化の影響で、全国的に小・中学校の閉校が進んでいる。特に、ニュータウンや団地では、顕著に見られる現象である。そんななか、千葉大学は、廃校小学校の一部をサテライトキャンパス（以下、サテキャン）として活用し、地域課題の解決のための取り組みを始めている（写真1）。

その廃校小学校は、千葉市美浜区にある海浜ニュータウンの高洲・高浜・磯辺地区（人口5万9766人）にあり、2013（平成25）年3月、小学校4校と中学校1校が同時に閉校となった。

その地区は、築後30年を超えた団地群からなり、UR都市機構住宅、県営住宅、市営住宅、戸建て住宅や、公団分譲団地、最新の民間マンションが混在している。地区の課題は、人口減少・高齢化、空き家化、教育・社会サービス不足、文化の未成熟、地域商業の衰退など、全国のニュータウンや団地において普通に見られるものである。

地（知）の拠点となるサテライトキャンパス

千葉市は五つの廃校小中学校のうち2校を跡活用することとしたが、そのうち1校の1フロア分の用途が決まってい

写真1：サテキャン（廃校小学校）全景（改修前）

ない状況であった。そこで、千葉大学が地（知）の拠点として、廃校小学校を千葉大学のサテライトキャンパスとして千葉市から貸借することとなった。

千葉大学では、文部科学省の補助事業である地（知）の拠点整備事業の採択を受けており、それを推進するために、地元住民、自治会、企業およびNPOと連携しながら、千葉大学のもつ教育・研究のポテンシャルを活かし、地域課題の解決を図る活動拠点をつくり出そうとするものであった。

大学にとっては、社会貢献を進めるための拠点を地域コミュニティの中心に整備することができ、千葉市にとっては、廃校活用が推進されるとともに、地域課題の解決を大学とともにできる。全国的に廃校化が進むなか、廃校活用の先進事例となることを目指していた。

周辺住民が廃校活用機能として「地域の住民が使える施設」を望んでも、なかなか実現されにくい場合でも、今回のように大学の地の拠点として活用し、教育・研究・社会貢献の活動を通じて市民にも開放することで、周辺地区の要望に応えることもできるようになると考えられる。

千葉市から貸借し、サテキャンとして利用したのは廃校小学校の1階の一部（609㎡）で、2014（平成26）年10月から使用開始した。千葉大学のメインキャンパスである西千葉キャンパスからは約3㎞の距離にある。

名称は「千葉大学サテライトキャンパス美浜」で、その用途は、オフィス（含受付・応接）、セミナールーム、スタジオ、ラウンジ（写真2）、工房ラボ（写真3）、ギャラリーである。

学生が市民とともに改修工事

廃校になってから跡活用が開始されるまでは、改修期間を含めると普通3年程度は経過する。その間は、何にも使われない期間となってしまい、もったいない。今回のケースでは廃校になってから即座に簡易な改修を行ない跡活用ができるようになった。千葉市から貸借した廃校舎の一部をサテキャンとして利用できるようにするために、教員、学生、地元住民のかかわる検討・改修工事のプログラムを取り入れた。

学生向けには、新たに「廃校小学校に大学をつくる」という授業を開講し、計画の検討から改修工事までを行なった。授業内容は、サテキャンが地域の中心として役立つために必要な機能の検討から始まり、運営ソフトを含む具体的な空間像の設計とその改修工事までである。学生自身の改修工事（DIY）が前提であったため、具体の計画は「ラウンジ（旧図書室）」のみとなったが、アイディアあふれる使い勝手のよいラウンジとなった。

また、サテキャンとして活用する1階の諸室周りの廊下の塗装を、周辺住民とともに実施した（写真4）。周辺住民にとって、地域の中心としての小学校ではなくなったが、引きつづき千葉大学のサテキャンとして活用することとなり、お互いの初期からの連携を図るためのプロジェクトとなった。そしてそれは、その後のサテキャンの活動、運営によい影響を及ぼしていった。

市民に開放したサテキャン（第一期）

サテキャンの運営は千葉大学コミュニティ・イノベーションオフィスが中心として行ない、地元で12年間団地再生活動を続けてきているNPO法人ちば地域再生リサーチに支援業務を委託した。また、UR都市機構と「地域課題の解決に向けた取組みに係る連携・協力に関する基本協定」を締結し、郊外コミュニティと地域の課題解決に向けて、連携を図っている。

サテキャンには大学の教育、研究、社会貢献を進めるために、教員が研究、教育する機能と、地域活動や地域の市民向けの公開講座などを開講する社会貢献の機能がある。大学の授業もここで開講されている。

サテキャンの活動のうち、地域に開放する地域に関する研

2	1
4	3
5	

1. 写真2:ラウンジ(旧図書室)でのシンポジウム
2. 写真3:工房ラボ(旧普通教室)での市民向けの研究活動(千葉大学神野研究室)
3. 写真4:住民との改修作業
4. 写真5:カレッジリンクの様子
5. 写真6:スピンオフ活動(UR団地内公園でのカフェ、WiCAN)

究活動とその発信活動、地域における身近な窓口となる活動では、市民がいつ来てもよい時間帯を設け、市民向けの研究イベントも開催された。２０１４年10月４日の開校後から２０１５（平成27）年８月31日までの第一期活動期間で、定期的（毎月）に開催している市民向けの研究活動、不定期の地域貢献活動により、市民の来訪者数が２０１４年度に延べ９０６名、２０１５年度に延べ１０９５名にも上った。この数値は予想を超えていた。

サテキャンでは市民も参加できる大学の授業を開講している。これは千葉大学の特徴ある授業で、カレッジリンク・プログラムという(写真５)。学生は授業として単位認定され、市民は学長名の履修証明書が発行されるものである。講座名は「安心・安全な地域づくりの担い手養成講座」「創造性をみがいて日常を豊かに」などであり、熱心な市民が受講されていて、学生にも多くの学びを提供してもらっている。

これからのサテキャン（第二期）

サテキャンは２０１５年９月～２０１６年10月まで千葉市による跡活用（１、２階は障害福祉施設）の用途転用のための大規模改修が行なわれており、その期間は一時閉校している。再開は２０１６年12月からで、そこから始まる第二期の活動は３階の一部を賃借して行なわれることとなる。

閉校期間は、サテキャンの第一期活動期間中に生まれたいくつかの活動がニュータウンや団地内にスピンオフ活動として展開され、サテキャンがなくても地域に根づいた活動となってきている（写真６）。

今後は、そのような活動で生まれた地域のネットワークや第一期の活動を活かしつつ、さらに地域の拠点としての千葉大学の教育、研究、社会貢献の活動を発展させていくことにしている。

遊休ストックで立ち上げるスモールビジネス

港を朝市に、団地の広場をオープンカフェに

まちに眠る地域資源は、学校や公共施設だけではない。港や団地の広場といった有休ストックをインキュベーションの場としてスモールビジネスを募り、集積する手法もあった。朝市やオープンカフェなど神奈川県西部で進むまちおこしとは――。

NPO法人西湘をあそぶ会 代表理事　原　大祐

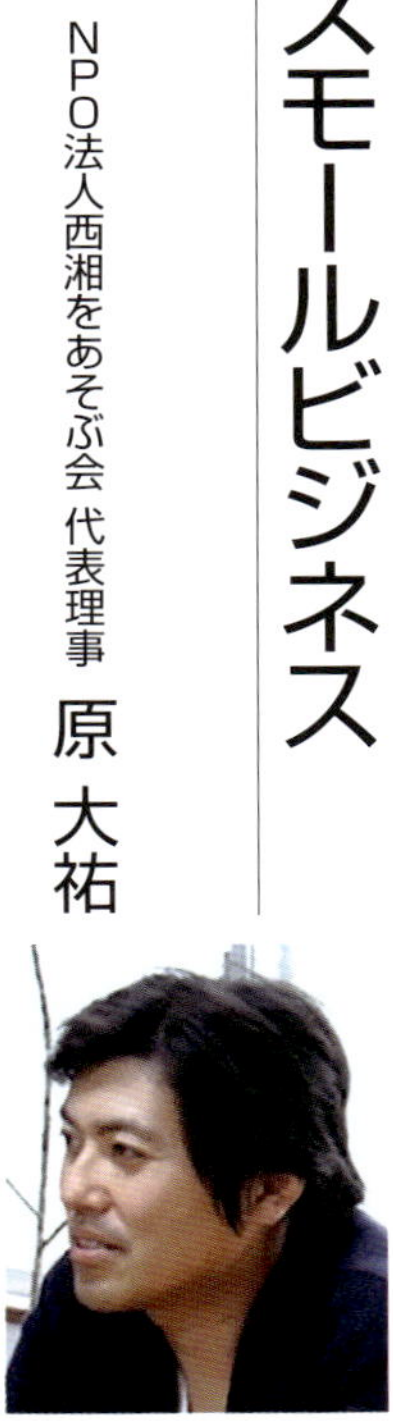

はら・だいすけ　1978年生まれ。青山学院大学経済学部卒業。2006年CoLab設立、2008年西湘をあそぶ会を設立。大磯在住。「大磯で別荘生活のように暮らす」をテーマに、第1次産業を中心に再生事業を手がける。

別荘地として栄えた大磯

僕が住んでいるのは神奈川県の大磯町です。大磯町は神奈川県の西南部に位置しており、海と山に囲まれた人口3万人ほどの小さなまちです。

明治時代に日本初の海水浴場が開設、一大別荘地域になり、歴代総理大臣も8人住んでいた人気の別荘地でした。一方で小さな港町でもあり、その昔はぶり漁が盛んで多くの漁師さんが暮らしていた漁村でもありました。また山の斜面地はみかん畑が広がっていました。

しかし、そんな大磯町も今は昔。高齢化が進み、お屋敷は取り壊され、漁業は衰退、農業の跡取りは少なく荒廃農地が広がりつつあります。神奈川県でも県西部は同様の問題を抱えています。

二極化する神奈川県

神奈川県の歴史を振り返ると、戦前からの京浜工業地帯と軍需産業地帯を背景に、朝鮮特需により飛躍的な復興を遂げました。高度経済成長期は、工業地域の拡大と住宅開発が進み、人口も急増。しかしバブル崩壊以降は一転して工場は海外移転や物流倉庫への転換が進み、雇用が減少、都心回帰が

進んでいます。県内でも都心から距離のある県西部は人口が減少しているというわけです。

神奈川県の高齢化率は2015（平成27）年現在約23・4％で全国平均の26・2％を下回っています。人口もまだ増加傾向にあり他県と比べて問題が少なそうですが、消滅可能性都市が県内に九つあり、三浦市と清川村を除いた残りの七つはすべて県西部にあります。

実は神奈川県は二極化が著しく進んでおり、平均値で語るとその実体が見えにくいので問題意識が育ちにくく、むしろそれこそが問題ではないかと思っています。神奈川県だから大丈夫と油断はできません。今からできる手を打っておかないと、気づいたときには遅いのです。

大きな問題は雇用です。雇用がないからこそ生産年齢の人口は減少し、高齢化を相対的に加速させています。人口減少は中心市街地を衰退させ遊休ストックを増大させています。これらは、行政のメイン収入である住民税、法人事業税、固定資産税にも大きく影響し現状の行政運営を維持することが難しくなってきます。行政サービスが低下することになりますから、ますます悪循環になっていきます。もうすでに、行政だけではなく民間も一緒になって地域経営課題を解決しなければならない時代なのです。

遊休ストックの「港」を舞台に朝市開始

そこで自分がかかわっている遊休ストックを活用しながら同時に地域経営課題を解決する取り組みについてご紹介します。ちなみに遊休ストックは空き家、空き店舗だけでなく、農地もありますし、公共施設や公園、道路なども含まれます。これらを上手に活用し、雇用を生む地域にしていくことが大切だと考えています。

まず大磯で注目したのは港です。港は、基本的には漁業関係者以外立ち入り禁止の看板が掲げられています。釣り人はいますが、日中にはあまり使われていないスペースです。駅から歩ける距離に位置し、数百台が入れる県営の駐車場があり、多くの人が集まれる広さを有しています。市場としての機能はすでになく、魚のほとんどは小田原漁港に運ばれて小田原の魚として流通してしまいますが、定置網はあるので、魚が毎日あがるのが魅力です。

そこでまず大磯の朝どれの魚を提供する漁協直営の食堂を港のなかにつくることにしました。大磯に人は来ないといった反対意見もありましたが、朝どれ地魚は評判を呼び、当初から多くのメディアに取り上げられ初年度から4万人が利用してくれました。

港のポテンシャルを顕在化できたので、次に「大磯市（い

1	
3	2
5	4

1. 大磯の浜
2. 大磯市は発表の場でもある。パフォーマンスは子どもにも大人気
3. 相武台団地広場。ケヤキの巨木の下に人々が集まる
4. かつて月山という飲み屋だった空き家が大磯市のセレクトショップとして復活
5. 多くの手づくり品が並ぶ。ここにしかない一点モノが人気

ち)」という朝市を立ち上げました。これはすでに漁業協同組合が行なっていた魚の朝市を拡大し、港をチャレンジの場としてより多くの人に開放しました。

参加基準は「Local(地元)」「Independent(個人)」「Handmade(手づくり)」の三つ。これは、地域内で活動する個人で利益率の高いビジネスに着目、つまり産業の誘致は難しいのでローカル経済でも成り立つスモールビジネスをいっぱい育てようというのが目的です。2010(平成22)年の9月から始めて、当初19店舗でしたが、現在では毎回200近い参加店舗と5000人の来場者の規模になりました。朝市としては県下最大級といわれています。

出店内容はさまざまで、地場野菜やその加工品、飲食、クラフト、パフォーマンスなどなど。2014(平成26)年の6月にはかつて吉田茂の番記者たちが使っていた飲み屋だった空き家を改装し、大磯市のセレクトショップが誕生。大磯市参加の28作家が共同して経営しています。

また市をきっかけに認知向上、販路拡大し、独立する人たちが増え、そういった人たちが荒廃農地を活用したり、空き店舗を活用したりする事例も生まれています。市をきっかけとした若い移住者も出てきています。少しずつではありますが、市をエンジンに地域経営課題解決に向けた取り組みが行なわれています。

団地内のケヤキ広場でインキュベーション

最後にかかわっている団地再生にもふれたいと思います。小田急線の相武台前にある相武台団地です。

この団地は神奈川県住宅供給公社により1965(昭和40)年~1968(昭和43)年に建設された分譲賃貸あわせて2500戸ほどの団地です。建設より50年を経て建物の経年劣化と居住者の高齢化が進行しています。空室率は高くないものの、若者の流入率は低く、今後を見据えて団地の魅力化に取り組む必要がありました。商店街はすでに半分が空き店舗になっており、この空き店舗をうまく再生していくことで団地全体の魅力をあげたいということでした。

そこで注目したのは商店街の前の広場です。50年も経た団地ですから、植えられたケヤキも立派に育ち、よく見ればとても気持ちのいい空間です。

団地の特徴は豊かな共有スペースにあります。そこで、この広場を団地にお住まいの方がもっと集い、語り、楽しめるような場所にしよう、木の下にみんなが集うラウンジ的な場所にしようという思いを込めて「グリーンラウンジ・プロジェクト」が立ち上がりました。

具体的には広場を大きなオープンカフェにしようとするもので、空き店舗を使いオープンカフェを運営する事業者を募集するというものです。これは空き店舗対策、団地内スモールビジネスの創出、コミュニティの活性化に一度に取り組もうとするもので、幸い多くの応募があり、地元の方が運営するカフェ＆カルチャースクールの「ひばりカフェ」が２０１５年12月に誕生しました。

今後、順次空き店舗を活用しながら広場がより魅力化され、団地のバリューアップにつながっていければと思っています。

第5章

みんなでつくる未来コミュニティ

団地やマンションに暮らしはじめるとき、人々は期待に胸を膨らませる。しかし、10年、20年住めば使いづらい箇所が出てくるし、建物や設備も傷みはじめる。ほんとうに大事なのはそうなってからなのだろう。次の世代にどう引き継ぐのか、魅力をどう伝えるのか、暮らしつづけるならばコミュニティをどう形づくるのか——。選択を迫られる住民だけでなく、行政も大学も団地外の居住者も、みんなで取り組むことが未来へとつながる。

地形をふまえて考えるまちの未来

「FabＧＩＳ」で地域の課題を浮き彫りに

１９６０年代から急ピッチでつくられた団地や戸建て用地は、急峻な地形を切り崩して造成された箇所も多い。少子高齢化が進むなか、集合住宅の未来を考えるうえで、地形というファクターをどう捉えるか。横浜市の取り組みを紹介する。

山手総合計画研究所　片岡公一

かたおか・きみかず
株式会社山手総合計画研究所 所員。横浜市内を中心に都市計画、都市デザイン、まちづくりの各種プロジェクトに携わっている。

日本一の人口を抱える市「横浜」

皆さんは、「横浜」と聞くとどのようなイメージをもたれるだろうか。横浜市民の方以外は、おそらくみなとみらい21地区や赤レンガ倉庫などの「みなとまち」のイメージをもたれる方が多いかもしれない。しかし、このような観光地ともいうべき地区は横浜のごく一部で、その周辺部には３７０万人を超える人が住む、日本一の人口を抱える市である。私は、この横浜を拠点に、都市や地域の未来を考えることを仕事としている。

横浜は、高度経済成長期を中心に東京のベッドタウンとして宅地開発が進み、人口が増加してきた。このような宅地開発で横浜に住みはじめた住民は、現在、高齢化を迎えている。横浜市の中期計画では、２０１５（平成27）年時点で、65歳以上の人口は87・7万人としており、この人口規模は他の三大都市である大阪市や名古屋市と比べても圧倒的に多い。今後は、高齢化がさらに進み、75歳以上の後期高齢者数も２０２５年にかけて急増することが予測されている。

おそらく、横浜市は日本でもっとも多くの高齢者が住む自治体となるだろう。

人口減と高齢化進む横浜市旭区を舞台に

横浜市旭区は、１９６０年代から団地や宅地開発が広範囲に行なわれてきた。ところが２００３年には人口25・４万人でピークを迎え、その後は人口減少と急激な高齢化が進み、２０３５年には人口が２割減少し、高齢化率は37・８％となることが想定されている。

地図を見るとわかるように、横浜市は多摩・三浦丘陵の起伏の激しいエリアが大部分を占めている。そのなかでも旭区は、帷子川《かたびらがわ》流域に位置しており、平坦なエリアはほとんどない。

私は今、この旭区において、二つの仕事にかかわっている。一つは、地域で、自主採算で運行しているコミュニティバスのサポートをするというもの。もう一つは、旭区の20年後の未来を考え、まちの進むべき方向性を考えるというものである。

急峻な住宅地でのコミュニティバス運行

旭区旭中央地区は、谷筋の河川に並行して走る幹線道路から、急な斜面を登った丘の上の住宅地である。１９７０年代に宅地開発が進んだが、駅から離れた地区で、当時の住民の高齢化が進んできた。高齢者にとって、日常的な買い物や駅への行き帰りに、急な坂を上り下りするのはかなりきつい。

そこで、地区の住民と近隣のタクシー会社が協力し、行政の金銭的な支援を受けない自主採算で、コミュニティバス「四季めぐり号」の運行を行なうこととなった。

私は、旭中央地区の現地を調査しながら、「これからの時代は、地形をきめ細やかにとらえてまちの将来を考えていくことが、これまで以上に重要になる」と感じた。

「四季めぐり号」の運行にあたっては、行政もさまざまな支援をしているが、今後ますます財政的に厳しくなるなかで、金銭的な運行支援は現実的ではない。これからの時代は、このような地域の取り組みを民間で行なっていく必要があるのだ。

旭区の未来を考える

私の、旭区の未来を考えるもう一つの仕事は、区役所からの依頼である。

旭区の特徴は、起伏の多いエリアに一斉に宅地開発が行なわれたため、一斉に高齢化を迎えることである。しかし、データというものは、紙面上に数字が並んでいても、そのほんとうの意味を理解することは難しい。

この検討のなかで、私たちは、まちがほんとうに変わっていくためには、行政だけではなく、そこに住む人々が、少しでも区の現在や将来の姿を把握し、気づきを得ることが重要ではないか、という結論に至った。

まちの課題を解決するためには、まずは、まちの課題に気づくことが必要である。そして、「四季めぐり号」のような民間の取り組みをますます増やしていくことが求められる。

地形模型にデータを投影できる「ＦａｂＧＩＳ」

そこで私は、「議論の道具」として、地形模型にさまざまなデータを投影できる「ＦａｂＧＩＳ」をつくったのである。

近年、３Ｄプリンターに代表されるような、さまざまなデジタル工作機械が身近になってきた。このような工作機械を備えた市民のための工房をＦａｂＬａｂ（ファブラボ）という。私は、日本でＦａｂＬａｂの実践・普及に取り組まれている慶應義塾大学の田中浩也教授が中心となりつくられたファブ・シティー・コンソーシアムに参加しており、恵まれた環境と仲間のもとに自分の思いつきを実現することができた。

ＦａｂＧＩＳは、国土地理院で公開している地形データからつくられた立体的な模型上に、統計データや地理情報データ、将来人口推計、人の動きをムービーで示す人流データや大規模火災時の延焼シミュレーションなど、地区の課題に合わせて投影できる。「お絵かき機能」やレイヤーの重ね合わせ表示、浸水シミュレーションのように標高の高い部分、低い部分のみ抽出表示ということも可能である。

ＦａｂＧＩＳは、博物館の地形模型の展示物とは異なり、一人で運べる大きさ・重量なので、ワークショップの道具としてさまざまな場所に行脚することが可能である。

ＦａｂＧＩＳを用いてワークショップ実施

私たちは、旭区の依頼のなかで、このＦａｂＧＩＳを使ったワークショップを実施してみた。

一般的に、データや地図を見ながらまちの未来について語り合う、ということは、複数の資料を見比べながら想像力を高めて議論しなければならないので、難易度が高い。しかし、ＦａｂＧＩＳを利用すると、情報の理解度が高まり、議論が抽象的にならずに組み立てやすい効果がある。また、地形模型がベースなので、防災や自然環境、眺望など、さまざまな話題を、自然に展開することができる。参加者全員が、一つの模型を見つめ、将来を考えるという体験そのものも、その場の連帯感を生み出しやすい。

子どもとともに考える

ＦａｂＧＩＳは、発泡樹脂の柔らかい素材でつくられており、職人がつくるような模型と異なり気軽に扱えるのが特徴である。

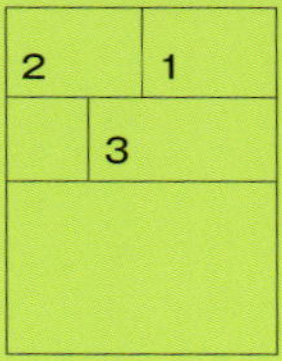

1. コミュニティバス「四季めぐり号」
2. 横浜市旭区で行なったワークショップ
3. 子どもにも人気のFabGIS（横浜市南区井土ヶ谷地区の防災まちづくりにて）

横浜市旭区の位置

FabGISのしくみ

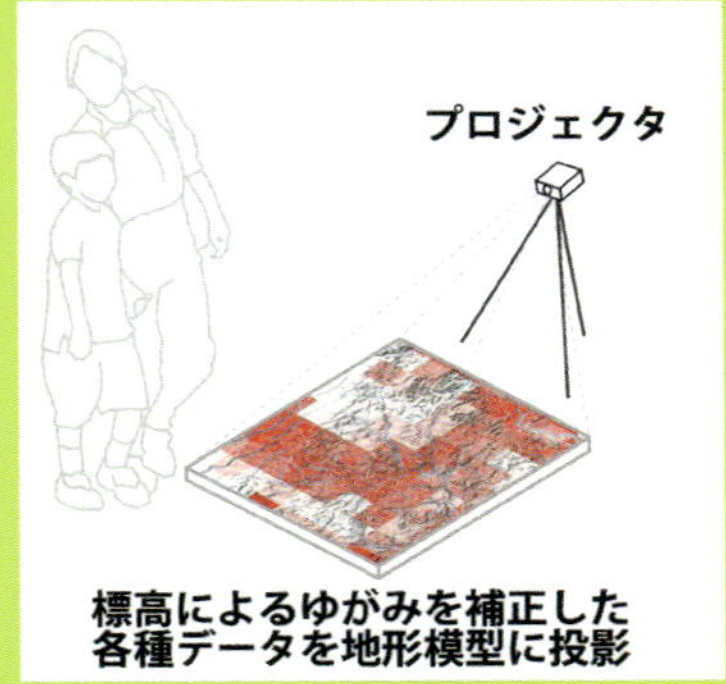

プロジェクタ

標高によるゆがみを補正した各種データを地形模型に投影

75歳以上の人口（横浜市中期計画より）

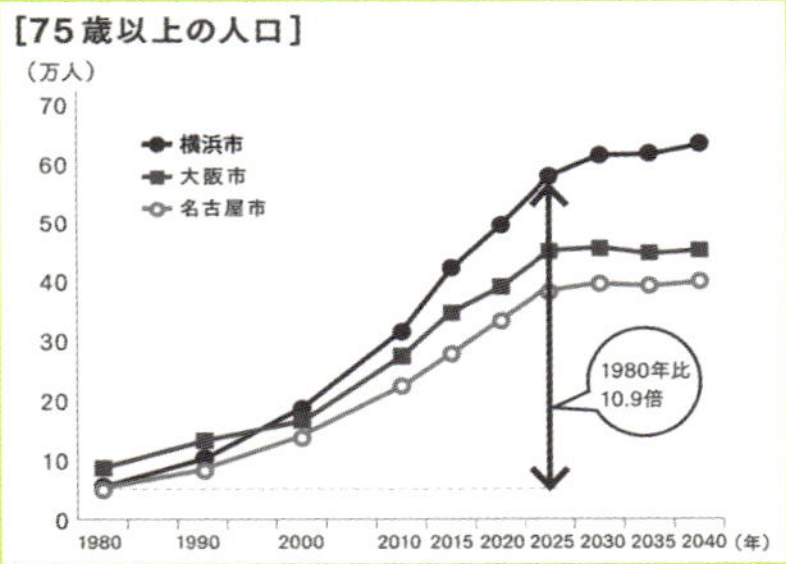

子どもは、まず模型を手で触って地形を体感する。そしてデータを投影すると、驚くことに、小学校低学年であっても熱心に高齢化などの話を聞いてくれる。これは、地形模型がスクリーンとなっている大きな効果である。

将来、高齢化などの問題の影響をもっとも受けるのは、現在の子どもである。ＦａｂＧＩＳは、子どもとともにまちの未来を「楽しく」考える道具でもある。

地形をふまえて考える団地再生とは

日本には複雑な地形の場所に開発された住宅団地が少なくない。また、日本全体が高齢化、人口減少の時代となっていくなかで、団地再生というものが、団地だけを考えるのではなく、より広域的なエリアの持続性を高めていく拠点として考えていくことも想定される。団地内は平坦に整地してあっても、周辺は坂道が多い、というエリアも多いであろう。

ＦａｂＧＩＳはそうした団地の再生でも役立つコミュニケーション・ツールである。

山手総合計画研究所　http://www.y-p-c.co.jp/ypc/

積み重ねた「団地の時間」

未来を探すには考えつづけること

そこに住んでいる人には理解しにくいかもしれないが、
団地にはそれぞれのカラーとも言うべき独特な雰囲気がある。
その魅力を外に向けて発信し、人を呼び込むことで
団地の未来を考えつづける土壌が少しずつできるのだろう。

団地生活デザイン 代表
山本 誠

やまもと・まこと
セルフリノベーション、DIYなどを通じて団地の空室増加という社会の課題に取り組み、団地の若返りを図る「団地生活デザイン」の代表を務める。

団地の魅力をPRして人を呼び込む

「自薦なのですが、部屋の写真をお送りしますのでご覧いただけますか」

始まりは2012（平成24）年5月、リノベーション誌の編集部に送ったこんな一通のメールでした。団地の5階にある自宅で行なったセルフリノベーションを、多くの方に知ってもらいたくて、人生で初めて雑誌へ投稿しました。それがきっかけで編集の方と出会い、2014（平成26）年の夏、その方に団地再生事業協同組合の活動を紹介していただきました。すぐに、組合が主催するイベントへ参加する機会があり、組合の方々とも出会うことができました。

編集部へメールを送ったのと同じころ、たまたま出かけた商店街のイベントで、団地発NPOグリーンオフィスさやまがスピーカーとして話をされていて、新狭山ハイツという団地の存在を知りました。実はその団地が、住んでいるまちの隣にあったので、それからイベントや活動に参加させていただくようになりました。

そんな二つの出会いがつながったのが、2014年の11月です。

団地再生事業協同組合から、団地再生にかかわる事業を一

緒にやりましょうという提案をいただきました。私は二つ返事でOKし、事業の実施場所は新狭山ハイツを推薦させてもらいました。それからNPOの方々と話をし、今ではそのプロジェクトのリーダーとして活動させていただいています。

どのようなプロジェクトかをひと言でいうと「団地のブランド化」です。世の中の団地には、それぞれ独自の魅力があります。ですが、その魅力は、そこに住む人にとってはあたりまえであるために気づきにくいものでもあります。そして、理由はいろいろとありますが、その魅力が団地の外の人に知られていることはごくまれです。プロジェクトでは、そんな団地のもつ独自の魅力を改めて認識し、広くPRしていくことで団地の外から人を呼び込むことを目標としています。

メールを送ってから、このプロジェクトに携わるようになるまでの2年半の間、上記以外にもさまざまな活動をしてきました。団地の理事長や、団地の空き部屋のシェアルームへのリノベーションや、「団地でHAPPY!」という動画の撮影などです。

一つひとつの活動や出会いはばらばらで、はっきりとしたシナリオを描いていたわけではありません。ですが、こうしてプロジェクトへと辿り着いたように、これまでやってきたことは、やがては一つにつながってくるものだということを実感しています。

団地の魅力を語るうえでも、無視して通れないのが、この「つながり」です。人と人とのつながりが大事なのは言うまでもありません。今回私がお伝えしたいのは、「時間のつながり」です。

団地と住民が歩んだ時間が魅力

現在私は、自宅となっている団地と、ルームシェアなどの活動をしている団地というように、複数の団地と深くかかわっています。そうすると気づくのが、団地にも独自の空気感が存在し、それがそれぞれの団地の魅力に通じているということです。社風や校風というものと同じように、団地風と言えばよいのでしょうか、団地がもつ独自の雰囲気です。

その団地の空気感はどこから生まれるのでしょうか?

私は、その団地がこれまで歩んできた時間のなかから生まれていると感じています。私がかかわっているのは、築40年になる団地です。40年の間には、いろいろな出来事があったでしょう。そのたびに団地に住む人たちが意見や知恵を出し合って、課題を乗り越えたり、楽しみ方を考えたりしながら歩きつづけ、今日の団地へとつながっているはずです。

その時間のつながりを無視して、それぞれの団地がもつ魅

2	1
4	3
6	5

1. 団地のセルフリノベ体験会は、女性や子どもにも好評だった
2. 団地の空室をシェアルームへとリノベーション
3. 世界で人気の動画HAPPYの新狭山ハイツ版を撮影。2歳から80歳代まで登場してもらった
4. 新旧の担い手が、団地の横断歩道をアビイロードに見立てて記念撮影
5. 新狭山ハイツは緑豊かな郊外の団地。里山の風景が楽しめる
6. 新狭山ハイツでは春のお花見も開催。みんなの笑顔が集まる

力は理解できません。それは、大げさかもしれませんが、団地がもつ文化と言ってよいのかもしれません。日本も独自の文化をもっています。それはこれまで歩んできた長い歴史のなかで育まれてきたものです。

団地にも同じことが言えるのではないでしょうか。これまでその団地が歩んできた独自の歴史の上に今の団地の魅力ができていると感じます。

団地再生とは走りつづけ、考えつづけること

今から30年後、団地はどのような姿や存在となっているべきなのか、何を目指すべきなのかを考えたことがあります。残念ながら現時点では、明確な一つの絵を描けてはいません。なぜなら、20年後、30年後の社会を予想することがとても困難だからです。

30年前、私たちの親の世代は、今の社会を想像できたでしょうか？　おそらく想像できてはいなかったでしょう。パソコンやインターネット、スマートフォンの普及、空き家の増加、少子高齢化の進んだ社会、エアコンやエレベーターがあたりまえの暮らし。これらはおそらく想像していなかったでしょう。

同じように、今から30年後、私たちがどんな暮らしを送っているか、どんな暮らしがその時代のあたりまえになっていているかわかりません。今の時点で明確な絵を描いても、それが変わる可能性は高いでしょう。

そんな移り変わりの激しい世の中で大事なことは、走ることをやめないこと、団地について考えつづけることです。団地をこれからどんな風にしていくか、さまざまな変化に対応しながらも、団地の未来を探しつづける過程そのものが団地の再生なのではないかと思います。

これからの「団地の時間」へ

団地の未来を探しつづけるために、今できることはという と、考えつづける土壌をつくることです。そこに欠かせないのが、自分の暮らす団地のことを自分事として考えられる担い手です。担い手の不足は、どこの団地でも大きな課題の一つですが、担い手は待っていても現れてはくれません。自分事として捉えるようになるには、それなりの動機が必要です。

今、団地内で熱く活動している人たちが口にするのは、「団地に育ててもらった」という言葉です。皆さん、団地の活動をすることによって自分自身が成長したことに気づき、団地から受けた恩を返したいという気持ちで一所懸命活動されていると感じます。同じようにこれから先も、一段一段ステッ

プを上がるように熱い担い手へと育てていくことが必要です。

最初にお伝えした新狭山ハイツでのプロジェクトでも、目標の一つは新たな担い手の育成であり、その最初のステップは、団地のことを好きになってもらうことです。そのためにも団地の魅力を知ってもらうことが大切です。知ってもらい、好きになってもらうために、自分たちの団地の魅力は何なのかをしっかりと考えること、それがはじめの第一歩です。

世の中には、いろいろな団地があります。そして、それぞれの団地とそこに住む人たちが歩んできた歴史の数だけ、異なる魅力をもつ団地があります。その団地の魅力に惹かれた人が新たな暮らしをはじめ、団地の新たな担い手として育っていく、そうして、これからの団地の時間をつないでいくのではないかと思います。

団地生活デザイン
https://www.danchi-life.com/

団地再生事業協同組合
http://danchi-saisei.jp/

NPO法人グリーンオフィスさやま
http://www.go-sayama.net/index.html

多摩丘陵に農家レストランを開いた理由《わけ》

雇用を生み、社会問題を解決する「人のつながり」

未来を見据えて地域の活性化を果たそうと、一過性の関係をよしとせず
あえて土着を選び、食材と農業が一体化したレストランを開く――。
食と農は人と人の交流を促し、中高生には食農教育、
ハンディキャップをもつ若者には自立の機会をもたらしている。

一般社団法人農家料理高宮 代表理事
野村徹也

のむら・てつや
日本大学芸術学部卒業。教員生活の後、ミラノ工科大学編入。東京工業大学青木研究室所属、同潤会青山アパートなどの建て替えに従事。9年前から「農家料理 高宮」を経営する。

真の改革に関与するため選んだ「土着」

都市計画に関心があった私は、市民参加を標榜している研究グループに参加して、実際に、まちづくりや村づくりに携わってきた。

しかし、「専門家です」「研究者です」といって外から入っていった人間が、ほんとうにまちづくりや村づくりができるだろうか――。そのときの率直な感想だ。土着しないかぎり、ほんとうの改革に関与できないのではないか。

そう気づいた私は、世田谷の自宅を処分し、多摩丘陵に200坪の土地を購入して移住し、そこで都市問題や地域の問題を考えることにした。

多摩丘陵でレストラン経営を

もともと、私は食べることに関心があった。戦後、大陸から引き揚げるとき、母を見失うまいと必死になって追いかけ、日本に着いたら想像を絶する食糧難。生きるため、自分の食い物は自分で確保しなければならない――これが、私が食べることに関心をもつ原点だった。

母は、必ずしも食べることに関心がなく、彼女から与えられた「宿題」のおかげで、自分で言うのはおこがましいが、

料理の腕も、それなりに上達した（ように思えた）。よし、多摩丘陵で食堂をやってみよう、と決断したのだ。ちょうど9年前（2010年）の9月のことだ（写真1）。

その一方で、最近の「食」に対する不満が募っていた。つまり、食材と料理、農と食が離れればなれになっている。自分で食材を栽培し、それを収穫して料理をつくるという、本来の食の原点が忘れられているように思う。客の目の前で収穫した食材を使って料理を提供する「農家料理」という言葉を思いつき、「農家料理　高宮」という名前にした（高宮は母の旧姓）。

有機農法による食材自給

そこで、200坪の土地のうち50坪を住宅兼食堂で使い、残り150坪で食材を栽培することにした。北側隣地が山林で、境界が急斜面になっている。その法面に、自力で段々畑をつくり（写真2）、最初に小松菜の種をまいた。続いて、白菜、大根、キュウリ、ナス、ホウレンソウ、ミョウガ、二十日大根、ゴーヤ、丸オクラ、アシタバ……と、手あたりしだい育てた。山林に隣接しているのでタラノメ、山ウド、シイタケも栽培し、建物の周りにはスダチ、レモン、柚子を植えている。

西側隣地は畑だったが、休耕している間に山林化し、なんと、わが家の敷地に孟宗竹が侵入するようになった。春先には立派な竹の子が収穫でき、竹の子ご飯や竹の子の味噌漬けは店の名物の一つになった（写真3）。客を驚かせ、感動させる――それが農家料理食堂の喜びである。

手製のコンポストに残飯を入れて良質の堆肥を発酵させ、土づくりをしている。連作障害を避けるため、作目を変える。自給率の向上と有機農法の導入は、まるで国の農業政策のようだ。もちろん、150坪の畑だけでは食材を賄いきれない。近隣の農家を紹介してもらって、食材の供給を相談する。食材や料理方法を求めて、しばしば京都や奈良まで足を運ぶ。

中高生の食農教育を支援

地域との接点を求め、創業と同時に、中高生を対象に食農教育に取り組みはじめた。

料理と農業―食農教育の基本は、一つの作業と同時に次の工程を想定する重複思考能力を身につけさせることだと思う。食と農は人と人の交流を促し、とくに食育は自分の運命を自らの手で切り開く強い意志を備えさせる。

地元の教育委員会に相談して公立中学校や都内の私立中学・高校に協力してもらい、中学生や高校生に、畑や食堂の作業に参加してもらっている。畑の雑草取りや薪割り、初めて見る羽釜をかけたかまどによる炊飯（写真4）――彼らは与えられた仕事を黙々とこなし、自分が重要な役割を果たしていることを実感する。そして、厨房作業を担当している仲間が用意した食事を、テーブルを囲んで一緒に食べる。食事のマナーも学ぶ。初めて体験した労働が終わって喜々として食卓を囲む彼らの姿を見ると、私もうれしくなる（写真5）。

毎週のように通ってくる高校2年生のS君。彼には、高宮で、結構複雑な施設のマネジメントを学んで、将来、社会福祉施設などの運営能力を身につけてもらいたいと期待している。

ハンディキャップをもつ若者の雇用

特別支援学校の紹介で、軽度のハンディキャップをもった生徒にも門戸を開いている。

彼らに共通するのは、与えられた一つの作業に取り組むまじめな姿だ（写真6）。しかし、彼らはあまり就職の機会に恵まれていない。率直な人柄で、若干の障がいがある若者が、職住近接の職場で自立できないか、祈らずにいられない。

それぞれの学校から、生徒を送り出した先生方が食事に来てくれる。生徒一人ひとりの職場体験の印象を聞くのもこのときだ。

社会的課題「地域の再生」に取り組む

1970年代後半、私は都市計画を学ぶため、イタリアのミラノ工科大学の大学院で過ごした。そのとき学んだ「ソーシャルファーム」と「ソーシャルコレクティブ」が、私が目指すまちづくり・地域づくりの最終目標である。

ソーシャルファームは、ワイン、生ハム、オリーブなどを生産するイタリアの山岳丘陵地域で発達させた雇用形態で、ソーシャルは障がい者を含む地域社会を指し、ファームは契約・サインを表し、個人契約が前提だ。

ソーシャルコレクティブは、非営利団体に行政セクターや営利セクターも加わって、複雑な社会問題を解決しようとするもので、「付加価値連合」とでもいったらいいのだろうか。大学院の講義を聞いているとき教授の説明がまったく理解できなかったが、今になって、つくづく大切な考え方だと思う。

非営利団体のレストランとして、一般社団法人の認定も受けた。今、都の農業会議や市の農業委員会と相談し、地域に散在する休耕地の再生ができないか、農業技術の専門訓練を積んだ若者を新しい仲間に、議論を始めたところだ。

2	1
4	3
6	5

1. 写真1：農家料理 高宮の食堂兼住宅
2. 写真2：傾斜地を利用した段々畑
3. 写真3：隣地の休耕畑から侵入してきた竹の子
4. 写真4：名物、羽釜とかまど
5. 写真5：職業体験をした中学生たちの食事風景（向こう側は先生）
6. 写真6：黙々と薪を割る特別支援学校から来た生徒

農家料理 高宮の場所

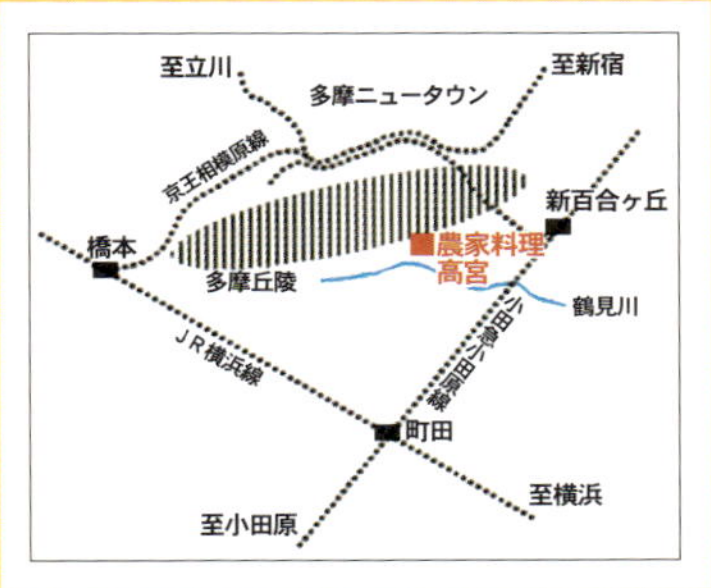

次世代を見据えた「みどりの再生」

人と緑のつながりで元気なニュータウンへ

多摩ニュータウンで進む「みどり」と人のつながり——。30年以上にわたって炭焼きをはじめとする活動に携わる立場からみどりを地域資源として活用すべきだと提唱する。そこから生まれる風景は次世代のDNAとなり、団地再生にもつながる。

ゆう環境デザイン計画 代表取締役 祐乗坊 進

ゆうじょうぼう・すすむ
1949年生まれ。東京農業大学、ベルリン工科大学卒業。環境デザイナー。本業のかたわら、炭焼きを通じ、人とみどりのつながりにチャレンジしている。

団地再生の血となる「ふるさととのDNA」

多摩ニュータウンに住みはじめて33年。幼少期を過ごした国立より長い時間をここで過ごしている。

しかし、国立のまちを歩くと、長く住んでいる多摩ニュータウンより、ここが自分の故郷だと強く感じる。それは、子ども時代に体験したさまざまな思い出が幼少期の時間軸のなかで幾重にも重なり自分の原風景となっているからだろう。国立の土地と強くつながっている記憶である。

文芸評論家の奥野健男は『文学における原風景』のなかで、原風景を「七、八歳ころまでの父母や家の中や遊び場や友達などによって無意識のうちに形成され、深層意識の中に固着する、いわば魂の故郷のようなもの」と記している。また、島崎藤村は生まれ育った馬籠への思いを「血につながるふるさと　心につながるふるさと　言葉につながるふるさと」（島崎藤村のことば）と力強い言葉で綴っている。

ふるさとは、魂の故郷であり血や心につながるほど強い存在なのだ。私はそのような原風景を「ふるさととのDNA」と呼んでいる。一人ひとりのアイデンティティにつながる、心安まる暮らしの原点である。

団地再生では、この「ふるさととのDNA」をいかに醸成させていくかという視点を忘れてはならない。

縦割り行政で対応できない「みどりの再生」

多摩ニュータウンは時間の経過とともにさまざまな課題が顕在化している。その一つが「みどりの再生」である。

多摩ニュータウンの「緑とオープンスペース」は住区面積30%以上の確保を目標に、公園緑地率19・5%・緑被率37・4%(1996[平成8]年3月見込み)と高水準のみどりが確保されている。このみどり豊かな環境が、初めて訪れる人にガーデンシティとしての好印象を与えている。

しかし、ニュータウン建設当時に植えられた木々は大きく成長し、植栽密度が高かったこともあり、みどりの維持管理費用の負担が大きな行政課題となっている。団地でも同じような課題を抱えている。

多摩ニュータウンの中核をなす多摩市では、そのような現状を背景に「愛でるみどりから関わるみどりへ」を基本理念とする「多摩市みどりのルネッサンス」(2013年)を作成し取り組みを始めた。しかし、残念ながら計画内容は従前の行政計画の枠を超えたものではない。市民とみどりのつながりはすでに多様に展開されており、みどりの存在価値も高まってきている。市民はすでに行政の枠を超えてみどりと親しんでおり、今求められているのは身近なみどりの存在価値を多面的に評価しフォローアップしていくビジョンである。それが次世代を見据えた「みどりの再生」へのロードマップにつながる。

都市のみどりを取りまく社会情勢もこの数年で大きく変化した。2015(平成27)年4月に施行された「都市農業振興基本法」では、市街化区域内の農地が都市農業振興のための農地として再評価。2017(平成29)年6月に「都市緑地法等の一部を改正する法律」が施行され、市街化区域内の農地を「緑地」として位置づけ、都市公園の再生・活性化など、みどりのあり方への新たな指針が示された。

都市のみどりの存在意義はますます多様化しており、「みどりの再生」は従前の縦割り行政では対応しきれない状況になっている。

人とみどりをマネジメントする組織づくり

「みどりの再生」とは、持続性のあるみどりの活用と維持管理である。多摩ニュータウンの豊かなみどりをフィールドに、人とみどりの多様なつながりが見えるライフスケープ(暮らしの風景)の醸成が肝要である。そのためには、地域の人とみどりとのつながりを総合的にマネジメントしていくしくみや組織の構築が急務である。

実は多摩ニュータウンにはその機能を担える可能性をもった施設がすでにある。都市緑化植物園として１９９０（平成２）年に開設された「多摩市立グリーンライブセンター」と２００１（平成13）年にビジターセンターとして開設された「八王子市長池公園自然館」である。

二つの施設は成り立ちや開設目的は異なるが、地域のみどりの実態をフィールドとしたさまざまな活動を提供し、公園をフィールドとしたさまざまな活動を提供し、地域のみどりの実態や多様なスキルを持った人材情報を蓄積している。あまり時間をかけずにみどりのマネジメント組織へステップアップできる可能性をもった施設である。

特に、私がかかわったグリーンライブセンター構想・計画では、みどりを庁内横断的に取り組む体制づくりやみどりにかかわる民間活動団体とのネットワーク構築、みどりの情報キーステーション設立など、みどりを総合的にマネジメントするしくみづくりを提案している。ぜひ構想の原点にフィードバックし実現させたい。

地域資源としてみどりを活用

多摩ニュータウンで30年余り「炭焼き活動」などみどりにかかわる活動をしており、その立場から提言したい。

一つは、地域の植栽管理から発生する剪定枝などを地域資源として活用することである。市内で発生する剪定枝などは行政内では廃棄物扱いで、一部堆肥等に使われているものの、多くは有効利用されていない。

多摩市の公園緑地から発生する剪定枝などは減少傾向にあるが、現在年間約２０７トン（２０１６年度）。そのほか、街路樹や団地など住宅地内の植栽からも相当量発生する。また、多摩ニュータウン三市で運営するごみ焼却場には、データは少し古いが年間約６０００トンほどの剪定枝などが持ち込まれている。これら植物系バイオマスは、有用な地域資源としてのポテンシャルをもっている。費用対効果を考慮すると選択肢は限られるかもしれないが、みどりのビジョンの旗振り役としても検討の余地はある。

たとえ小さな循環の輪であっても、人とみどりとの新たなつながりが見えるというのは、ふるさとへの愛着につながる。私もささやかながら公園の剪定枝などを炭にし、防災用備蓄燃料などとして地域に還元している。炭と炭焼きが地域の人とみどりの新たなつながりを広げている。

次世代を担う子どもの「遊び環境」再生

もう一つは、子どもたちがワクワクする外遊びの環境を取

1	
3	2
5	4

1. 多様なライフスケープを生み出す公園
2. みどりの文化拠点となっている多摩市立グリーンライブセンター
3. 炭焼きに使われる剪定枝などの地域資源
4. 防災用備蓄燃料「たまニュー炭」として地域還元
5. 自然とふれあえる子どもの遊び環境

多摩ニュータウンのみどりの基盤である多摩丘陵（南尾根）の「よこやま道」散策マップ（多摩の自然とまちづくりの会作成）

り戻していくことである。五感を刺激する自然は子どもの成長に不可欠である。身近な自然との体験が多いほど豊かな自分史を積み重ねることができ、創造力豊かな人間に育つと信じている。

身近な自然とふれあう機会が増え、遊びの自由度を許容でき、子どもたちのコミュニケーションが活性化する遊び環境の再生は、ふるさとづくりのためにも急務である。

再生とは熟成に向けた更新のプロセスであり、再生により人とみどりとのかかわりの時間軸を消してはならない。このような「みどりの再生」の取り組みが実現していけば、多様なライフスケープが生まれ、一人ひとりの「ふるさとのDNA」も自ずと増殖する。

これからも、みどりとつながる元気で暮らしやすいガーデンシティを目指して活動を続けていく。

「食べられる景観」のススメ

公と私の狭間でつくるおいしい関係

千葉大学大学院園芸学研究科 教授
木下 勇

きのした・いさみ
工学博士（地域計画）。東京工業大学建築学科卒業。ワークショップ、住民・子ども参画のまちづくりで活躍。

果実や野菜など食べられる植物がずらりと並んでいる住宅街……
想像するだけでも楽しいが、実現できないわけではない。
食を通じて心を分かち合い、公と私の区分をあいまいにするこの試みは、
住民同士の関係性をほぐし、つながりをつくるきっかけにもなる。

エディブルランドスケープ「食べられる景観」

エディブルランドスケープ、この言葉に初めて会ったのは1987（昭和62）年、カリフォルニアのデービスにあるヴィレッジホームズを見学したときである。ニューアーバニズムの旗手の一人であるマイケル・コルベットが開発したエコ・ヴィレッジとしても紹介される。

パッシブソーラーハウスが並ぶ家の裏側の小道は8戸単位が共同で管理するコモンをつなげた小道である。そこはブドウやプラムなどあらゆる果実や野菜で飾られてまるで楽園のよう。エディブルランドスケープはエコ・ヴィレッジを成す共通の要素となっていることを後で知るが、実態としてその風景を新しい住宅地に見たのはこのときが初めてである。

案内した当時のカリフォルニア大デービス校のマーク・フランシス教授（ランドスケープ・アーキテクト）はこのプロジェクトにかかわっていて、彼からこのエディブルランドスケープの言葉を何度も聞いた。「食べられる景観」、同じ視察グループにいた藤本信義氏（故人／宇都宮大学名誉教授）がつぶやいた。日本語の直訳でその響きもいい。

マーク・フランシスが自慢げに私に聞いた。「こんな景観は日本にあるかい」と。私は悔しまぎれに「日本では農村に

行けば、こういうのはあたりまえにある」と答えたが。

共感を呼ぶ映画『人生フルーツ』

今、静かなブームとなっている映画がある。『人生フルーツ』（監督：伏原健之、制作：東海テレビ放送、2016年）。住宅公団設立のときにレーモンド設計事務所から移籍した、いわば公団の団地のマスターアーキテクト的な役割をした津端修一氏とその妻の英子さんの暮らしを淡々とつづった映画である。

津端氏は阿佐ヶ谷住宅の設計でも知られる。そこにもコモンがあり、居住者が果実や野菜なども植えていたという。

彼が高蔵寺ニュータウンの開発で意図したのは、地形を残し、里山に住むような構想。残念ながら、それは実現し得なかったが、彼自身、300坪の土地を購入して、そこにあらゆる果実や野菜を植えて、それら果実を使った奥さまの手づくりジャムやケーキなど、食卓を彩るフルーツに象徴される、夫婦の互いの気遣いと暮らしの豊かさとが共感を呼んでいる。

住宅公団の団地づくりは、ハワードの田園都市の思想からペリーの近隣住区論などの一連の団地計画の系譜の延長にある。イギリスの農村部にはコモンという共用地が住民の憩い、絆をつくる場ともなっていた。レイモンド・アンウィンの設計にはその農村部の形態が影響していると齊木崇人（神戸芸工大学長）が報告しているが、まさにそんなコモンへのこだわりが津端氏の阿佐ヶ谷住宅の設計にも見られる。

そんな食べられる景観で飾れば、人の絆も深まり、暮らしが豊かになる。1998（平成10）年、東京の文京区根津、世田谷区太子堂・三宿、国分寺市新町の三カ所の住宅地で行なった食べられる景観の観察、聞き取り、アンケートの調査で、そんな研究成果が得られた。

驚いたのはイギリスのトッドモーデンという小さな町が食べられる景観で飾り、世界中から観光客を呼び込んで町が活性化したという話をTVのテッドトークで聞いたときである。しかもゲリラ的に公共の空間に植えて、いくつもの散歩道でつなげている。その名もインクレディブルエディブル（驚きの食べられる町）、早速、その町へ見に行った。ある程度のグループとなれば少しのお金を払ってツアーを開いてくれる。教会でとれたてのそれら野菜のサラダでミニレクチャーを受けて、その「驚きの食べられる町」を散策する。市場の近くの公園に着くと公園内にミツバチを飼っている。ミツバチがそれら食べられる景観をつなぐキャラクターとなっている。

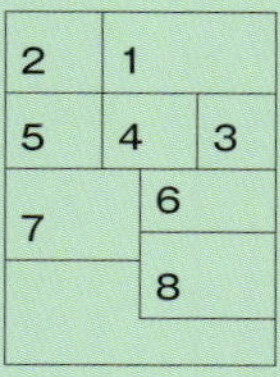

1. ヴィレッジホームズ（カリフォルニア州）のコモンと住宅の裏庭のつながり
2. トッドモーデン／ガイドツアー
3. トッドモーデン／ミツバチの巣箱が公園に
4. 参加者の広がり
5. 生まれるコミュニケーション
6. エディブルウェイ（食べられる道）のイメージ
7. 空き家でカレーキャラバン（エディブルウェイ リーダー江口亜維子主宰）
8. 収穫物を空き家で共食

エディブルウェイ「食べられる道」

それに刺激されて学生と最近始めたのがエディブルウェイ（食べられる道）。布製のバッグ型のプランター（株式会社タカショー提供）に野菜や果樹を植えて沿道の家の前、道路との間に置いて、その居住者に管理していただく。2016（平成28）年の秋に始め、松戸駅から戸定が丘という千葉大学園芸学部キャンパスまでの道沿いにまたたく間に広がり、現在45カ所90個のバッグが置かれている。

通りゆく人が「これなに」と興味をもち世話をしている人と会話が弾み、口コミで広がったのだ。脳梗塞で倒れたお年寄りがリハビリで散歩中に知り、そのバッグを一つ引き受けて世話をしはじめた例もある。園庭のない小規模保育所では唯一園児たちが土や植物、そして虫などとも触れられる小さな自然の世界となる。

イチゴ、ベル型ピーマンなど、そのままつまんで食べられるものから、大根、にんじん、小松菜、水菜など皆で採取したものを、空き家を使い、鍋やカレーなどとともに料理して食べる。そんな空き家活用と連携した取り組みにも発展した。「人類は共食をする動物である。食を分かち合うことは、心を分かち合うことである」（石毛直道『食事の文明論』中央公論新社 1982）は、このプロジェクトリーダーの博士課程学生、江口亜維子が好んでよく使う引用。まさに人がつながる原点ともなり得る（このプロジェクトは2017年度グッドデザイン賞受賞）。

このプロジェクトの前には市の所有地の空き地でコミュニティ・ガーデンを地域の方と行なっていた。そこにジャガイモを植えたら、その花が出てきたときにある住民から「ここは公共の土地だ、市民農園でない」と苦情が入った。

公共の場所に食べられるものは植えられないのかと課題が浮かび上がる。基本的に「個人の胃に入ると、公共物の私物化」とはかつて公園の管理者から聞いた問題である。トッドモーデンのようにゲリラ的に個人の敷地と道との間に植える。そもそも、公と私と明確に区分するところに人の関係の断絶がある。

「食べられる景観」はその公と私の境界にメスを入れ、それをコモン化することで切れてしまった人と人の網のほころびを直し、地域のセーフティネットを編み直そうというきっかけにもなり得る。

エディブルウェイWebサイト　http://edibleway.org/

終の棲家はドイツ・ケルンの再生農家

隣人たちとの「助け合い」づくり

年齢を重ねていくにつれ、住まいに対する要求は変わっていく。引っ越すか、あるいは今のままで住みつづけるか……二者択一を迫られるケースは多いが、隣人たちと話し合って互いに助け合う第三の道を選択したドイツ在住の建築家がいる。

建築家／マインツ工科大学建築学科 元教授　河村和久

かわむら・かずひさ
1949年福岡県生まれ。東京藝術大学建築科卒業後渡独。アーヘン工科大学建築学科卒業、ケルンにて自営。ライネフェルデ日本庭園など日独交流プロジェクトに参加。

はじめに

私が現在ケルン市内で、ドイツ人の妻と今年20歳になった息子と暮らす分譲マンションは、平均125㎡の住居に16世帯が住むきわめて小規模なものだ。300年を経たレンガ造りの母屋や、小作人棟、家畜小屋、納屋などが中庭を囲む農家の屋敷だったところで、戦後はほとんど廃墟となっていたが、1980（昭和55）年に集合住宅として再生され、州の文化遺産に登録されている。（「文化財的価値のある農家に住む」と題して単行本『団地再生まちづくり2』に報告）

5年前、大学を定年退職し、設計事務所も大部分整理して年金生活に入り、「ドイツで骨を埋める」つもりになっている前期高齢者として、私自身の「老後」への試行錯誤について書いてみたいと思う。

「終の棲家」のイメージ

私たち夫婦も、私が60を過ぎたころから「老後の生活」「終の棲家」の話をするようになった。妻のイメージは、老後は都心の介護サービス付きの小さなしゃれたマンションで。いずれ息子が家を出れば130㎡は必要ないし、3階にまたがる住居での階段の上り下りも歳をとると問題になる。それに、周辺が工場労働者の住宅地として開発された土地柄で、近くのレストランや店舗も趣味に合わない。そしてたぶん一番の理由は、この田舎風で16世帯の隣組的コミュニティより都心の無名性の方が気が楽だ、と。

しかし、建築家の私にはまず、この住居の高い居住性は捨てがたいものだった。

40㎝厚赤レンガの外壁は高い保温性をもち、同時に室内の湿気を吸収発散して湿度調整する。だから、比較的少ない暖房エネルギーで冬も快適だし、夏は涼しい。また、温かみのある外観は、とても新しい建材では得られないものだ。さらに、この建物群はこの場所で300年以上風雪にも、地震や洪水にも耐えてきている。これほどサステナブルなものを現代の建築物、特に経済性の優先するマンション建築には期待できないだろう。

外に出れば、ゆったりした石畳の中庭のほか、昔果樹園だった芝生の庭や子どもたちの遊び場が、隣接する敷地との間に広がっている。16世帯が共有するので、一定の制約と義務はあるが、その広さとアメニティーは捨てがたい。玄関前の庭ではガーデニングも楽しめる。まちの中心まで電車でも15分かからない立地。「ドイツに住みつづけるとすればここだ」と私はずっと思っていた。

だから、なんとか妻を説得しようと、私たちの生活部分を階段のいらない地上階1階にまとめ、130㎡の住居を二世帯用にする、といった改築案も考えてみた。しかし、外観を変えることが許されない文化財保存法のもとではすべての案が不可能。「この階段を上れなくなったら介護施設に行く」と私は言っていたが、妻は納得しない。

そこで、試しに妻のイメージに沿った物件をいくつか見てみることにしてみた。一緒に、比較的新しく経済的に入手可能なマンションを数軒見学したのだが、これは有効だった。どれも、ガラスをふんだんに使って明るい魅力的な住居で、居間なども広々としているものの、問題は、そこから隣の棟の生活がほとんど見えてしまうという心理的な狭さだった。また、土いじりができるのは6㎡前後のベランダでの鉢植えくらいだということも。

この経験から妻も、わが再生農家の生活空間がもつ豊かさを再確認したようだ。エレベーターがないのはたしかに欠点だが、毎日ショッピングやコンサートに行くわけではない。でも、入り口のドアを開ければ広い中庭が広がり、そこから芝生の庭へ行って寝ころんだり、裸足でストレッチでも、と思えばいつでもできる生活は、歳をとるほど大事になるだろう、と。

1	
3	2
5	4

1. 住宅に再生された大型農家。入口の門の右がかつての母屋、左の道沿いの建物が小作人棟。門のすぐ左が私たち夫婦の所有部分
2. 門を入ると石畳の中庭(約40×20m)。左が小作人棟、正面と右が家畜小屋や納屋だった建物。こいのぼりを立てた日、隣人たちと交歓
3. 2006年サッカーワールドカップを果樹園の芝生で観戦。このころはまだこの庭を駆け回る子どもたちがいた
4. 左にある門を入るとすぐわが家の前庭
5. 都心部の新築マンション

隣人とともに歳を重ねていくために

妻との間に「ここにできるだけ長く住んでいこう」という合意ができた後、2人で次の課題に取り組むことにした。

私は、この16世帯の、ある程度距離を置ける隣組的親密さが気に入っていたし、そのなかでの老後の生活をイメージできた。半数以上が、私たちが引っ越してくる20年前からここに住んでおり、クリスマスツリーやこいのぼりを一緒に立てたり、いろいろな契機でパーティーやイベントをやって楽しんできた隣人たちだ。そして彼らも同じように歳をとってきている。私は、この隣人たちと助け合いのシステムをつくっていけないものかと考えるようになっていた。

直接の契機となったのは、6年前、私たちのすぐ隣の老夫婦が介護施設へ転居していったことだった。彼らは、話題が豊富で活動的、いろいろなイベントを企画したり、何かあると必ず顔を出して、おしゃべりに加わる楽しい人たちだった。

私たちとは気が合い、私は常々「何か助けられることがあったら言ってほしい」と伝えていた。水やビールなど重いものの買い物、病院への送り迎え、云々。しかし私が1回だけ頼まれたのは、切れた電球を取り換えることだけ。何かあれば、彼らは2人の子どもたちに頼っていた。2人とも結婚して子どもがおり「つまらないことで呼び出される」との態度も見え隠れしたし、親が自立した生活をするのが難しくなってきている事実を、彼らはほとんど認識していない様子だった。転居の理由は「階段の上り下りが……」だったが、私たちがもっと早く、彼らが日常生活のことで子どもたちを煩わせずに済むような隣人関係をつくっていれば、彼ら自身も強く望んでいたように、もっと長くここでの生活が続けられたのではないか……。

この経験から、私は、できるだけ早い行動が必要だと思った。16世帯のうち2組の夫婦はすでに80代半ばになり、もう2組も80歳を超えた。さらに、離婚して長く一人暮らしの女性は、まだ70代半ばで元気だが目を悪くして、雪の日など中庭を歩く姿がおぼつかない。

「お隣さん助け合い」システムの構築

私たち夫婦は、私たちとほとんど同年齢の夫婦と私たちより一回り若い夫婦に声をかけ、「お隣さん助け合い」システムについて私の考えを話し、彼らの意見を聞いてみることにした。そこでわかったのは、彼らもできるだけ長くここに住んでいたいし、そのための相互扶助のアイデアには大賛成、そして、具体的に次の点で大筋の意見が一致した。

①買い物の手伝い、住居内外の簡単な修理、散歩や病院への

付き添い、相互に訪問するなどして、日常生活を支援しつつ隣人関係を親密にする

②法律が絡むこと、例えば財産管理、そのほかいわゆる「介護」（掃除、洗濯、料理を含む）はしない

③②についての問題が起こらないように、あらかじめ相互の家族との連絡網をつくっておき、お金の絡む問題などは、時機を逸することなく「家族」内で処理してもらう

ドイツでもここ数年来、国や自治体は、住宅の高齢者用への改装に補助金を出したり、在宅介護を民間の手にゆだねつつ強化したり、高齢者の自宅での自立した生活を支援しようとしている。そうした背景のもと、要介護となった隣人の具体的な介護は家族が委託した専門家に任せ、私たちは基本的にメンタルな部分でサポートする、という方法は現実的で有効なものだと思う。

介護される側も受け入れやすいし、私たちの負担もあまり大きくはない。右記の①「支援」は、たしかに「私たちが近くにいるよ」というシグナル以上のものではないが、頼りになる誰かがすぐ近くにいると思えれば心強いし、互いの信頼関係には欠かせない。この信頼関係のもと、ある程度、「まだ若い」者が、要介護となった隣人を助けていくシステムを今確立しておきたい。今「まだ若い」私たちは、「将来」を見据えて、そう思う。

話し合いに参加した全員の意見は一致した。しかし、私は、引っ越していった老夫婦との経験から、私たちの前にある大きな壁を感じている。少し大げさに言えば、私たちの頭のなかにある「近代家族像」と「個人主義」、お金や愛憎関係に関するとても閉鎖的な自分と家族だけのブラックボックス。「プライベートな事情は、身内以外の誰にも知られたくない……」それはわかる、しかしその殻からちょっと出られれば、誰の「老後」ももっと豊かなものになりそうな気がする。

私たち6人の有志は、今、その家族や身内の閉鎖性を超えて、少しだけでも開かれた信頼関係の絆をつくるため、小さな助け合いの手を押しつけがましくならない範囲で伸ばしていこうとしているところだ。

まわりから支える団地の賑わいづくり

神奈川県鳶尾団地の「Ｔｏｂｉｏギャラリー」

東京工芸大学工学部建築学科 准教授
森田芳朗

もりた・よしろう
１９７３年福岡市生まれ。１９９８年九州大学大学院修士課程修了。２００４年東京大学大学院博士課程修了。博士（工学）。

大学が主体となって運営していた団地内のイベントスペースが、地域活性化に取り組んでいた団地周辺の住民グループに引き継がれた。行政と大学のサポートも受けながら、賑やかさを取り戻しつつある。自立への課題も含めて、まわりの人に支えられた再生例として注目したい。

プラチナ世代の地域活動

開発から年月を経た郊外住宅団地の多くが、高齢化や空き家の問題に悩まされている。そうしたなか、団地の空きスペースを利用した「にぎわい」や「つながり」づくりのさまざまな取り組みが全国各地で試みられてもいる。ただし、そこに立ちはだかるのは継続的な「担い手」と「財源」の問題である。

今回は、このことについてユニークな取り組みを始めている鳶尾団地の「Ｔｏｂｉｏギャラリー」を紹介したい。

神奈川県厚木市の鳶尾団地は、１９７０年代後半、日本住宅公団（現・ＵＲ都市機構）が土地区画整理事業により開発した住宅団地である。小田急小田原線の本厚木駅からバスで30分ほどにある鳶尾山のふもとに、公団の賃貸集合住宅８１９戸および分譲集合住宅４８０戸、戸建て住宅向けの宅地１５３２区画が供給された。それからおよそ40年、落ち着き成熟した住環境が育まれているものの、一方では地域活力の低下に悩まされてもいる。

そんな団地商店街の空き店舗を利用して、２０１６（平成28）年春、「Ｔｏｂｉｏギャラリー」というコミュニティカフェがオープンした。

運営するのは「コミュニティカフェ荻野」。定年後の「団塊男子」を中心とした地域活動のグループである。２０１２（平成24）年の結成以来、鳶尾団地を含む荻野地区をフィールドに、それぞれが長年のキャリアで培ってきた技術やノウハウを地域の課題解決に活かし、交流の輪を広げていく活動を続けている。Ｔｏｂｉｏギャラリーは、その活動拠点でもある。

Ｔｏｂｉｏギャラリーによる新しい日常

Ｔｏｂｉｏギャラリーの開店時間は、毎週月・水・金曜日の10時から16時まで。一杯１００円のお気持ち代で、こだわりのコーヒーが楽しめる。

それ以外の日も、地域に開かれたさまざまな展示やイベントが目白押しである。この1年足らずの間にも、手打ちソバを食べる会、ひな祭り、住民所蔵の写真展、パソコン教室、地元ハモニカクラブの演奏会、美味しいコーヒーの淹れ方セミナー、五月人形・鯉のぼりや七夕の飾り付け、地元作家の絵手紙展や切り絵展、鳶尾山での親子山登り会、流しそうめん大会、地元落語家による寄席、地元職人の江戸切子展、健康講座などなど、さまざまな企画を通して、新しい「にぎわい」と「つながり」が生み出されている。

運営側の輪も広がりつつある。Ｔｏｂｉｏギャラリーの平均利用者数は1日およそ20名である。店番はコミュニティカフェ荻野の有志が2名一組であたるが、その数は当初の男性二十数名から、女性を含む三十数名に増えている。

始まりは大学主体のイベントスペース

もともとこのＴｏｂｉｏギャラリーは、ＵＲから話を受けた私たち東京工芸大学の学生・教員チームが地域活性化のため利用するテンポラリーなイベントスペースだった。

コミュニティカフェ荻野とくしくも同じ２０１２年から、この場を拠点に、写真やアートをテーマにした教室や展示を開催したり、まちのキーパーソンや当初の団地設計者へのインタビューを行なったり、住民へのアンケート調査や意見交換会を実施したり、コミュニティガーデンの仲間づくりを呼びかけたり、地域をＰＲする映像作品を制作したり、自前のコミュニティ誌を発行したり、期間限定のカフェを構えたり……、思いつく限りいろいろなことにチャレンジしてみた。

学生は活き活きと活動しているし、地域の方に喜んでもらえてもいる。しかし、卒業などで毎年学生が入れ替わってしまう体制では、どうにも継続的な活動にならない。やればやるほど、結局は無責任に終わってしまうケースも出てきてしまった。難しい問題である。

地元へのバトンタッチ

そこで、2014年の末、それまで私たちのイベントをコーヒー提供などの形でサポートしてくださっていたコミュニティカフェ荻野の皆さんに、思いきって助けを求めてみた。話を重ねるなか、Tobioギャラリーの「担い手」を引き受ける決断をしていただいた。ほんとうにありがたいことである。

それから、Tobioギャラリーの常設化に向けた準備が始まることになる。コンクリートむき出しで殺風景だった室内は、およそ半年間かけて、温かく人を迎える空間に生まれ変わっていった。そこには、山小屋一棟をセルフビルドしたこともあるDIYer、会社員時代は自動車の設計に携わっていたエンジニアなど、メンバーの特技がふんだんに発揮されている。工事中は通行人が皆「本物の職人さん」かと思ったというほどだ。

そして、この60㎡の店舗の大家であるURと賃貸借契約を結ぶため、それまで任意団体だったコミュニティカフェ荻野には、一般社団法人の法人格を得てもらった。

こうして、「ほっとするたまり場」「にぎわいの場」「地域の情報発信の場」「地域のお世話の場」の四つのコンセプトを掲げる新生Tobioギャラリーが、めでたくオープンしたのである。

続けていくための財源づくり

幸い、このTobioギャラリーの試みは、2016年から最長3年間、厚木市との協働事業という形をとることができ、当面の家賃負担も市にお願いできることになっている。大事なのは、その先の経済的自立である。

まず見込めるのは、来店者からのお気持ち代と、コミュニティカフェ荻野が別途市から請け負う遊水池の除草作業などへの対価である。

また、おもしろいことに、実体のある拠点を構えたことで、空き家・空き地の管理など、ちょっとした事業につながる「お困りごと」の相談が集まるようになっている。

さらには、コミュニティバスの運行、買い物支援、空き家を利用したシェアハウスの経営など、リスクとリターンのある事業を構想する合同会社が、コミュニティカフェ荻野から独立して生まれてきてもいる。

こうした身近な経済が連鎖し、循環していくことでまちが元気になっていけば、とても明るい話だと思う。

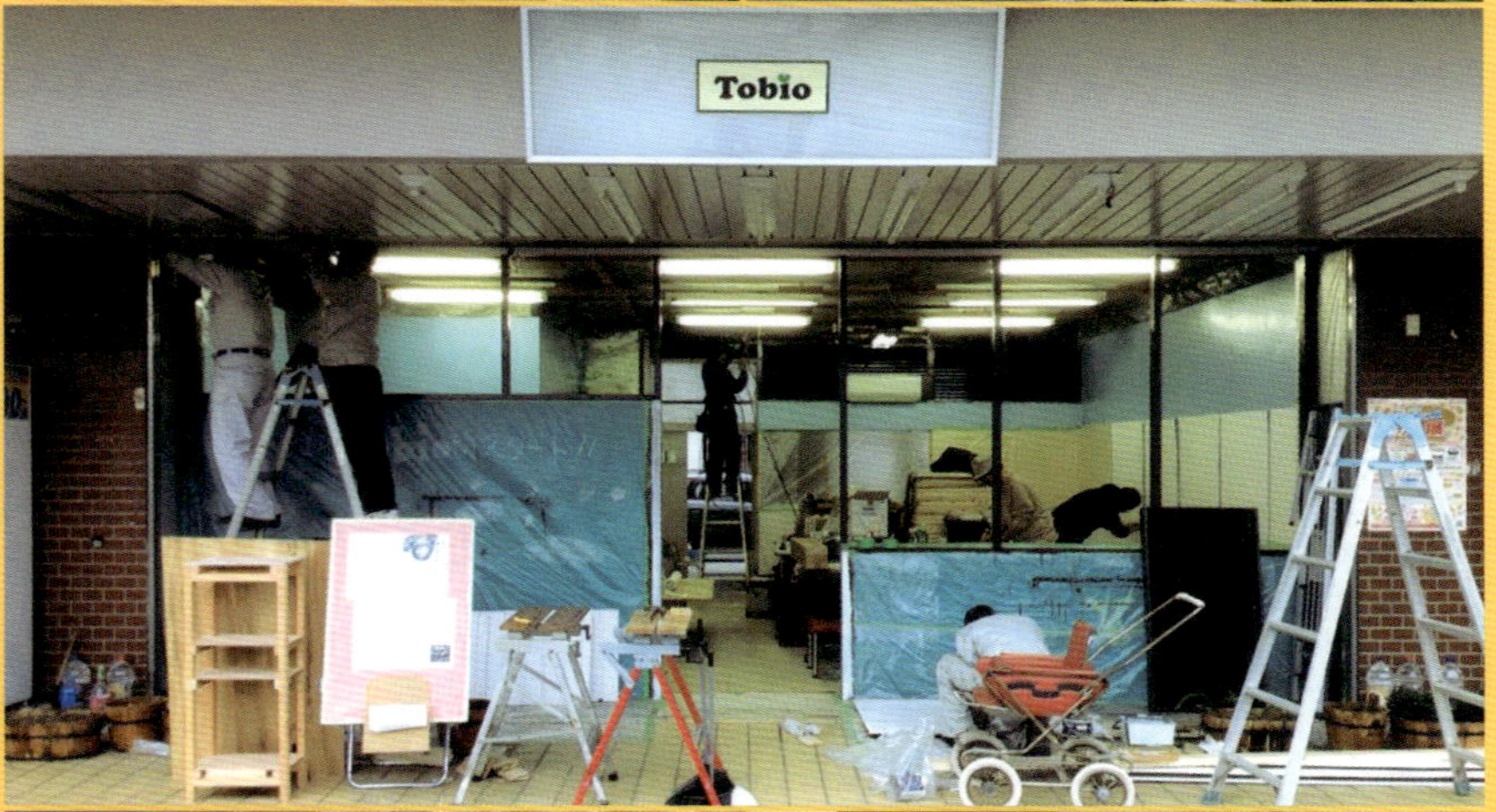

2	1
3	
5	4
	6

1. 鳶尾山と鳶尾団地。上り下りの大変な、奥のUR賃貸棟の一部をこれから集約する計画もある
2. 3. 改装作業が進むTobioギャラリー。日々の情報はSNSを通じて共有している
4. コミュニティカフェ荻野の皆さんと。上部の花のパネルは写真学科の学生によるもの
5. Tobioギャラリーのイベント風景。写真は東京工芸大学が主催した連続公開レクチャー。大阪、長野、松戸、千葉でのリノベーションまちづくりや団地再生の実践者と情報交換を行なった
6. 周辺の空き地の管理を離れて住む所有者やそのご家族から依頼されるケースが出てきた

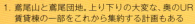

私たちはどうかかわれるか

改めて、地域主体で動き始めたＴｏｂｉｏギャラリーに、私たちはどうかかわっていけるだろうか。

一つは、学生を地域と結びつける役割を微力ながら続けていきたい。学生が地域で動いて得る学びには、かけがえのないものがある。いろいろ大変だけど、スーツ姿の卒業生が改装作業の応援に来た、などという話が耳に入ると、やはりうれしい。

研究としては、ＴｏｂｉｏギャラリーがまちをどＵ動かしていくか、じっくり見届けさせてもらいたい。多様な主体の連携で地域の価値を高める「エリアマネジメント」の考え方が、近年また注目されている。Ｔｏｂｉｏギャラリーが変えていく「エリア」には、どのような広がりがあるのだろうか。ちなみに、現在のコミュニティカフェ荻野のメンバーは、多くが鳶尾団地ではなく周辺地区の居住者である。

とにかく、ＴｏｂｉｏギャラリーにかかわられているKさんは楽しそうである。これからも、その輪に入れてもらえればと思っている。

（注）本稿の情報は２０１６年12月当時のもの。現在は活動の輪がいっそう広がっている。

夢と物語のある団地再生へ！

風土千年のまちづくり「風土工学」による設計を

富士常葉大学 名誉教授／風土工学デザイン研究所 会長　竹林征三

戦後、大量に供給された団地やマンションをどうするか考えたとき、10年、20年といったスパンではなく、いったん退去しても再び戻りたくなるような、長期にわたる設計思想が必要なのかもしれない。風土工学デザインの研究者からの提言に耳を傾けたい。

たけばやし・せいぞう
1967年京都大学土木工学科卒業。1969年京都大学大学院修了後、建設省（当時）に入省。退官後、土木研究センター風土工学研究所長などを経て現職。

人生と団地再生の有機的設計

①団地とは

団地といえば、住宅団地や工業団地、さらには農業団地など多様な団地がある。ある計画意図でつくられた多くの者の集う一連の土地（地域）といえる。20世紀の中ごろに生まれた。できたものは村や町と同じ機能が求められる。

②再生とは

再生、すなわち再度生まれるということは、元はある計画意図があって、それが時間の経緯の過程で現実と合致せず、乖離が生じてきたので、再度、ある計画意図を導入して、つくり変えよみがえらせようということである。

団地が生まれるということは新しい村が生まれるということである。村には村人のよりどころとして鎮守の杜があり、夏や秋には祭りが行なわれ、洪水や飢饉などになれば相互に助け合ってきた。大団地になれば町や市が生まれることに等しい。初めは皆各地から集まってきた。異なる故郷をもつもの同士である。団地ができて10年、20年経つと団地で生まれた子どもたちが大きくなってくる。その子どもたちにとって故郷はこの団地だ。そのころが団地再生の時なのだ。団地再生は、団地が初めて生まれる時以上に重要な意味をもつ。

③団地創成時代から団地再生時代

団地創成時代・あこがれの団地生活の始まりの時代から、現在は、団地再生時代・成熟期で誇りある生活の舞台が求められる時代へ変わってきた。

団地創成時代はあこがれの三種の神器（テレビ・冷蔵庫・洗濯機）のある団地生活から始まった。現在は、すでに三種の神器はあこがれでなくなり、かつてつくった夢の団地は物理的に老朽化し、入居者も高齢化して補修再生の積み立てもなく、集団の合意も得がたく、ゴーストタウン化への道を着実に歩んでいっている団地も出てきた。団地再生は喫緊の重要課題である。

④人生の老後設計と団地再生の設計

人生60年定年時代から、現在は人生１００歳時代に寿命は長くなってきた。定年後の長い高齢時代をいかに豊かに過ごすかが大切な時代になってきた。

人間の真の老齢化は物理的年齢による身体能力の劣化によって決まるのではなく、精神的年齢により決まる。老齢になり、夢とやりがいをもちますます元気に活躍し成熟した、若者にない豊かな老年期を過ごす人が増えてきた。若者のようにいつまでも夢を追いつづけ日々働く（人のために身体を動かす）人の辞書には老後などという言葉はない。

定年後・老後は第二の人生の時代ではなく、その人の人生の本番の舞台である。精神的やりがい・意味があれば、老後は若者にない成熟人生を演出できるすばらしい時代なのだ。

かつて、ロンドンに行ったとき、古い建物に「FOR RENT」の張り紙がしてある建物が多いのに驚いた。補修塗装して再利用する文化である。日本は古い建物を壊し、新しい建物をつくり変える文化である。文化の違いを感じた。

分譲方式の団地は、いわゆる分譲マンションであり、修繕積立金を毎月各戸から集めており、外壁を塗り替えるなどの修繕を10年～20年に一度行なっている。建物の長寿命化の取り組みは進んできているが、団地再生は外壁の塗装などハード面の修繕だけでよいのであろうか？

団地で生まれ幼少期を団地で育った者にとって、故郷は生まれ育った団地である。第二の人生は懐かしい故郷で豊かな老後を過ごしたいと思うが、その者が60の定年を迎えたとき、生まれ育った団地に戻りたいと思うであろうか。

懐かしい故郷の思い出は鎮守の杜で遊んだことや、夏祭りでの盆踊りや山車の囃子や、太鼓の響きではなかろうか。

団地は時代の変遷につれて、その時代ごとの快適生活空間の計画に相当意を用いてきている。しかしもう一度帰ってきたい団地・マンションの設計に意を用いてきているであろうか？

図1：景観十年、風景百年、風土千年

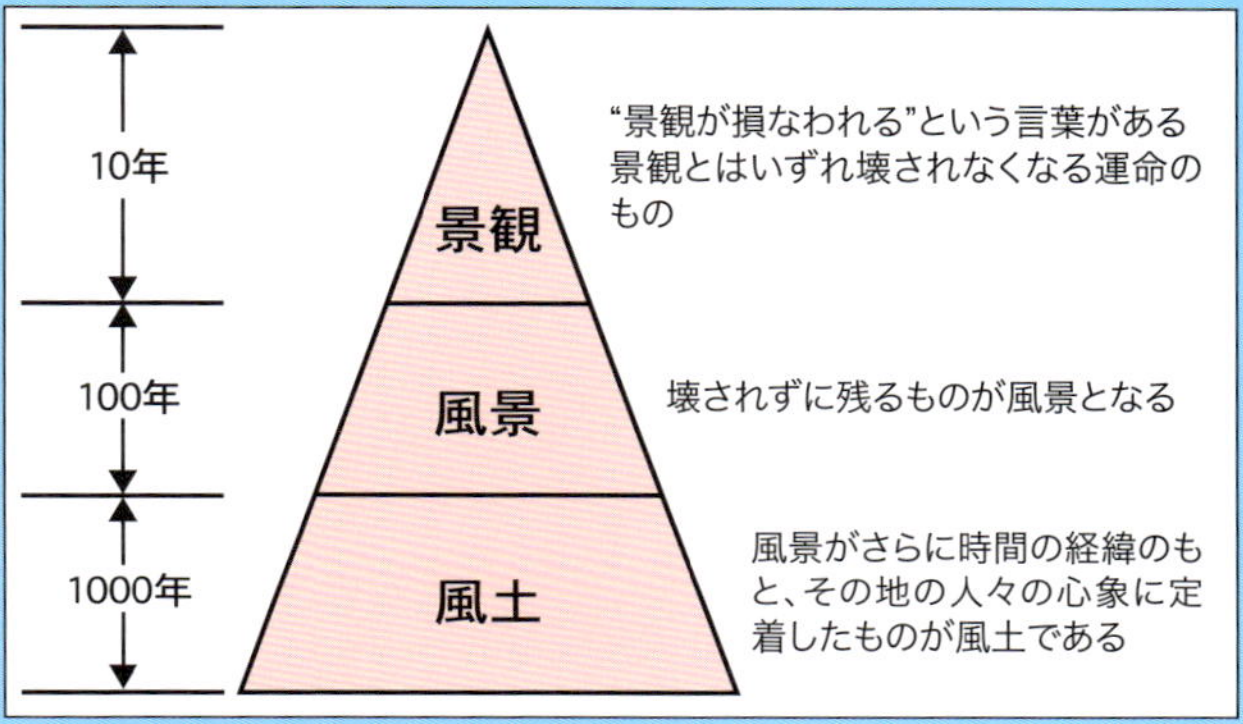

図2：四つの窓の分析

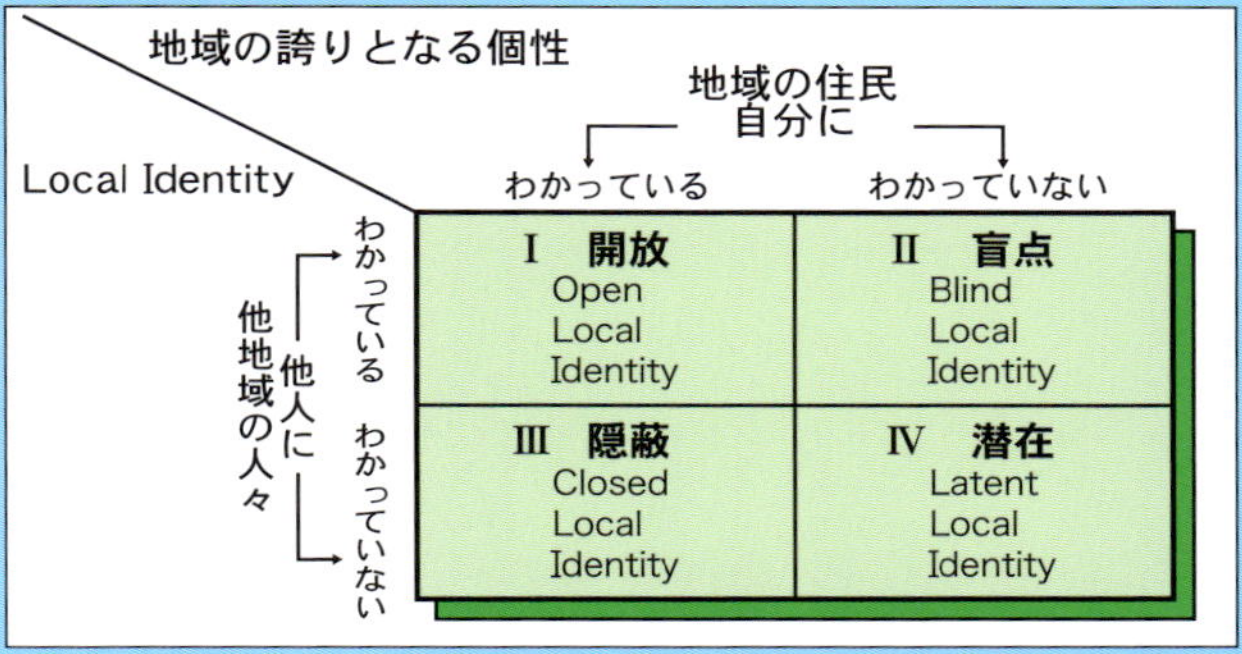

図3：誇りの六構造分析

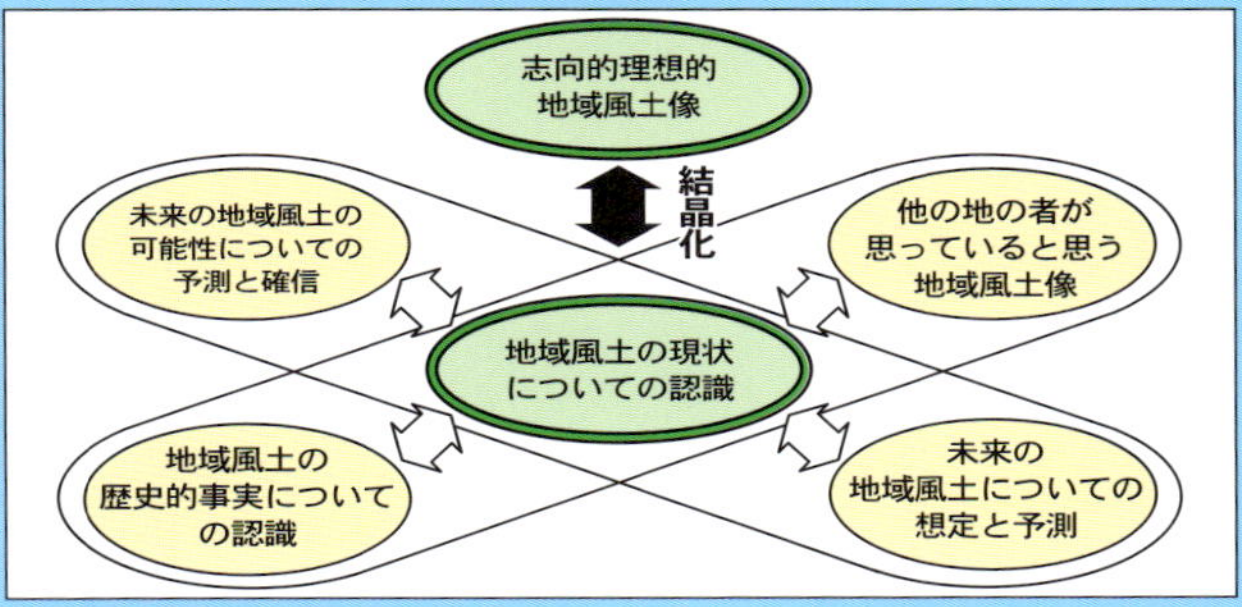

団地再生に求められる「風土工学」の発想

①景観十年・風景百年・風土千年

団地再生にあたっては、心の故郷づくりを目指す意味空間の設計が求められている。

景観はいずれ損なわれる運命にある。すぐに損なわれる運命の景観を追い求めるのではなく、景観が損なわれずに残れば風景となる。さらに風景がその地の人々の心象に溶け込めば、風土となる。したがって景観十年・風景百年・風土千年という（図1）。

団地再生にあたっては、風土千年を目指す風土工学によるべきである。

目新しいモノの設計は時代の経過とともにどんどん風化して見られないものになっていく。有機塗料を塗ったものは時間とともにはげ醜くなる。化粧も一晩ですぐに醜くなる。

一方、風土の誇りを目的とする風土工学設計は、時間の経過とともに風格が備わってくる。無機の石積みなどは時間の経過とともに風格が備わってくる。美しい心の者は化粧しなくても内面から美が醸し出される。

②団地再生にソフトな「意味と物語」

私は地域づくりにおいて土木や建築の従来形の都市計画でなく、風土工学的デザインによるソフト・ハード一体の設計による意味空間デザインが重要と考え風土工学を構築した。ソフトとは名前や物語など形のないものである。ハードとは形のあるモノのデザインである。

風土工学は、土木や建築の地域計画に代わって、その地の誇り得る未来や、夢のある地域づくりに向けて、その地の風土文化に、なじむ意味空間計画にすべきであるとし、それを具体的につくる手法として構築した。団地再生に求められているものはまさに、風土工学そのものではないだろうか。

③風土工学とは

- 風土資産を調べる。どの地域にも誇り得る素晴らしい歴史や文化などがある。それを徹底的に調べる
- 風土資産に対する意識構造をアンケートして分析する。アンケートはその地の者とそれを取り巻くその地以外の者、の2集団の人々の、頭のなかにある意識構造を連想アンケートにより、「開放」、「盲点」、「隠蔽」、「潜在」の四つの窓を分析する（図2）
- 四窓分析の次は「誇りの六構造分析」を行なう（図3）。六構造と四窓よりコンセプトを導き出す
- コンセプトからハード・ソフトのデザイン展開をする。具体的には形あるハードなモノづくりよりも形のない、ソフトな名前や物語の方がより重要なのである

●その地の誇りを共有できる物語の創作が大きな意味をもつ

風土工学デザインを取り入れた未来を

団地再生は物語のある意味空間の設計が求められている。風土工学デザインである。老齢化を超える意味物語の創造を！　高齢化を超える誇り得るオンリーワン未来を！

団地再生はこれ以上ない創作キャンパス舞台である。再生の種・その地の風土の宝は六大風土に満ちあふれている。

参考文献：『風土工学序説』（技報堂出版 1997）、『風土工学への招待』（山海堂 2000）ほか
特定非営利活動法人 風土工学デザイン研究所
http://www.npo-fuudo.or.jp/

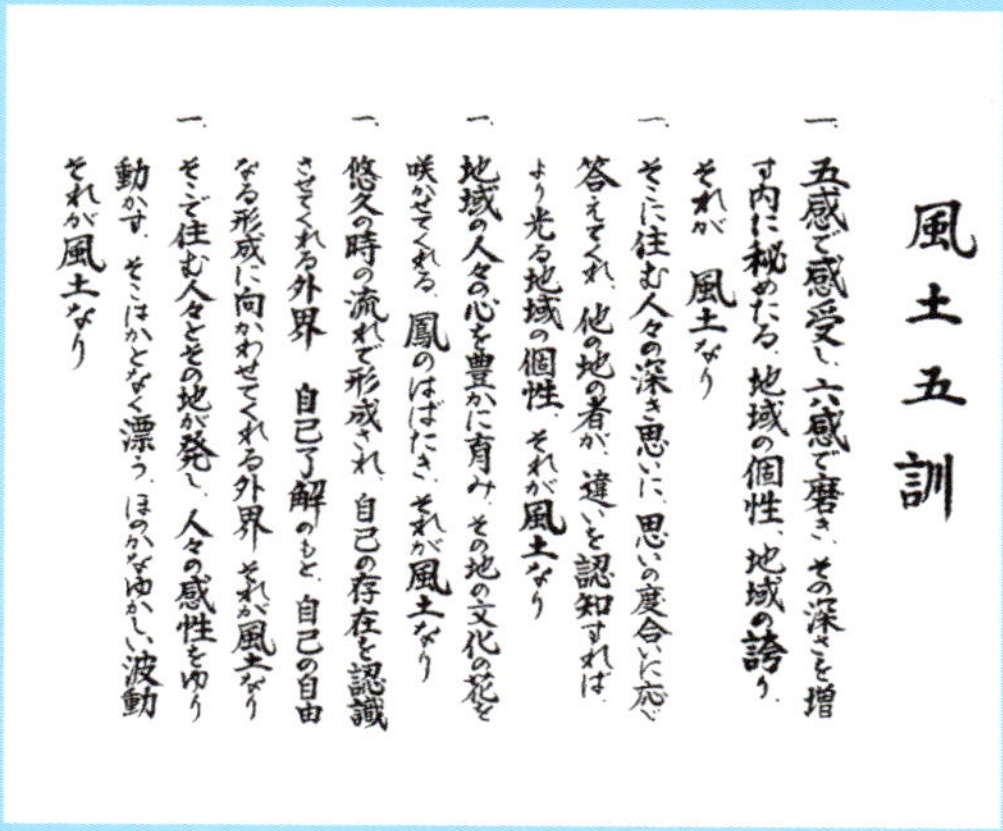

風土五訓

一、五感で感受し、六感で磨き、その深さを増す内に秘めたる、地域の個性、地域の誇り、それが　風土なり

一、そこに住む人々の深き思いに、思いの度合いに応じ答えてくれ、他の地の者が、違いを認知すれば、より光る地域の個性、それが風土なり

一、地域の人々の心を豊かに育み、その地の文化の花を咲かせてくれる、鳳のはばたき、それが風土なり

一、悠久の時の流れで形成され、自己の存在を認識させてくれる外界　自己了解のもと、自己の自由なる形成に向かわせてくれる外界、それが風土なり

一、そこで住む人々とその地が発し、人々の感性をゆり動かす、そこはかとなく漂う、ほのかなゆかしい波動それが風土なり

岩手県雫石町秋田街道沿いの道の駅「雫石あねっこ」。風土工学手法を用いて建設・整備された。コンセプトは「秋田街道の交流の歴史を伝える橋場関所」「雫石あねっこ物語と温泉のある道の駅」

第6章

超スマート社会と団地再生

スマートフォンを中心とする「モバイル端末」の世帯普及率は94.8%に上り、パソコンの72.5%を大きく上回っている*。暮らしやビジネスを支えるICT（情報通信技術）がより高度になり、AI（人工知能）が普及の兆しを見せる今、社会は大きく変わろうとしている。団地再生の先進地であるドイツ・ライネフェルデ市は、減築などの改修から「ゼロエネ住宅」へとフェーズを移す。こうした変化も見極めて、これからの団地再生を考えたい。

＊総務省「情報通信白書 平成30年版」

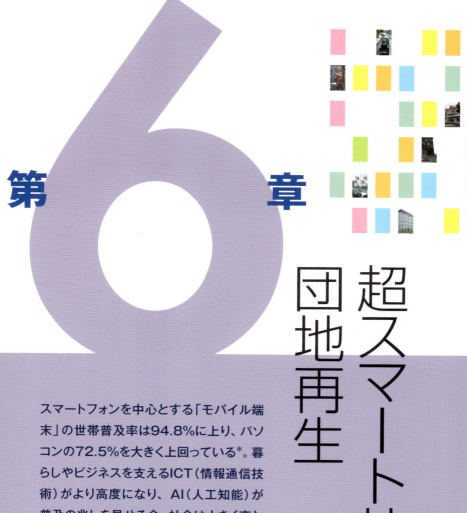

スマートライフ化は団地再生を変えるのか？

実体験から考えるライフデータの有用性

オフィス・オノウエ 代表
尾上由野

おのうえ・ゆうや
1975年愛媛県生まれ。事業構想修士。社会関係資本を力点とした地域資源の活用をテーマに事業を展開。

私たちユーザーから収集した生活情報をもとに、複数のサービスを組み合わせてより高度化するスマートライフ関連市場が注目されている。安全、家事、健康、介護など生活上の不便を解消する多彩なサービスが提供されるというが、団地再生にも役立つのだろうか。

スマートライフとは

スマートフォンから始まり、スマートスピーカー、スマート家電、スマートハウスなど「スマート○○」は、高度な情報（データ）処理機能をもつモノ・システムのことを指す。われわれの生活はスマートライフ化が進んでいるといわれている。

「情報化」と「スマート」は意味が違う。たんに情報処理機能が高くても「スマート」ではないはずだ。調べてみると、スマートライフについて以下のような記述を見つけた。

”スマートスピーカー、スマートフォンでの音声アシスタント等、音声デバイス活用機会の拡大を契機に、スマートホーム市場が動き出している。また、さまざまなライフデータを活用したビジネス提案が活発化している。消費者のニーズを踏まえた複数のサービスにおいてこれらの情報の利活用を推進し、サービスの高度化につなげていくことが求められている。その一部として、家電やウェアラブル、センサ等で得られた環境情報、ユーザー情報などライフデータがつながり、生活の不便を解消している状態がスマートライフ化といえる。“（経済産業省商務情報政策局情報産業課「スマートライフ政策について」２０１８年２月）

一読し、ずいぶんカタカナが多い。つまりそういうものであるようで、古来の日本語では少々説明しにくいスマート〇〇なる新しい商品群が、新たにつくり出すサービス全体を指すようである。情報がつながり、便利さが新たな便利さを生むシステムである。

生活が情報化していく

現在の生活に目を落とすと、私自身の生活にもスマートライフ化の兆しをいくつか見てとれる。

一つがスマート体重計。スマート体重計は毎日計測する体重を、自動でスマートフォンに転送する。専用アプリを使って体重の推移を確認し、健康管理するものである。

加えてフィットネスアプリも活用している。スマートフォンを携帯し活動するだけで、その活動を「ウオーキング」「サイクリング」など自動選別し、時間や活動の強さをデータ・グラフ化してくれるアプリである。よく活動した日にはアプリが褒めてくれるなど、動機づけもサポートしてくれる。

現時点では各データはつながりをもたない単体のデータであり、「ライフデータがつながり、生活の不便を解消している状態」とはいえない。近い将来それらデータが紐づきスマートライフが実現、一般化していくとして、現在はその芽出しの時期といえる。

いつのまにか目的が情報化へ

「体形をシェイプしたい」ことがスマートデバイス、アプリを導入したきっかけであった。日々の移動を自転車に替え、食生活を改善した。運動量、食事、体重を日々計測、記録、観察、評価した。この一連のおかげで、一定の減量に成功した。

筋肉量の増加から体形はシェイプされていても体重の減少が頭打ちとなる期間があった。あるときのこと、友人から「痩せたね」と言われた際、私は「いや、体重は変わらないよ」と浮かぬ気持ちで返答したのである。

気づかぬうちに、「体形をシェイプする」という目的から、体重の値を下げること（目標指標の達成）に目的がすり替わっていた。

計測する、そして（デジタルで）記録する。またそれら記録の遷移を観察、評価する。これは生活の情報化であり、情報化が私に与えたのは、目的の情報化でもあった。

「アルゴリズム」が私の上司に

シェアリングビジネスを理解する意味合いもあり、フードデリバリーサービス「Ｕｂｅｒ Ｅａｔｓ」配送スタッフとして働いたことがある。高度な情報処理機能をもつシステムとして、スマート労働といえる。スマートライフ化の一つである。

従事するスタッフは皆、個人事業主であり、空き時間にアプリをオンにすることで作業が開始でき、オフにすれば終了できる。それは時間のシェアリングを意味している。またシェアリングサービスの特徴ともいえる、顧客・スタッフ間の相互評価機能も備えている。

スタッフは自身のスマートフォンアプリに到達するリクエスト（オーダー）に従って作業をする。断ることもできるが、断る件数が増えるとリクエストが減る可能性がある。顧客より高評価を得たスタッフにはより多くのリクエストやインセンティブが集まるしくみをもつ。またそれらは自動化されている。

このスマート労働において、指示や評価はアルゴリズムが行なう。言い換えれば上司はアルゴリズムといえる。かねて平成生まれの上司をもつ未来を危惧していたが、上司がアルゴリズムになる現実が先に来るとは驚きだ。そんな時代が来ているのである。

結果、フードデリバリーサービス「Ｕｂｅｒ Ｅａｔｓ」は、労働やサービスにおける課題を最適化し、急激にその利用者と範囲を拡大している。

スマートライフ化が団地再生の課題を解決？

スマートライフ化は団地再生における多くの課題を改善していくと考えられる。例えば「買い物難民」にはネット宅配サービス、デマンド交通システム、「独居高齢者の事故」には家電のモニタリングによる異常検知、「遠隔からの安全確認」には入退出管理システム、テレビ電話などＩＣＴコミュニケーションなどが対策として挙げられる。

ただし、それらの多くは利便性、あるいはトラブルを早期に判別する役割、つまり最適化に留まっている。

トラブルへの即時対応こそ本質的課題であり、そこを考えるとコミュニティ、共助互助関係の必要性へと立ち戻っていく。コミュニティのない状況において、スマートライフの効果は無人のビルに鳴り響く警報と変わらない。

あいまいさを残す必要

個の課題解決と社会の課題解決は相反することもある。スマートライフ化によって個で解決できることが増えるのはすばらしいことだが、半面、責任領域が明確化し、コミュニティ意識が薄くなっていく可能性もある。

生活のなかに見られるスマートライフ化の兆し

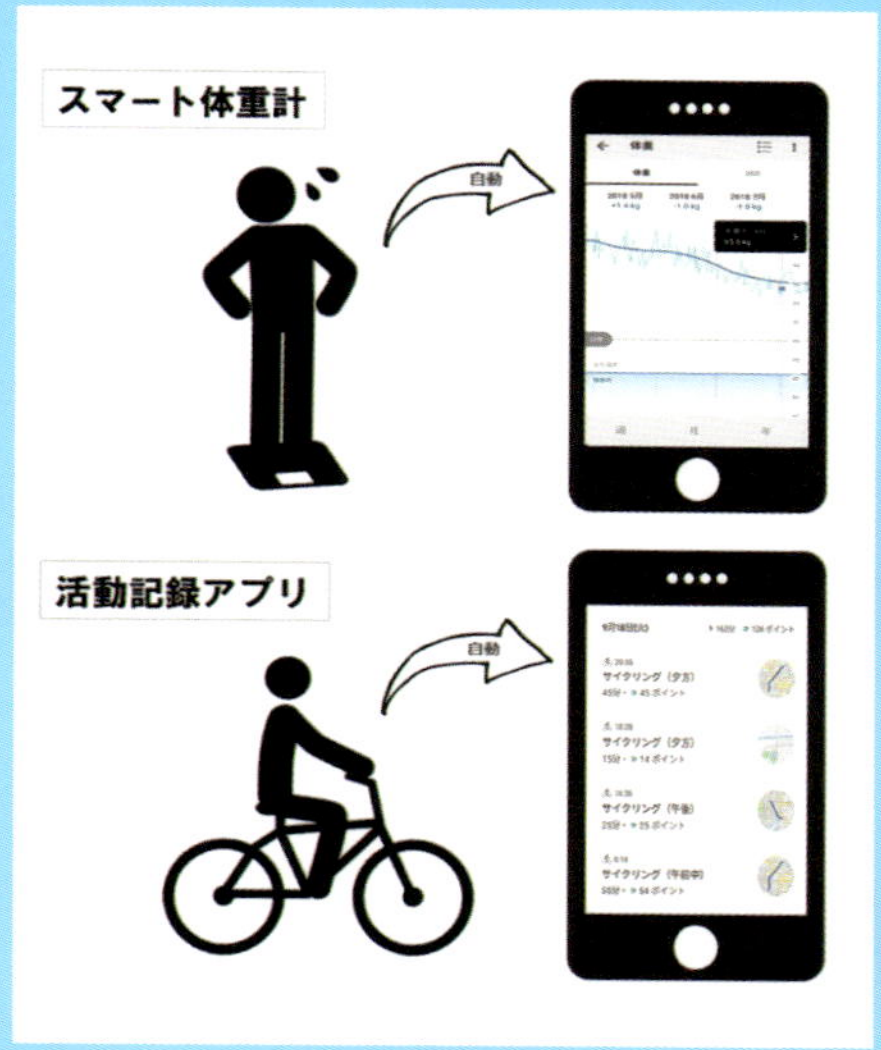

スマートライフ化のイメージ

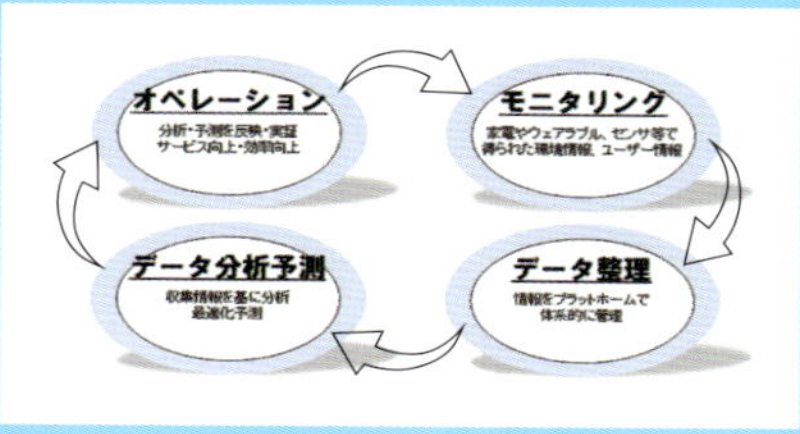

Uber Eats配送スタッフとして従事する筆者。首にかけたスマートフォンから指示を得、店舗から住居へ飲食物を配送する

目の前にあるスマートライフ化とその設計において、他人の助けが必要な領域をあえて残す努力も必要と考える。言い換えれば「お互いさま」の領域ともいえるし、「許し合う関係」を保つ努力ともいえる。

多様な人が肩寄せ生きている団地、ひいては現代社会において、人の間に情報化できない「あいまいさ」の緩衝を残すことが重要ではないだろうか。

英国の環境を守りつづける市民社会

政治・行政に先行する市民たちの活動

英国の市民団体は、政治や行政におもねることなく、自分たちが今すべきだと思うことに取り組むという。「ナショナル・トラスト」は日本でも有名だが、成熟した英国市民の目が社会を変える力となっている。

市民パートナーシップ研究会　小山善彦

おやま・よしひこ
英国バーミンガム大学修士課程修了。英国に在住し、日英共同研究や日本からの視察・研究グループを支援。英国王立芸術協会フェロー。

成熟した英国の市民社会

筆者は英国に住んで30年になる。その間、日英の共同研究に参加したり、日本からの視察グループを支援させていただいたが、その過程で市民団体を数多く訪問する機会に恵まれた。福祉、環境、教育さらには動物福祉など、団体の性格はさまざまなのだが、いつも感銘を受けるのは、政治や行政とは関係なく、やるべきことを淡々とやっているスタッフやボランティアの姿である。

もちろん、かかわっているテーマへの思い入れから、政治のあり方への不満の声は聞かれても、政治から距離をとり、市民と一緒に課題に向き合おうとする姿勢は一貫している。

ここでは環境保全の分野に焦点を当てながら、英国の市民社会が成し遂げてきたこと、そのことのもつ社会的な意味について考えてみたい。

ナショナル・トラスト運動の経緯

まず、英国を代表する市民団体として、「ナショナル・トラスト」の活動を見てみよう。

１８９５年、社会事業家、牧師、弁護士という3人の市民が始めた運動で、急速な都市化や開発から環境を守るために、建造物や景勝地を買い上げ（あるいは寄贈を受け）、それらを国民のために永久保存することを目的とした。

この運動には各界の著名人が応援に加わり、国会法で永久保存を担保する「譲渡不能」といった特別措置がなされたこともあって、運動は広く一般市民のなかに浸透した。市民は会員となり、建物や土地の買い取りには寄金を出して応援した。１９６０年代からは海岸線の買い取り運動へと広がり、残されている自然海岸線を少しずつ買い上げていった。

運動開始から約１２０年を経た現在、ナショナル・トラストは５００以上の歴史的建造物や庭園、国土の１・５％を占める25万haの土地、さらに全長の５分の１に相当する１２４０㎞の海岸線などを所有・管理している（イングランド、ウェールズ、北アイルランドが対象）。１００人でスタートした会員も、現在では５００万人を超えるまでになっている（全国民の９％）。（写真１）

野生生物の保全への取り組み

次に野生生物の保全だが、この分野の市民活動は活発で、野鳥や小動物、野草など、異なる種類別に団体が存在するといわれるほどである。

そのなかで、キャンペーン力で際立っているのが「王立野鳥保護の会」。19世紀末、婦人用ハットに鳥羽が使用され、それが野鳥の乱獲を招いていたことから、鳥羽の禁輪を求めて女性グループが起こした運動を発端とする。その目的は１９２１年の禁輸法で達成されるが、活動はその後も継続され、現在では１１０万人の会員をもつ団体へと成長している。全国１５０カ所に地域グループがあり、野鳥の記録や保護活動とともに、教育活動にも力を入れている。（写真２）

１９１２年からは、野生生物保全のための土地の買い上げ運動がスタートしている。この運動の理念と精神を提供したのが、著名な銀行家であったチャールズ・ロスチャイルド。野生生物を保全するためには自然との一体的保全が不可欠と考え、自然豊かな土地を買い上げ、永久保存することを提唱した。二つの大戦があったために運動展開は遅れるが、戦後、特にカーソンの『沈黙の春』の出版（１９６２年）を契機に、有志による地域グループが全国各地に設立された。

現在ではすべてのカウンティ（日本の県に相当）に「ワイルドライフ・トラスト」が存在し、平均40人の専門スタッフを雇用して活動している。全国で所有・管理する自然保護区は２３００カ所、面積で約10万haに及ぶ。この活動を、約85万人の会員と４万５０００人のボランティアが支えている。

10年ほど前からは「生きている景観（LivingLandscapes）」

を新しいビジョンとして掲げ、自然保護区の枠を超えたすべての場所で、人間と野生生物が共生できる環境づくりを目指している。（写真3）

行政に先行する市民活動

英国の環境団体を訪問し、スタッフと話をして感じることは、政治に任せていては大切な環境は守れないという、強い政治不信が活動の原点になっていることである。

彼らの仕事の性格からすれば、政治・行政との接点も出てくるわけだが、協力はしても、行政サイドにすり寄る姿勢は一切とらない。それをしてしまうと市民の支持が失われ、組織としての存在基盤が壊れてしまうからである。

前述した3団体がそうであったように、英国では市民活動が行政に先行するのが一般的である。市民活動を通して市民の対話が始まり、新しい価値観が生まれ、社会が変わりはじめる。行政の対応はそれから、というのが英国における市民と行政の基本的な位置関係である。

ヘリテージ環境の保全

最後に、運河と鉄道の復旧活動について紹介しておきたい。

英国では18世紀末から運河の、そして19世紀中期からは鉄道の全国的ネットワークが形成され、産業革命以降の産業および都市発展を支える原動力となった。しかし、どちらも道路交通の発達とともに競争力を失い、衰退を余儀なくされてしまう。

しかし、1960年代からレジャー的利用が注目され、運河と鉄道を復活させる機運が高まってくる。それをリードしたのが地元のボランティアだった。運河については売却されたり、埋め立てられたケースも多く、その復活物語には市民の不屈の努力を称えるものが多い。2000年以降だけでも320km以上の運河が再生され、加えて現在進行中のものは全国で100カ所を超えている。

一方、市民が復活させた鉄道は「ヘリテージ鉄道」と呼ばれ、全国約150カ所で運行されている。筆者の近くでもセブン・バレー（Severn Valley）という復旧鉄道が走っている。1963年に廃線となったものの、2年後には50人の有志が復旧グループを結成。軌道を買い上げ、蒸気機関車や客車を買い取り、時間をかけてオリジナルな形で内装などを復元させてきた。26kmの沿線には六つの駅があり、これらも募金活動やボランティアで修復され、地域の歴史を象徴する景観要素となっている。機関士も車掌も、そして駅長もすべてがボランティアで、年間約25万人が利用する。（写真4）

1	
3	2
5	4

1. 写真1：トラスト所有の建物と庭園
2. 写真2：野鳥を観察し、記録するボランティア
3. 写真3：都市近郊に確保されている自然保護区
4. 写真4：セブン・バレー鉄道の蒸気機関車と駅舎
5. 写真5：永久保全されている自然海岸線

市民が環境を守ることの意味

市民が環境を守るということは、そこにある歴史や文化なども一緒に守ることであり、自分たちの存在そのものを守る運動である。

ナショナル・トラストが所有する景勝地や建物を訪れると、なるほどこれが英国人が愛する環境なのかと納得させられる。１００年以上に及ぶ市民の思いの積み重ねが、そこの環境から伝わってくるからだと思う。（写真５）

市民の環境活動が、市民社会の成長と連動していることも見逃せない。課題を見つけた市民が運動を起こし、ほかの市民を説得して支援を引き出し、運動を拡大させていく。市民団体の成功は、市民社会の成長の証でもある。英国社会が未来に対して楽観的であり、自信にあふれているように見えるのは、自分たちで大切なものを守ってきた歴史と無縁ではないはずである。

市民が牽引する英国社会

これまでの長年の努力にもかかわらず、野生生物の大幅な衰退を示すデータが最近公表された。また、プラスチックによる海洋汚染といった新たな課題も報告されている。

行政の関与はもちろん不可欠だが、かといって行政が主導するスタイルは英国社会になじまない。それだけに市民の、そして市民社会の成長が、これからさらに期待されることになる。

モビリティから見る団地の暮らし

ヒトの動き、モノの移動と"共助"

団地再生支援協会 最高顧問　澤田誠二

さわだ・せいじ
1942年生まれ。東京大学建築学科卒業。日本、ドイツで建築設計と研究開発に従事。清水建設に勤務したのち、滋賀県立大学教授、明治大学教授。スケルトン住宅、モビリティ研究。

AIやIoT（Internet of Things）などデジタル技術が進化すれば、自動運転のクルマがヒトもモノも運んでくれる未来があり得ると聞く。クルマが個人的な移動手段から社会インフラになるのであれば、団地の暮らしもモビリティによって大きく変わる可能性がある。

モビリティはどう変わる?

クルマの快適さを捨て、ゼロ・エネルギーに徹するなど、サステナブル社会の生活の厳しさが語られる。たしかにクルマが売れなくなって久しい。ならばシェアすれば間に合うのか?

これに電動化、自動化などの革新の"波"が加わると、ヒトの移動にモノの輸送を含めた"モビリティ"は、どう変わるのか? クオリティオブライフ（生活の質）を維持しつつ、効率の向上はどう進められるのか?

電動アシスト自転車普及の季節

数カ月ほど前のこと、郊外団地の知人から連絡があった。1階の階段周りに、電動自転車と子ども用自転車があふれ出したという。これは、今までの後期高齢者に代わって、子育て世代がどっと入居したためで、季節の風物詩だそうだ。

子育て世代にとって、子どもの移動手段は重要だ。買い物、保育園・小学校の送り迎えから日常のお付き合いまで、移動手段と経路は多岐にわたる。特にこの知人の住む多摩丘陵には坂道が多い。子育て世代にとっては電動アシスト自転車ならずいぶん楽なのだ。秋の天気のよい日は、子どもを乗せた格好のよいママさんたちでショッピングセンターは賑わう。

現在の団地ができた40年前と今とでは、クルマの賑わいに変化が見られる。当時は、駐車場の増設となると、団地を二分するほどの騒ぎが繰り返されたものだ。それが20年ほど経つと、駐車場需要も少なくなって、それに代わってアシスト自転車ブームというわけだ。

そんな様子を見て、後期高齢者たちは顔をしかめる。自分たちの住む時代ではなくなったと目を背けているわけにはいかない。

クルマ社会をつくってきた高齢者

ニュータウンや住宅団地をつくってきた人たちの集まりがあった。50年も前の〝クルマ社会〟をデザインし、実現してきた人たちだ。その結果、彼らの多くはたいてい70代後半、クルマなしでは生活できない日々を過ごしてきた。

こうして見ると、電動アシスト自転車を買う世代が、彼らに似た高齢者層を形成するのもそれほど先ではない。

人は誰でも身体が衰え、運動能力も低下する。それなら欠けた能力を補って、クルマのある生活をするのも可能だ。ロボットによる生活支援もある。

『高齢社会と都市のモビリティ』という本

15年前に〝モビリティ〟をテーマにした本をつくった。帯文に「モビリティとは…歩く、自転車で行く、バスに乗る、路面電車で行く、車で行く、バス停、パーキング、駐輪場、一休みするベンチ」とある。

この本では〝人の移動・モノの輸送〟を〝モビリティ〟としてまとめて捉え、駅前広場やバス停などのあり方も含めて考えることにし、老人や子ども連れや障がい者のことも同等に扱っている。

本にまとめられた15年前に考えたことが、今の目の前の高齢社会時代の住宅団地を考える視点を示している。なかでも〝団塊の世代に豊かな明日はあるのか〟と問いかけ、高齢社会における費用負担の問題にも焦点をあてていて、15年後の現在でも役に立つ本だ。

拡大する〝都市空間〟

高層ビルに挟まれたスペースに屋根がかかり、その大空間にエスカレーターが走るような都市づくりが盛んになった。戦後のコンクリート造り、中層アパートの歴史を継ぐ１９８０年代の超高層ビルブームの後のことで、東京、大阪などの大都市圏の出来事だ。そんな〝垂直の都市づくり〟か

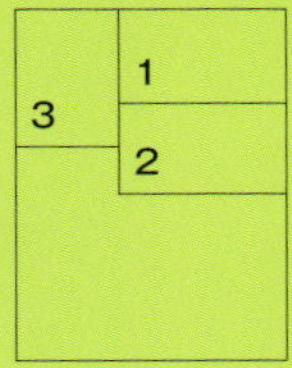

1. 地上3階、地下2階の大空間に鉄道、歩道、エスカレーターが交錯する（ベルリン中央駅）
2. 「水上交通」も重要なアーバン・モビリティ（ベルリン、シュプレー川の水上バスターミナル）
3. 子育て世代支援の電動アシスト自転車

クルマ世界のイノベーション

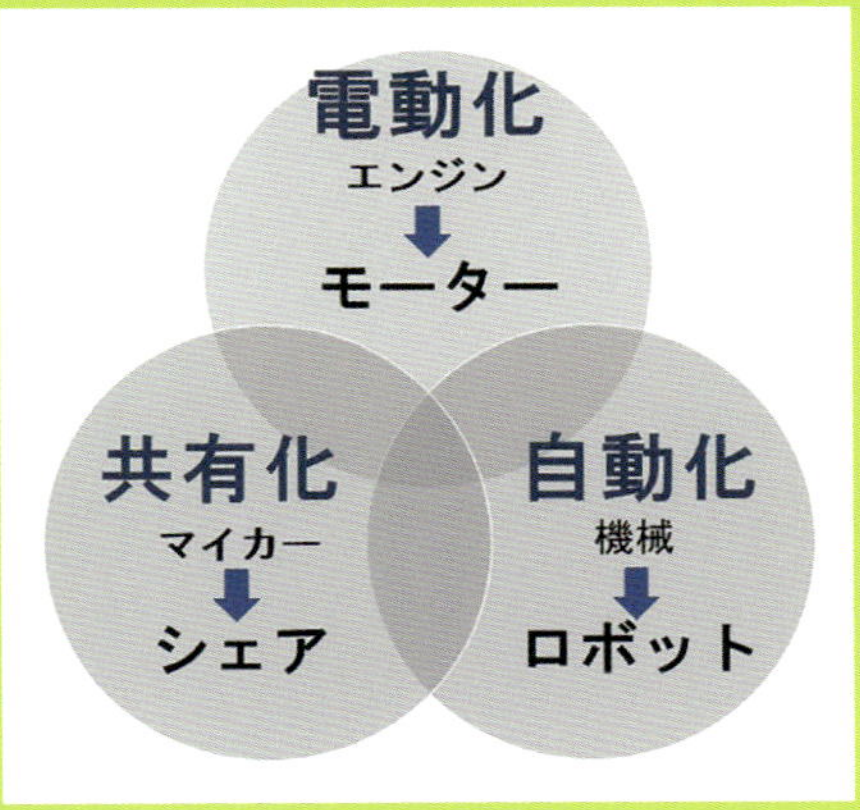

ヒトの動き、モノの移動をまとめ、暮らしを支える「モビリティ」とする

ら〝都市まるごと〟づくりの時代になった。

これに歴史的建物なども取り込んだ〝建築再生〟プロジェクトが広まるようになり、まちづくりは多様化した。

進化と統合が進む、移動・輸送の技術・システム

こうした〝人の移動〟に〝モノの輸送〟を加えてモビリティ技術を振り返ると、この間にさまざまな進歩があった。

一般に、自動車、バス、電車では台車があって車輪の上に載っている。従来はレールとの摩擦から駆動力を得て進むが、新たに登場したリニアモーター地下鉄には、駆動用車輪がなく、モーターのコイルを敷いたレールの間に発生する磁力により駆動する。台車にモーターがなく、車両の高さも低くできるから、トンネルも小さくなる。

また、エレベーターといえばロープで吊る方式が普通だが、リニアモーターを利用するロープレス方式のエレベーターも登場している。キャビンはエレベーターシャフトに吸いついて動くので、吊りロープ荷重の影響を受けず理論的にはビルの高さに制限はない。

その間に、鉄道だけでなくクルマの駆動エネルギーも電力にまとまり、発電・送電・蓄電のシステムも整備が進んだ。ＩＣＴ（情報通信技術）の進歩も著しく、モビリティ（移動・輸送）分野でも、〝集団〟と〝個体〟の移動や、〝行き先制御〟など〝移動の流れの制御〟が容易になっている。自動運転など駆動装置と制御システムとの高度な統合が進んでいる。

昨年秋のモーターショーは〝自動車産業は三つの「波」に襲われる〟とメディアが取り上げるほどイノベーションにあふれていた。マイカーからカーシェアへの転換はＩＣＴの進化に押されてさらに勢いづき、運転の自動化は、個別に試行されてきた技術がブランドごとに統合の段階に入ってきた。新しいクルマによるサステナブルな暮らしを予感させていた。

サステナブル社会のアーバン・モビリティ

モビリティのクオリティとは、目的地に早く到達でき、乗り換えがスムーズで、移動の途中で多様な都市活動に触れられるということだろう。

ヒトやモノの移動や運搬では、道路やそれを結ぶ広場（結節点・ターミナル）からネットワークをつくる必要がある。駅や鉄道基地を合わせたインフラストラクチャーを整備し、車両やクルマを運行する。こうした施設は、人の移動に役立つだけでなく〝人の集まる特別な場所〟だから都市と一体化してデザインし、そうしたモビリティの進化が、都市に新たな魅力を加えることを強調したい。

ひと口にアーバン・モビリティと言っても、利用する空間、駆動の技術、サービスの方式などがさまざまである。都市内の人やモノの移動のためのアーバン・モビリティと都市と都市をつなぐモビリティでは、そのインフラやサービス方式にも違いがあり、変化が速い。

サステナブル社会、言い換えれば持続可能な社会では、これらのモビリティの、インフラ・ハードのコストと負担、サービスの運営管理およびメンテナンスを合わせて、その都市コミュニティの満足できる条件で実現することになる。

電動アシスト自転車の普及は、"私"と"公共"つまり"人力"と"電力"が"共助"する、わかりやすい事例である。サステナブル社会は、利用者感覚として成熟し、一般化を迎えるだろう。

都市の上に都市をつくるフランス

団地の再生を環境保全と結びつけて

ヨーロッパには、環境への取り組みを重視する国が多い。そしてフランスもそうした国の一つである。低炭素化を進めるため、都市構造そのものまで見直している。郊外へのスプロールを抑制し、公共交通を重視する取り組みとは。

足利大学 名誉教授 和田幸信

わだ・ゆきのぶ
工学博士。1952年栃木県足利市生まれ。東京工業大学博士課程修了。専門はフランスの都市計画。日本建築学会賞（論文）を受賞。

環境先進国フランス

環境保全に熱心に取り組む国としては北欧やドイツなどが有名である。しかし近年、フランスも環境保全に積極的に取り組んでおり、これは世界に先駆けて２０４０年までにガソリン車の販売を禁止して電気自動車（ＥＶ）に移行すると発表したことにも表れている。なにしろ県知事が内務省から派遣されるような中央集権的な国ゆえ、国が方針を決めるとすぐに全国で実施されるようになる。

フランスでは都市計画においても環境が重視され、２０００年の連帯都市再生法では環境保全のために都市のあり方を定めている。その後、地球環境の保全を定めたグルネル法により、都市計画における環境保全がさらに強化されることになった。例えばパリでは、ヴェリヴと呼ばれる貸し自転車を街の至るところに設置するとともに、パリと郊外を結ぶトラム（路面電車）を建設した。

どちらもクルマへの依存を少なくし、地球温暖化の要因である二酸化炭素排出量を抑制することを目的としている（写真１）。

二酸化炭素の削減目標

　地球温暖化を抑制するため、二酸化炭素の削減目標を定めた京都議定書、さらにパリ協定が策定された。このパリ協定については、アメリカのトランプ大統領が離脱を表明し世界各国が懸念を表明したことはご存じの通りである。

　二酸化炭素の削減といっても、一般の人にとっては遠い世界のことであり、身近な問題とは思えないに違いない。しかしフランスでは地域気候変動エネルギー計画（ＰＣＥＴ）という文書が作成され、地域の二酸化炭素排出量と削減目標が示される。

　ここで紹介するのは、ワインで名高いブルゴーニュ地方のディジョン市のＰＣＥＴの例である。フランスではコミューンと呼ばれる市町村規模が小さいため、市町村の連合体をつくりＰＣＥＴを作成しており、ディジョン市のＰＣＥＴも周囲を合わせた22市町村の都市圏、人口約25万人を対象にしている（表）。

　ディジョン都市圏のＰＣＥＴでは２００５年を基準年として、２０２０年まで9分野における二酸化炭素排出量の削減目標を定めている。もっとも排出量の多い項目は交通で10％の削減を、次に多いのは住宅で40％の削減を目標としており、都市圏全体で22％以上の削減目標を掲げている。地球環境の保全では、「地球規模で考え、地域で行動する（Think Globally, Act Locally）」と言われるが、ＰＣＥＴのような文書があると二酸化炭素の削減を身近な問題として考えることができよう。なお、ＰＣＥＴでは都市圏として対応できることを前提としており、交通の項目に通過交通は含まれていない。

図：ディジョン都市圏のモーダルシフト

	2005年 排出量（トン）	2005年 構成比（%）	2020年 削減目標（トン）	削減率（%）
交通 ※	488,000	28.7%	48,800	10%
住宅	390,000	22.9%	156,000	40%
商業・サービス	264,000	15.5%	111,300	42%
梱包・包装	131,000	7.7%	13,100	10%
ゴミ収集	127,000	7.5%	17,780	14%
建設工事	111,000	6.5%	0	0%
暖房	101,000	5.9%	22,050	21%
工事部門	77,000	4.5%	10,780	14%
農業部門	13,000	0.8%	1,820	14%
合計	1,702,000	100.0%	381,630	22.4%

※この交通にトラック輸送の「物流」は含まれていない。

表：PCETによる二酸化炭素の削減目標
（ディジョン都市圏）

モーダルシフト

　ディジョン都市圏でもっとも二酸化炭素排出量の多い交

通に関して、10％の削減を行なうためにはクルマの利用を抑制する必要がある。このように、より二酸化炭素排出量の少ない交通手段に移行することをモーダルシフト（modal shift）という（図）。

モーダルシフトを行なうには、当然クルマに代わる交通手段が必要とされる。このため公共交通、自転車、歩行者など多様な交通手段を用意するとともに、これらの交通手段のため道路を使い分けて利用することが求められる。モーダルシフトと道路の使い分け（partage de voirie）、この二つが地球温暖化を防ぐ交通計画のキーワードである（写真2）。

ディジョン都市圏では、PCETにより10％の二酸化炭素排出量の削減を定めている。このためモーダルシフトを行ない、クルマの利用率を53％から40％に抑制する一方、パリ同様にトラムを2路線導入して公共交通の割合を高くするとともに、自転車道路を整備して自転車の利用率を3％から10％にまで高める方策を打ち出している。これを具体化するため、都市交通計画（PDU）という文書が作成されている。

都市の上に都市をつくる

連帯都市再生法では環境保全のため、従来のスプロールを見直し、抑制する方針を打ち出した。スプロールは農地や自然環境を損なうだけでなく、低密度の空間が形成されることによりクルマへの依存度を高め、その結果二酸化炭素排出量を増やすことになるためである。都市の拡張を抑制するには、人口の増加や施設需要を既存の都市空間の再生、高密度化により対応するほかはない。いわば「都市の上に都市をつくる」ことである（写真3）。

このように高密度の都市にするなら、公共交通の利用が促進され、クルマに依存しない都市をつくることができる。ちなみに筆者の住む栃木県足利市は、ディジョン市とほぼ同じ人口15万人程度の都市である。しかし公共交通を比べるとディジョン市ではバスが24路線あり、1カ月の利用者は何と３００万人である！　一方足利市では、生活路線バスが８路線だけで、1カ月の利用者も1万人強であり、クルマがないと生活できない都市になっている。都市形態が、いかに公共交通と結びついているかわかると思う。

多様な公共住宅による団地再生

フランスでは１９６０年代、植民地のアルジェリアを失ったため、多くのフランス人が故国に引き揚げてきた。これらの人々のため、パリをはじめ大都市郊外に大規模な団地が建設された。

2	1
3	
	4

1. 写真1：パリの貸し自転車、ヴェリヴ
2. 写真2：道路をクルマ以外の交通手段にも利用する「道路の使い分け」
3. 写真3：農地や自然は保全され、都市の再生と高密度化が行なわれる
4. 写真4：団地の再生では多様な住宅が供給されるとともに、エネルギー効率のよい低炭素排出量の住棟が建設される

緑、太陽、空間という近代都市計画の理念に基づきつくられた団地も、アフリカの植民地から多くの移民が押し寄せるようになると、裕福な人たちが流出し、アフリカ出身の貧しい人々が取り残されるようになる。こうして郊外の団地は貧困、失業、ドラッグ、近年ではイスラム過激派と結びつく都市問題を抱える地区になっている。

この問題に対し連帯都市再生法は、団地の再生としてたんなる建物のリノベーションでなく、ソーシャルミックスと呼ばれるさまざまな階層、年代層、家族構成の人々のための多様な公共住宅を提供することを定めている。ディジョン市では、この団地の再生を地球環境の保全と結びつけて行なっている（写真４）。

フランスでは暖房にかかるエネルギーを節約するため、建物について年間１㎡当たりのエネルギー消費量により建物を７段階に区分している。ディジョン市では団地の建設やリノベーションにこの基準を利用している。さらに雨水の再利用や屋上緑化などを行ない、環境に配慮した団地の建設を進めている。

視察ツアーで垣間見たドイツの最新事情

東西問題とグローバル化、そして移民

NPO法人西湘をあそぶ会 代表理事 原 大祐

はら・だいすけ
1978年生まれ。青山学院大学経済学部卒業。2006年Co.Lab 設立、2008年西湘をあそぶ会を設立。大磯在住。「大磯で別荘生活のように暮らす」をテーマに、第1次産業を中心に再生事業を手がける。

団地・地域の再生に関するノウハウと情報の共有が活発なドイツと日本。今回、実際にドイツ西部を視察したことで参考になる情報が得られた。戦後のまちなみ復元や東西分断からの再統一で今も残る影響、そして移民事情など、現在のドイツの姿の一端を紹介する。

ドイツの視察レポート

今回のコラムは、2016（平成28）年5月下旬～6月上旬に行なわれた「サステナブル社会のまちづくり ドイツ視察ツアー」のレポートになります。

今回のツアーではフランクフルト、ケルン、デュッセルドルフ、アーヘンなどのドイツ西部の都市と旧東ドイツ内に位置するライネフェルデに行き、ドイツの総合的そして地域一体的な再生への取り組みを視察してきました。

大変感心させられましたが、ドイツならではの社会背景を知っていないと正しく理解できないことも多くありました。繰り返し説明されるなかで三つのポイントがあるように感じました。難しい専門的なお話はほかの方にお譲りして、道中でも三つのポイントに触れる機会がありましたので、つたない旅行記を通してご紹介できたらと思います。

サッカーチームに見る東西問題

フランクフルトに着いた夜は、チャンピオンズリーグというヨーロッパのサッカークラブナンバー1を決める大会の決勝戦が行なわれていました。

決勝戦はスペインのチーム同士ではあったものの、飲食店

はビールを手にした多くの若者であふれており、街中大変な盛り上がりです。国内のドイツブンデスリーガはヨーロッパ四大リーグと呼ばれるほど、人気・実力ともにトップレベル。ドイツはサッカー大国ですね。サッカー文化の浸透の違いを実感させられたような気がしました。

ブンデスリーガでは多くの日本人選手が活躍しているので、チーム名もいくつかは聞いたことがある方も多いのではないかと思います。このブンデスリーガ一部のクラブチームをじっと見ていると、あることがわかります。それは旧東ドイツを本拠地とするクラブチームが圧倒的に少ないということです。

1990年の再統合を機に東側のチームが西側のリーグに参戦する形で合併しますが、東側のクラブは西側のクラブと比べて資金力、運営力、戦力などが大きく劣っており、結果的に東側のクラブは次々と下位に沈み、低迷していきました。

再統合から25年以上経った現在でも、この西高東低の経済格差は依然として見られ、そのため東側にはブンデスリーガ一部に所属するチームが少ないのです。

グローバル化の波とドイツの不動産事情

今回訪れたケルン、アーヘンなどは古いまちなみが印象的でした。日本のように新旧が入り混じり、テイストも何もバラバラといったことはありません。日本も焼け野原にならなければ……と思ったのですが、ドイツも敗戦国ですから焼け野原になってしまった過去をもっています。ドイツは戦後、まちを忠実に復元していきました。歴史的なまちなみを歩いていると、ドイツ人の自国文化に対する強い誇りを感じました。日本もぜひ見習いたいものですね。

そんななか、他の都市とは一線を画す都市があります。フランクフルトです。古いまちなみを復元したエリアもありますが、ドイツには珍しく高層ビルが建ち並んでいます。マイン川近くにあるこの高層ビル群は、マンハッタンをもじってマインハッタンと呼ばれているようです。フランクフルトは、欧州中央銀行とドイツ連邦銀行という二つの中央銀行が唯一存在する世界有数の金融都市なのです。

近年ドイツの不動産には、アラブや中国など海外からの投資熱が高まっています。マインハッタンの一部にもオイルマネーが流れこんでいます。背景としては、移民政策による人口の維持と新築供給制限により不動産事情が安定しているためのようです。ドイツは今急速にグローバル化が進み、不動産価格も上昇するなど、さまざまな影響が出てきています。

2	1
3	
5	4
7	6

1. チャンピオンズリーグ決勝戦を、固唾を呑んで見守る若者たち
2. アーヘン市庁舎前の広場
3. 世界遺産のケルン大聖堂前でくつろぐ人々
4. ドイツでは違和感のある高層ビル。フランクフルト
5. マイン川と高層ビル。マインハッタン
6. 種類も多くおいしそうなパンが並ぶ
7. 朝食の様子。ハムやサラミなどの種類も豊富

ドイツの食事情に見る移民事情

旅の楽しみはなんといっても現地での食事です。しかしドイツ料理といわれて思い浮かぶのは、ソーセージとジャガイモとビールくらいです。料理にあまり期待するなという話もいただいていたので、いったいドイツはどんな食生活なのか、ドイツ料理はおいしいのか、そんな疑問をもっていました。

まず一つ確信を得たのは、パンをよく食べるということです。ドイツのまちを歩いているとそこかしこでパン屋さんを見かけます。パンの種類も多く、実にバラエティー豊かです。なんとドイツ国内には1500種類ものパンが存在し、一人当たりの年間消費量は約80kgだそうで、フランスでも約60kgですから、その消費量の多さがわかります。ちなみに日本では約17kgですから、ドイツは世界屈指のパン大国です。

ドイツの代表的なパンは黒くて酸っぱいパンです。これは寒冷地のため寒さに強いライ麦しか育たなかったことと、このライ麦にはグルテンが少ないため、サワー種と呼ばれる発酵生地を使う必要があったこと、これらがあの独特な酸味と味わいをつくっているのです。ドイツパンにはバターやチーズなどの乳製品がよく合います。またハムやサラミなどの種類も充実しており、これらを組み合わせて楽しんでいるようです。

もちろんパンだけでなく、大都市では普通に各国料理を食べることができます。特にフランクフルトは、4人に1人は外国人といわれているため、なおのことです。これは移民が大きく関係しています。

ドイツの人口は約8000万人ですが、その約2割にあたる1600万人もの移民が住んでいます。ドイツも日本と同様出生率の低い国ですので、政策的に移民を受け入れているのです。2014年には134万人、2015年には200万人の移民を受け入れています。移民のなかでもトルコ人の割合が一番多いのですが、たしかにトルコ料理を目にする機会が多くありました。

またアジア料理では、中華料理よりもベトナム料理を目にしました。東西時代、東ドイツとベトナムは同じ共産圏ということもあり、1980年代に労働協定により多くのベトナム人が東ドイツに出稼ぎに来ていました。ドイツ統合後は多くは強制退去させられることにはなりますが、その一部はドイツ国内に残ったようです。近年ドイツ国内でもおいしい生野菜が食べられるようになったらしいのですが、おかげで僕らもドイツでおいしいベトナム料理も食べることができました。

想像よりもおいしいドイツ料理

三つのポイント、「東西問題」「グローバル化」「移民」はさまざまな場面で複雑に絡みながらいろいろな影響を及ぼしています。ドイツの事例は今後も登場するでしょうから、ドイツ理解の一助になればと思います。

最後に、あまり期待しないようにいわれたドイツ料理でしたが、ビールやソーセージ、ジャガイモ、チーズなどもなかなかおいしかったです。何よりアイスバインとホワイトアスパラガスはとてもおいしかった。しかし連日だとドイツ料理は日本人にはきついかもしれません。そういうときはベトナム料理がオススメですよ。

ライネフェルデのゼロエネ団地再生

団地再生の世界モデルをドイツに学ぶ

今、日本が直面している団地再生に関する諸問題を先に解消したドイツ。なかでもライネフェルデ市は「減築」という思いきった手法を用いるなど、団地再生に成功したまちとして世界的に知られている。そして、さらに「ゼロエネ団地再生」に取り組んでいることがわかった。

YKK AP リノベーション本部 事業企画統括部長 横谷 功

よこたに・いさお
1959年三重県生まれ。三重大学工学部卒業。2006年から改装事業を経てリノベーション事業を現任。一般社団法人 団地再生支援協会理事。

学ぶべきドイツのまちづくり（Ⅱ団地再生）

現在、日本では少子高齢化・人口減少に伴う地域の過疎化・空き家の増加などが深刻な社会問題になっている。ドイツでは、日本に先んじて、1970年代より人口増加の鈍化のもと空き家・高齢化対策、それに伴い都市改造の施策が遂行されている。

ドイツは、旧西ドイツに10州、旧東ドイツに6州で、16の連邦州から成り立ち、各州に立法権があり、都市計画・政策の立案と実行は、自治体参加のもと行なわれている。東西ドイツ統合後、人口減少による空き家増加という背景を踏まえ、将来を見据えての住民参加型都市づくりが行なわれてきた。

その主なる都市・ライネフェルデ市の復興は、現代日本の団地再生の課題を網羅し、また国際的にも世界モデルとして注目を集めている。これまでの経緯と今後の計画について学ぶべく、同市を視察した。

そこでヒアリングした内容、事例をもとに日本の歩むべき団地再生の姿を考えてみた。

ライネフェルデの歴史

ライネフェルデ市は、ドイツ中央部の旧東ドイツ側に位置し、戦後旧東ドイツの計画（同地を繊維産業の中心とした一大工業都市とする計画）により、団地開発が1960年代に始まり、爆発的な人口増加を迎えた。それに伴い大規模なコンクリート・パネル工法による団地が次々と供給されていった（人口：旧市街2400人、団地1万4000人）。

その後の東西ドイツの統一を経て、住民は減少の一途をたどり、往時の50％程度になるに至り、団地（＝まち）の再生が急務となった。1990年から「しごと・人・生活」をテーマに都市計画の検討を始めて、1995年に計画を決定。「減築」「コンバージョン」「住民参加」に加え、まち全体の再生、2015年にはほぼ設定どおりの居住者数に落ち着き、企業誘致や公共施設も整備されている。

ドイツ地図（人口分布図）。色が薄いところは人口密度が低い。中央部にライネフェルデ

ライネフェルデの団地再生

「質の高い住居改修＋将来性のない住棟の取り壊し」「減築による住宅市場の整備（空き家解消）」「都市構造・景観の形成」などにより、人口減少にストップをかけ、産業・雇用・生活の循環を生み出している。

具体的には、

①各住戸で四面採光を確保するために、長大な住棟を八分割にした建物
②二住棟の妻側部分をつなぎ、上階への昇降のためのエレベーターを設置している建物
③色彩豊かな外壁・エントランス・バルコニーとその色の使い分け
④後付けバルコニーまたは出窓
⑤外皮は外断熱と複層ガラス樹脂窓
⑥壁面緑化
⑦太陽光発電

など、可能な再生技術を駆使している。

バルコニーには花木を添え、生活を楽しんでいるように見受けられる。バルコニーテントの色合いは建物周りの緑とバ

ルコニーに添えられた花木などに対してアクセントになり、「静」なる建物が「動」に転じてアクティブな印象を与えている。まちづくりの色合いは住民と自治体で3色に限定して選ばれている。

ライネフェルデのさらなる計画「ゼロエネ団地再生」

現在進められている再生計画は、「エネルギー変革（高効率運営）」、「インクルージョン（難民受け入れ、高齢者対応などのコミュニティ包摂）」、さらに「中心エリアの〝都市的賑わい〟づくり」という3課題の計画であり、EUの発展途上地域助成プログラム（EFRE）の30％資金補助が予定されている（実施計画についてチューリンゲン州と交渉中）。

今回の環境整備は、コンラッド・マルチン街（住戸数600戸）および鉄道駅・バスターミナルからアイヒス市民ホールに至る中心エリアを対象としている。

「エネルギー変革」課題について、コンラッド・マルチン街（PCパネル住宅団地）では、ポリカーボネート被膜利用のソーラーエナジー循環・蓄熱のゼロエナジー化を計画し、さらに地下の地域暖房インフラを再利用した全街区連携のEMS（エネルギーマネジメントシステム）を導入する計画。また「インクルージョン」課題について、リノベーションによる間取り変更・大型化・住戸内エレベーター設置により、多世代・多様な居住者対策として計画。

さらに「中心エリアの〝都市的賑わい〟づくり」課題に対しては、交通システムとしてモビリティ計画（電気化）で都市機能を確保する計画である。

歩むべき団地再生の姿

日本国内において、空き家対策として中古流通活性化の住宅ストック維持・活用支援事業は、金融機関・不動産鑑定・建築コンサルタント・自治体・地域協議会などの一体的な取り組みが始まった。またコンパクトシティ化政策も打ち出されている。今後、空き家対策に向けて多世代・多国籍対応できる多様な住戸づくりをリノベーションで行ない、また維持管理コストはエネルギー使用の方法・削減から捻出するシステムがドイツの事例から見ても理想的であろう。

もっとも重要なことは自治体・住民との一体的な取り組みにより、再生後も持続可能な社会システムを成り立たせることである。その点においても先行するドイツから学ぶところが大きいと感じる。さまざまな分野で多様化が求められている日本においてまちづくり（〝団地再生〟）は大きな役割を担うのではないか。

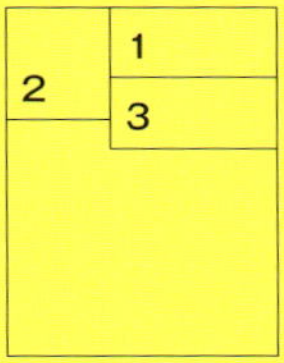

1. 色彩豊かな外壁。バルコニーの色使いに工夫（提供：視察団・団地再生支援協会）
2. ドイツ中央部のなだらかな地形。街道沿いの宿場町から始まる（出典：W.Kill、訳：澤田誠二他『ライネフェルデの奇跡』水曜社 2009）
3. 上層階の減築と後付けバルコニーで色使いに工夫（提供：視察団・団地再生支援協会）

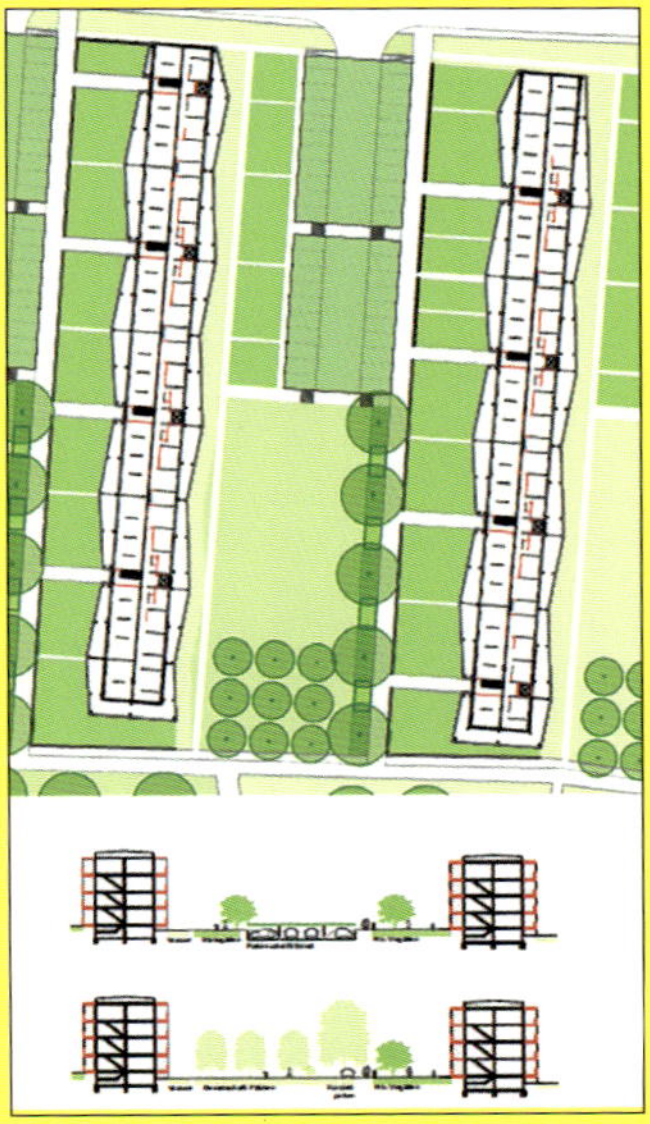

コンラッド・マルチン街のリノベーション平面図と断面図。赤線部分がリノベーションによって変更した箇所（出典：Stadt Leinefelde-Worbis、www.leinefelde-worbis.de/）

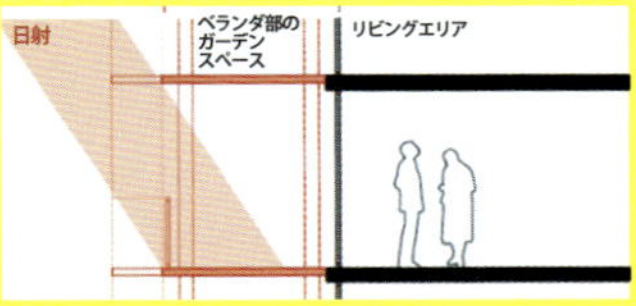

ポリカーボネート被膜利用の外皮ダブルスキン化イメージ図。10月14時の日射イメージ（出典：Stadt Leinefelde-Worbis、www.leinefelde-worbis.de/）

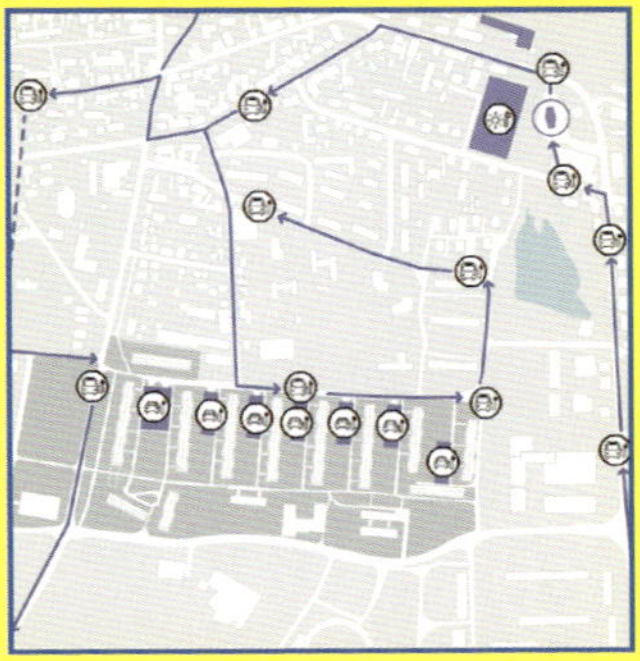

コンラッド・マルチン街、旧市街地のコミュニティバス計画（E-モビリティ化）（出典：Stadt Leinefelde-Worbis、www.leinefelde-worbis.de/）

ドイツの団地再生の担い手は「手工業職人」

日本建設業の改善点がドイツとの比較で浮き彫りに

NPO屋上開発研究会　顧問　浅野忠利

世界有数の先進工業国であり、貿易大国でもあるドイツ。GDPの規模はヨーロッパ第一位で、自動車、機械、化学・製薬が主要産業だ。日本と同様にものづくりに長けた国だが、それは手工業職人の存在が大きい。団地再生に不可欠なインフィルを軸に、ドイツの職業教育の現場を見る。

あさの・ただとし
1937年生まれ。早稲田大学建築学科卒業。竹中工務店常務取締役、西ドイツウルム造形大学留学・助手、都市再生研究所理事などを経てNPO建築技術支援協会会員などを務める。

手工業職人の現実

「団地再生」には「オープンビルディング」の採用が期待されてきた。それは再生される団地に持続性と多様性が強く求められるからである。オープンビルディングはティッシュ（インフラなどの環境要素）、スケルトン（構造）、インフィル（仕上げと設備）を構成要素としている。「団地再生」の進展につながればと願いつつ、主としてインフィルを責任範囲とするドイツの手工業職人について記す。

歴史を支えてきたドイツの手工業職人の現在を知ることを目的に、50年ぶりにドイツを巡った。折しもマルティン・ルターの95カ条の論題がヴィッテンベルク城教会の門扉に貼り出されて500年、2019年にはバウハウス（20世紀初頭のデザイン運動）創設100年となる。ヨーロッパの歴史の厚みを覚える。

と同時に、日々の営みに見られる彼らのゆとりにたしかな安定を見た。「自由」「信頼」「寛容」とわが国ではなかなか聞かれない言葉が活き活きと手工業職人から語られた。

今、ドイツは経験したことのない変革期の真っ只中にある。それにもかかわらず、インダストリー4・0（注）のもと、生産性向上を目指してドイツ連邦の試みはたしかな足取りである。また、難民をドイツ社会の構成員とするための職業教育も着実に進んでいる。そこには政治への信頼と国民自らの責任をまっとうしようとする気概が感じられる。

（注）インダストリー4・0

あらゆるものがネットにつながるIoT（Internet of Things）を使い製造業の革新を目指すドイツでの取り組み。

ギルドを背景とする歴史

ヨーロッパ文化の原点は6世紀の修道院にあるといわれる。修道院で生まれ、育まれた知と技は世俗の同業組合に引き継がれていった。これがいわゆるギルド（同業組合）である。

ギルドの手工業職人たちは、聖職者とともに中世都市の主役となった。彼らは業種ごとに同業組合を結成し、生活の安定、品質の維持、職人の育成にあたった。その拠点として多くの都市にそれぞれの館をもった。今も都市経営の拠点の一つになっている。

産業革命による工場生産・大量生産が始まってからは、技術をもたない工場労働者に技術を移転しながら、自らは工場労働者の指導者としてプロレタリアート運動の中核となり、19世紀半ばには社会民主党（現在のSPD）の設立にあたり、ワイマール共和国誕生の立役者となった。

彼らはヒトラーにより弾圧された。しかし戦後ドイツの復興にあたって、中世以来の職人育成の伝統が大きな役割を果たした。彼らが採用してきたマイスター制度は現在の手工業に引き継がれている。

今回ギルドの手工業職人の現在の姿を求めて、オルガン工房、建築現場、手工業会議所、手工業企業、建築職業訓練所、連邦政府職業教育研究所、職業学校などを訪ねた。

ドイツの職業教育（デュアルシステム）

国民は10歳になると、高等教育と職業教育の二つの道のどちらかの選択を迫られる。

職業教育を選択したものは、15歳になると自ら望む業種を特定し、研修先の企業を選び、契約を交わしたのち職業学校への入学となる。職業選択の自由と選択に伴う自己責任を厳しく問う出発点である。

2年から3年半後、職業学校卒業とともに職人としての地位が確定される。教育は企業と職業学校で行なわれる。年間の教育時間のうち約3分の1は職業学校での法律、経済などに加え技術の裏づけとなる理論の学習が行なわれる。3分の2は企業での実践を通して技術の習得に努める。

２０１５年には、職業学校に国民の55・7％が入学、44・2％が卒業している。全就業者の５・４％が職業学校の研修生として企業で働き、研修生の43・８％が研修を受けた企業に就職する。

全国１２０万の企業のうち43万８０００社が研修生を受け入れており、研修生一人あたり年２４３万円の投資を行なう。企業の年間寄付総額はネットで1兆円とされ、公的資金は年間約７３００億円が投入される。

ちなみに研修生は月10万円程度の報酬を得ている。

手工業職人と建設産業の関係性

職業学校で職業教育を受ける研修生のうち15％程度が手工業職人を目指している。

ドイツにおいては「手工業」は厳密に定義されている。１４７業種が手工業に指定されていて、２０１６年現在その就業者数は５４５万人（全産業比12・5％）、企業数１００万社（全産業比28・6％）、1社平均就業者数5・45人と中小企業が中心である。

手工業では、職業学校入学と同時に与えられる「徒弟」（レアリング）、職業学校の卒業で与えられる「職人」（ゲゼレ）、その後の研修と試験合格によって与えられる「親方」（マイスター）と、中世以来の身分制度が現在も活かされている。毎年新たに「徒弟」15万人、「職人」10万人、「親方」2万人程度が加わる。

１４７業種は三つのカテゴリーに分かれている。第一にマイスターの在籍を条件として認可義務のある41業種、39万社、４０７万人。第二に認可免除の52業種、23万社、97万人。第三に手工業関連として54業種、18万社、33万人。以上の三カテゴリーをくって手工業としている。

マイスターの存在を条件づける第一のカテゴリー41業種が中心であるが、手工業全体の建設関連企業は過半（51％）を占め、手工業にとって重要な位置を占めると同時に、建設産業にとって手工業職人は欠かすことができないことを示している。

建設産業の業種構成は、仕上げと躯体が同列に扱われている日本の建設産業の編成と異なり、仕上げにかかわる業種に重点が置かれ、その充実ぶりには目を見張るものがある。かつて多くの建築物が石造で、躯体の耐久性は半永久的とみなされ、リフォームを含む仕上げに重点が置かれている。

これら建築関連の手工業職人は品質、工期、安全などすべてに責任を負っており、総合建設請負業（ゼネコン）が多くの責任を負うわが国とは大いに異なっている。建設産業形成

2	1
4	3
	5

1. オルガン工房のマイスターとその妹
2. 職業訓練所における実践風景
3. 職業学校訪問風景
4. 企業における実践風景
5. 実践で使われる日本ののこぎり

の過程で、その中心的役割を手工業職人が背負った西欧と、総合建設請負業（ゼネコン）が背負ったわが国との違いである。一人ひとりの職人が厳しい職業教育のなかで高い品質を達成するための基準と技術を習得している。

よりよい環境づくりのために

団地再生などこれからのまちづくりをまっとうするためには、よりたしかなつくり手が求められる。ドイツの手工業職人の実体の一部に触れ、わが国の職人の位置づけを再検討する必要を強く感じる。

もっとも大切な点は責任の所在である。わが国独特の建設業の重層構造は職人の顔を見えにくくしている。品質、工期、価格、安全などの社会的責任はほとんどすべて元請けに背負わせている。職人の地位を高め、彼ら彼女らが主役の座に座らなければならない。重層構造の解消も必要である。企画・設計者と職人の関係の改善も必要であろう。

今、全国で団地に限らず、多くの再生プロジェクトが、いろいろな形で、いろいろな担い手によって進行している。新しい形のなかで、担い手がどのような責任を分かち合っていくかを試行し、新しい形を見いだしてほしいと願うものである。

人、建物、地球に「外断熱」というやさしさを

「見える化」することで効果を実感

スクラップアンドビルドを基本として走ってきた日本の建設業界。しかし、サステナブル社会の確立には見直しが必要である。そうした機運が高まるなか、全体最適という視点から開発された集合住宅における「外断熱」の優位性が注目されている。

野原ホールディングス株式会社 ＶＤＣカンパニー長　東 政宏

ひがし・まさひろ
1982年石川県生まれ。近畿大学理工学部社会環境工学科卒業。2005年野原産業入社。BIMobject Japan 株式会社代表取締役社長を兼任。

地球環境問題と建設業界の役割

現代は、誰もが当然のこととして地球環境問題に取り組まなければならなくなっています。次世代のために省エネルギー、温室効果ガスの削減、生態系の保全などの取り組みが求められます。

日本の建設業界は、経済・政治・風土などのあらゆる背景から、スクラップアンドビルドを推し進め、大量の地球エネルギーを消費してきました。日本における産業廃棄物の発生量の19・6％が建設廃棄物だという調査結果（環境省大臣官房廃棄物・リサイクル対策部「産業廃棄物の業種別排出量の推移［2012年度実績値］」）からもわかるように、日本の建設業界はエネルギーを大量消費しつづけてきたといえます。

近年、日本でも、地球環境に配慮し、再利用を前提とした省エネルギーな建物をつくり、運用・管理していくことが重要だという議論が活発になっています。改正省エネ基準（2013年基準）の施行により、2020年には新築の建物についてすべて新基準への適合が義務化される予定です。今後は、高い省エネルギー性能を有する低炭素建築が基準になるのです。

当社（野原産業エンジニアリング）の「外断熱」は、こうし

たサステナブルな社会（持続可能な社会）のニーズに対応するための高効率省エネルギーに対応した主力商品の一つです。

集合住宅における外断熱の特長と改修での可能性

日本は超少子高齢社会ですが、「外断熱」は、あらゆる世代にあった居心地や「快適性」、さらには「資産価値」を追求できるという面でも注目されています。

マンションなどの集合住宅では、今後、高齢者向けのバリアフリー対応や、老朽化した建物の継続的な修繕が必要となります。世代間のニーズを把握・理解し、各々のニーズの最大公約数を捉え、かつ１００年後でも価値のある建物にしていくための長期的なビジョンが、われわれ建設関連業者に今まさに求められています。

外断熱は、「住まいながら」の施工が可能です。そのため、躯体劣化防止、長寿命化、省エネ、ライフサイクルコスト削減など、幅広く、かつ容易に、横断的な課題を解決する糸口となり得ます。外観のデザインも一新できるため、景観に即したまちづくりにも貢献できる、という点が評価されています。

既存建物・集合住宅の「外断熱改修」では、居住空間のなかからの工事は必要なく、工事期間中でもおおむね日常通りの生活が可能です。既存建物の外側を断熱材でまるごと包み込むため、建物の耐久性がアップし、大規模修繕の周期を延ばすことも可能です。修繕コストも結果的に削減でき、経済的です。

また、外気温の変動がコンクリートに与える悪影響がほぼなくなり、雨水からの保護も可能になって躯体の劣化も軽減できます。そして、何よりよい面は、建物内の温度変化が軽減されることです。人が1年を通して快適かつ健康的に過ごせる空間へと建物を進化させることができます。

外断熱には、人も建物も「長く、すこやかに」ありつづけることをかなえ、サステナブルな社会の実現に必要な要素が備わっているのです。

効果が見えづらい外断熱提案からのヒント

現在では10年以上にわたる実績が蓄積されていますが、当社が外断熱事業を始めたときは、その工事にかかる初期コストとその効果の不明瞭さが提案時のネックになり、苦労しました。一般的な修繕に比べ外断熱改修は初期費用がかさみ、予算をオーバーしてしまうことも多々ありました。現在も、いくら優れた製品で運用コストが抑えられるといっても、費用対効果、性能の「見えづらさ」から居住者の方々からの理解を得にくいものであることは変わりありません。

外断熱を施工後の集合住宅。外観も美しくなり、快適な住まいに

外断熱は、住まいながらの工事が可能

躯体に与える影響 —内断熱と外断熱の違い—

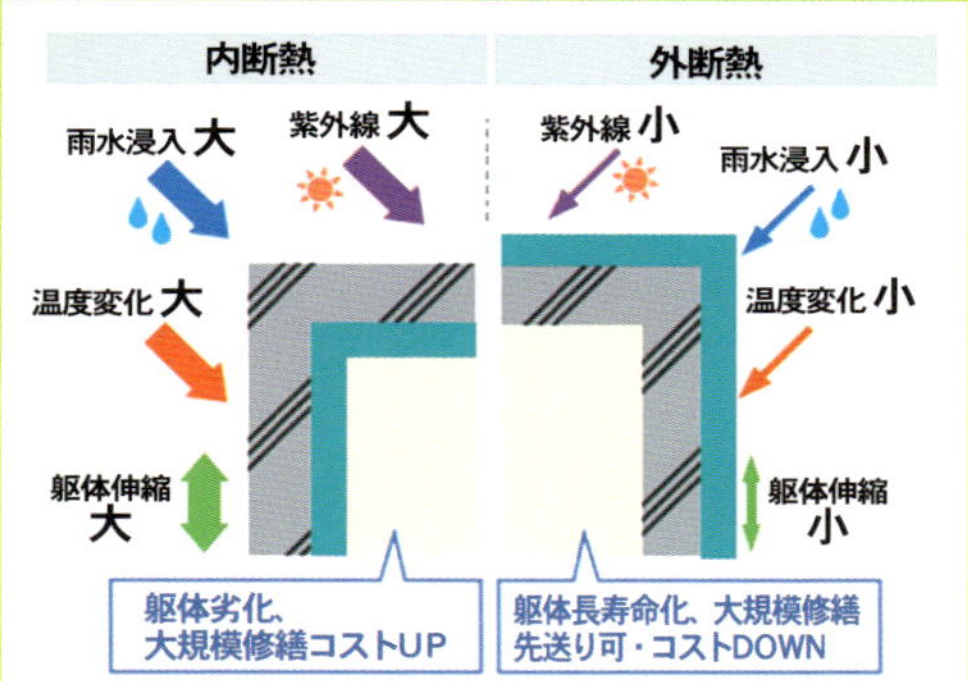

躯体を外側から保護することで、建物の耐久性が高まる

外断熱施工の温度分布比較

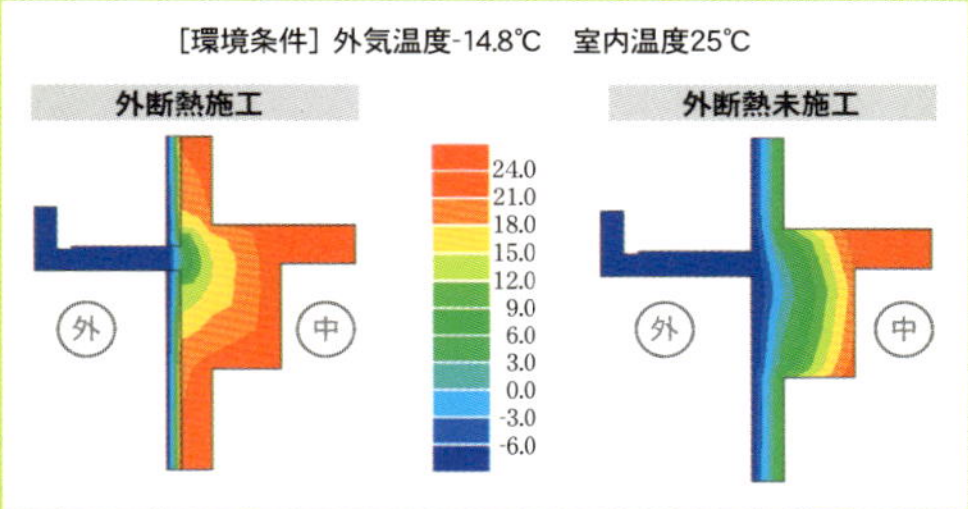

そのため、外断熱に限らず、省エネ、低炭素系の建物をつくっていく場合には、情報デジタル技術を駆使した「見える化」が大切だと考えています。

ＢＩＭなどデジタル技術への取り組みと未来

当社は、建設工事や建設産業のプロセス最適化のために、ＢＩＭ（Building Information Modeling）や３Ｄ化の活用に力を入れています。今まで見えづらかったコストや、建物の温熱環境、デザインのシミュレーションなど、具体的なイメージを提供することが可能になりました。

欧米で普及しているＢＩＭですが、日本では、大手建設会社や設計事務所が推進しているものの、欧米に比べその普及率はかなり低いのが現実です。建設産業以外の業界に目を向ければ、例えば製造現場に限らず、物流・調達・生産・サービス・営業・マーケティングなどすべての領域で３Ｄやデジタル技術が活用されています。一方の建設業界は、他業界に比べ非常に遅れていると痛感しています。

２０１６年1月に視察した北米の不動産企業では、すべての３Ｄ・デジタル化された物件情報が一つのプラットホーム上に集積されており、あらゆる関係事業者、例えば設計事務所、建設会社・専門工事業者がそこのチームとして連携し合う環境を構築していました。たんに「外断熱」という部品やシステムを提供することに終始せず、つくってから運用しそれを壊すまでのプロセスの一部として、「外断熱」が最適化されて組み込まれていました。

日本が欧米よりも、外断熱後進国といわれていることには、さまざまな背景や要因があると思いますが、私が今強く感じているのは、欧米の建設（業界）においては、部分最適化ではなく、全体最適の思考が進んでいる、という点です。表現の仕方を変えると「ライフサイクルコスト」思考という言葉で表すことができるかもしれません。オーナー様や居住者の方が、目前の出費のことばかり考えるのではなくライフサイクルコストを重視する発想に立てば、その過程で、外断熱などの選択肢が自然と必要になるはずです。

そのためには、オーナー様や居住者の方に、建物の全体最適（ライフサイクルコスト思考）についての理解を促す活動が求められます。

外部からはわかりにくい建設業界を「見える化」することで、建物を使う人にとっては品質やコストに対する不安が軽減されることになり、快適な暮らしにつながると考えています。それがひいては地球環境に貢献することにもなれば、というのが願いです。

家庭・マンションの「省エネ」術

無料省エネ診断などの活用を

エネルギーを消費する段階で無駄を省き、効率利用を図る「省エネ」。用語としては世間に浸透したが、一般家庭ではどうだろうか。団地を再生する際、共用部分と専有部分に設備投資が必要となるが、無料診断や補助金制度などのしくみがあることも知ってほしい。

一般社団法人ESCO・エネルギーマネジメント推進協議会 専務理事
布施征男

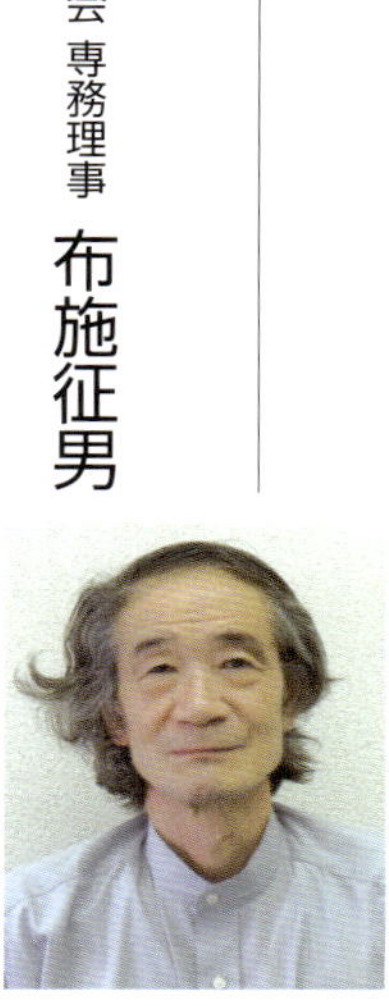

ふせ・ゆきお
1945年生まれ。横浜国立大学工学部卒業、早稲田大学社会科学部卒業。一般財団法人省エネルギーセンター診断指導部で工場・ビル・内航船・漁船の省エネ診断勤務後、2012年から現職。

省エネを図ることの意義

家電製品を使用したり、お湯をつくったり、車を動かしたりするときにエネルギーを使っています。このエネルギーの元になっているのが石油や石炭、天然ガスなどの化石燃料や、太陽光や風力、水力発電などの再生可能エネルギーおよび原子力エネルギーです。火力発電所では化石燃料が使用されています。化石燃料を燃やすと温室効果ガスである二酸化炭素が発生します。

省エネを図ることは、①安定した供給（化石燃料のほとんどを輸入に頼っているため）、②温暖化対策（温室効果ガスを削減する）、③経済効率性（低コストでエネルギーの供給を実現）、④安全性・環境保全性（各種発電所の数を減らす）の面で必要です。

家庭・マンションで、一人ひとりが省エネの意識をもって取り組むことが効果となって現れます。

省エネの対策と手法

マンションには共用部分と専有部分があり、基本的には共用部分はマンション管理組合で管理し、専有部分は区分所有者が管理します。したがって、電気機器やガス機器も共用部分の付属設備はマンション管理組合で維持管理を行ない、専有部分の付属設備は個人で維持管理を行ないます。共用部分の機器類の更新は、総会の決議が必要になります。最近では、多くの管理組合が共用部分の通路やエントランスなどの照明をＬＥＤ照明に切り替えています。

省エネ対策は大きく分けて運用管理（ソフト）と省エネ機器導入・躯体改修（ハード）があり、運用管理はコストがかからずに実施でき、機器導入・躯体改修はコストがかかります。

電気の省エネでは、上手に家電を選び、それぞれの機器の特性を考えながら待機時の消費電力を減らすなど、一年を通して家全体の効率的なエネルギー消費を考えることです。節水も省エネ対策の対象です。

①運用管理（ソフト）

エアコンは必要なときだけつけましょう、暖房や冷房は住環境の使用条件に応じて適切な温度・湿度・気流に設定しましょう、エアコンのフィルターの掃除をしましょう、照明はこまめに消灯しましょう、冷蔵庫の周囲には適切な間隔を開けましょう、冬の冷蔵庫の設定温度を弱にしましょう、など機器の用途や特性に合わせて省エネ対策を図ります。使用者の省エネ知識・意識が求められます。計測器を用いたＨＥＭＳ(Home Energy Management System)による家庭のエネルギー消費の見える化も、気づき・意識の向上につながります。

②省エネ機器導入・躯体改修（ハード）

エアコン、液晶テレビ、電気冷蔵庫などエネルギー消費量の多い機器や、ガス温水機器、照明器具を省エネ性能に優れた製品に買い替えた場合に電気代、ガス代が安くなりお得になります。

買い替える際に「省エネルギーラベリング制度」を活用しましょう。家庭で使われる製品について、国の省エネ基準を達成しているかどうかをラベルに表示するもので、省エネ基準を達成した製品には緑色のマーク、達成していない製品にはオレンジ色のマークが表示されます（図１）。

エアコンやテレビ、電気冷蔵庫などの省エネ性能をネットで調べる「省エネ性能カタログ」や「COOL CHOICE（省エネ型製品情報サイト）」もあります。現在使用している家電を、最新の省エネ家電に買い替えた際の年間の省エネ効果や二酸化炭素排出量をグラフでわかりやすく表示し、買い替え効果を確認することができます。

集合住宅などの躯体へ省エネ性能の高い高性能建材を導入するときの補助金制度もあります。

図1：省エネルギーラベルの表示例　　出典：経済産業省・資源エネルギー庁「トップランナー制度」より

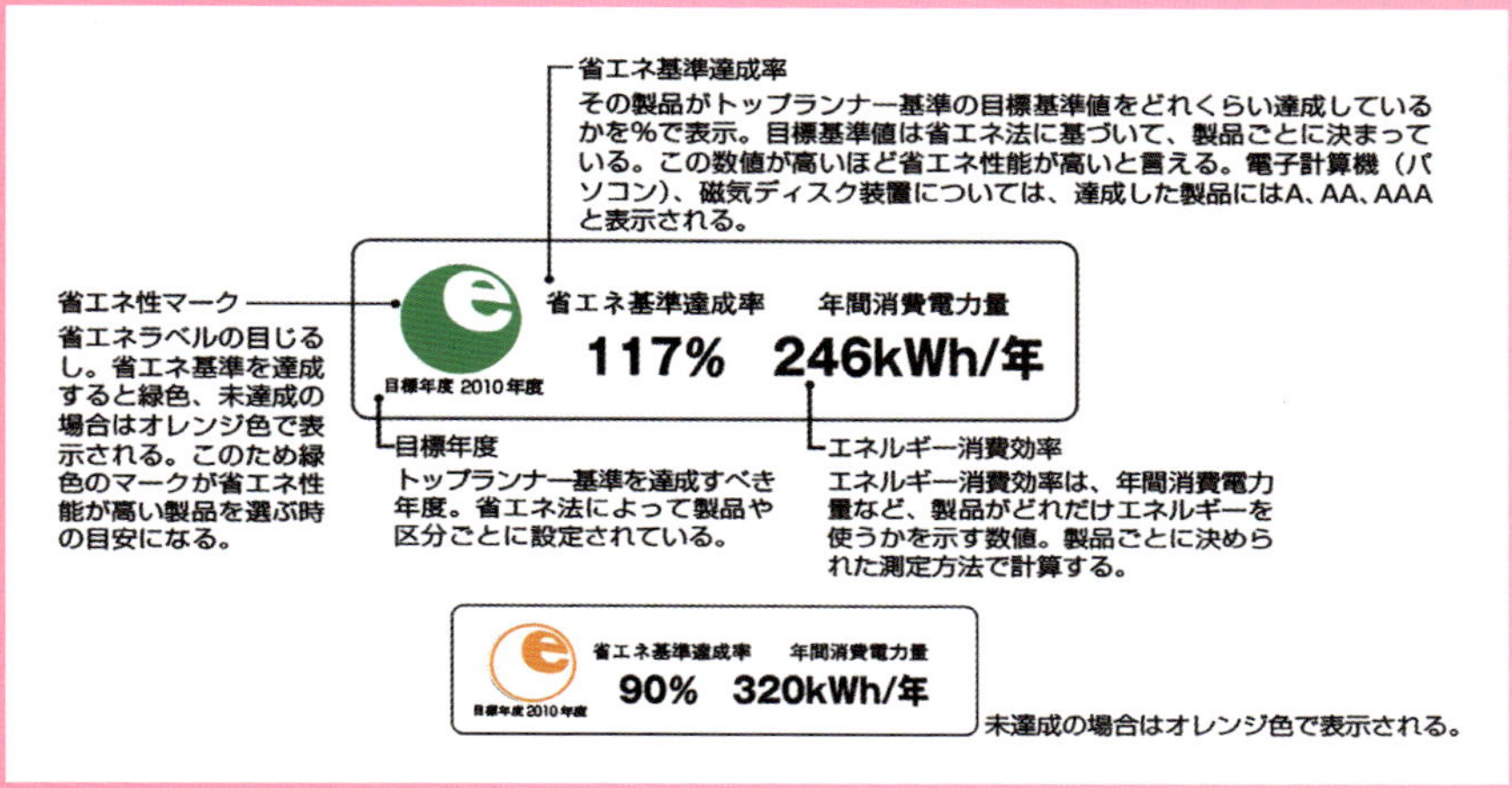

図2：「電気代そのまま払い」のイメージ　　出典：科学技術振興機構（ＪＳＴ）©JST

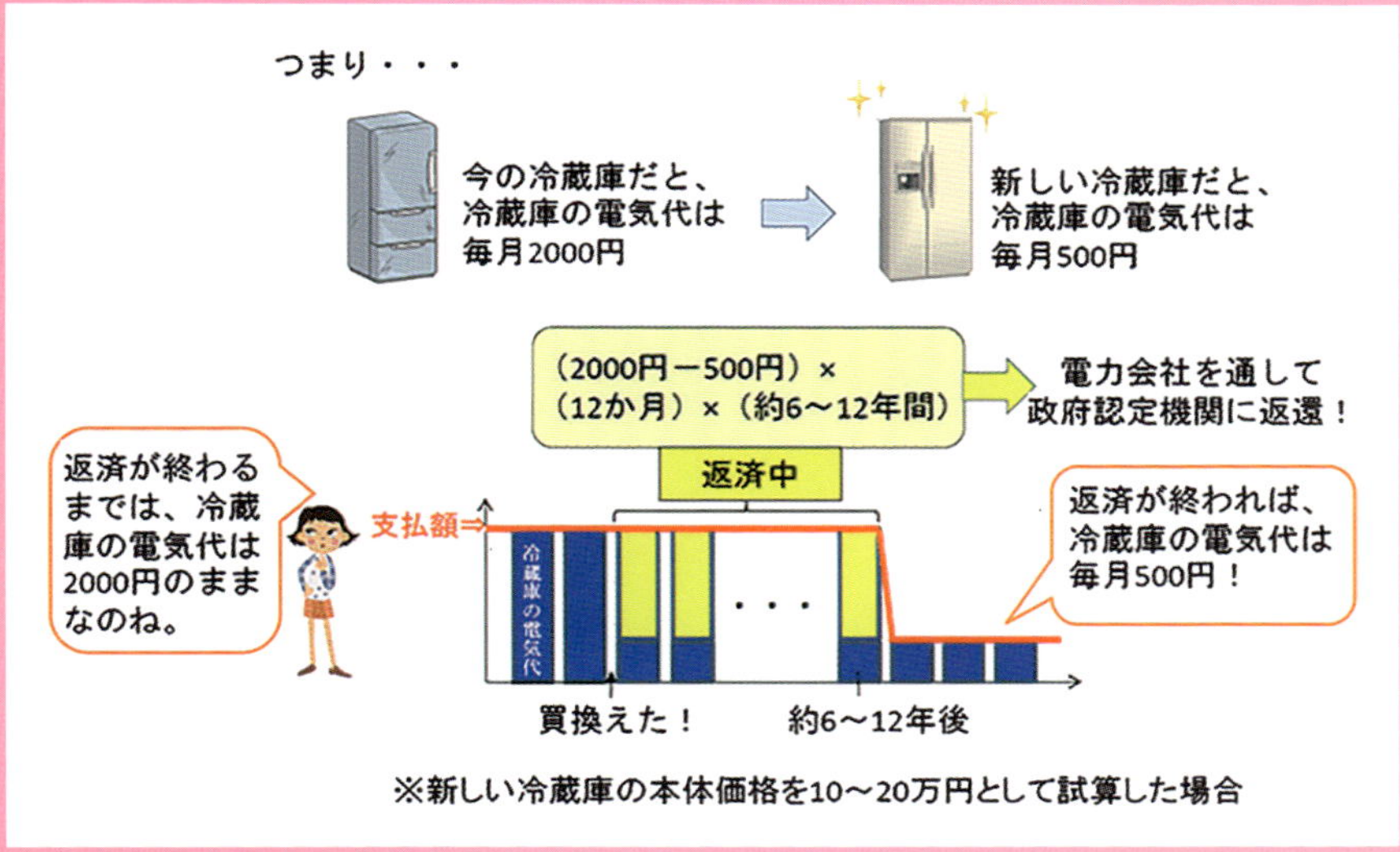

古い冷蔵庫・エアコン・照明機器を高効率の最新のものに買い替えることや、太陽光発電・太陽熱温水器などの購入を促進するしくみ。家庭は初期費用を支払わず、一定期間、省エネ前と同じ光熱費を支払う。一定期間の節約になった光熱費分が、電力会社などを通じてファンド（金融機関）に返済される。返済終了後は、節約になった分を家庭が享受できる

家庭の無料省エネ診断

国や自治体が無料で省エネ専門家を家庭に派遣し、家電機器などの省エネアドバイスを実施しています。

地域地球温暖化防止活動推進センターの「エコ診断」および「うちエコ診断」、東京都の「家庭の省エネアドバイザー制度」などを利用して、自宅やマンションの無料省エネ診断を受診できます。さらに、地域への地球温暖化防止活動推進員など、専門家講師派遣も実施しています。

マンション・家庭の省エネ情報入手先

国や自治体はマンション・家庭向けの省エネ対策や温室効果ガス削減対策のテキストやパンフレットを作成しています。例えば国土交通省の「防災・省エネまちづくり緊急促進事業ガイドブック（平成30年3月）」、東京都の「マンション再生ガイドブック（２０１８年3月）」、豊島区の「マンション省エネガイドブック（平成27年12月）」、北区の「マンション省エネガイドブック（平成28年3月）」、全国地球温暖化防止活動推進センターの「家庭で取組む節エネガイド２０１５」、資源エネルギー庁の「家庭の省エネ徹底ガイド（春夏秋冬）」、東京都の「家庭の省エネハンドブック２０１８」などがあります。機器ごとに省エネ手法が解説されています。

補助金制度などの活用

国や地方自治体による家庭やマンションなどに対する補助金制度を活用して省エネ対策・地球温暖化対策を実施できます。例えば経済産業省や環境省の申請窓口の一般社団法人環境共創イニシアチブの「ネット・ゼロ・エネルギー・ハウス（ＺＥＨ）化による住宅における低炭素化促進事業」、「ネット・ゼロ・エネルギー・ハウス支援事業」、「ネット・ゼロ・エネルギー・ハウスを活用したレジリエンス強化事業費補助金」、「超高層ＺＥＨ－Ｍ（ゼッチ・マンション）実証事業」、「ＺＥＨ支援事業、先進的再エネ熱等導入支援事業」、「高性能建材による住宅の断熱リフォーム支援事業」、「災害時に活用可能な家庭用蓄電システム導入促進事業費補助金」などの支援策があります。経済産業省では、ＺＥＨ－Ｍ（ゼッチ・マンション）の認知拡大とブランド強化を目的として、「ＺＥＨ－Ｍマーク」を新たに作成し、一般社団法人環境共創イニシアチブでは２０１８年6月より、使用申込の受付を開始しました。なお、経済産業省は、「集合住宅におけるＺＥＨロードマップ検討委員会とりまとめ」を２０１８年5月に公表しています。また、国土交通省の環境・ストック活用推進事業（住宅・建築物の断熱性能等の省エネ化等の推進）のなかに既存建築物省エネ化推進事業があります。

「都市の低炭素化の促進に関する法律（エコまち法）」による地球環境に優しいコンパクトなまちづくりを国土交通省が実施し、「低炭素まちづくり実践ハンドブック（平成25年12月）」を公表しています。

　また、関東経済産業局総合エネルギー広報室が「平成31年度エネルギー・温暖化対策に関する支援制度について（補助金等ガイドブック）（平成31年3月）」を編集し、平成30年度補正および平成31年度の国および関東経済産業局管内の自治体、都県、政令市におけるエネルギー・温暖化対策のための補助金・助成金などの支援制度をとりまとめた内容です。省エネだけでなく太陽光などの再生可能エネルギーも含めた施策名・支援概要・支援分野・支援対象・問い合わせ先などが明記されています。

当面、マンションや団地再生で検討されること

①マンションの電力の高圧一括受電、および購入先切り替え

　管理組合として、電力の高圧一括受電を検討してもよいのではないでしょうか。また、電気およびガスの自由化が始まりました。２０１６（平成28）年4月の電力小売自由化の実施により、家庭をはじめ全需要家が電力の購入先（小売電気事業者）を選べるようになりました。

②省エネ型給湯器一斉交換

　住戸セントラル方式は、それぞれの住戸ごとに設けた給湯器から配管で風呂やキッチンなどに給湯する方式で、専有部分の設備であり機器は共通仕様が多いです。法律上クリアすべき点はありますが、総会決議で一斉交換・維持管理を行ない、修理費も管理組合が一括管理・一括契約で行なう方法で、省エネ型給湯器を導入することも考えてよいのではないでしょうか。

③屋上にソーラーパネルや、駐車場に電気自動車用充電器を設置

④複合用途施設の商業施設から出る排熱を有効利用し、共用部分などで面的活用

⑤見える化システムなどの導入

　ＨＥＭＳなどの見える化システムを一括導入してマンション内の住戸同士のエネルギー消費の比較や、同規模のマンションの比較を容易にできるようにして気づきを促すようにできないでしょうか。

「電気代そのまま払い」の実現に向けた提案

　省エネ機器導入はコストがかかりますので、使用者に任せるだけでは簡単に実施できません。容易に導入を図るシステ

ムが「電気代そのまま払い」制度で、実証実験が行なわれています。一般家庭が省エネ改修や低炭素機器を導入するのに、一切の初期費用を支払わず、返済は一般的な省エネによる節約分の金額が光熱費から追加徴収されることによって行なうしくみです。

最後に、以下は、２０１４（平成26）年11月、科学技術振興機構と東京大学大学院工学系研究科松橋研究室が共同でプレスリリースした内容の抜粋です。マンションや団地の再生計画にとっても参考になる考え方と思われます。

～くらしからの省エネを進める政策デザイン研究報告～

「電気代そのまま払い」は、家庭の低炭素技術導入に必要な初期投資を金融機関などが融資し、導入によって得られる電気代の節約分をローン返済に充てることで、初期費用がゼロでもできる低炭素技術導入を実現します。さらに月々の電気代の支払額は今までの水準以下とし、返済が終了した後は家庭が節約メリットを享受できるようにするものです。例えば１９９０年頃製造の冷蔵庫を最新機種に買い替えると、年間約１万８０００円の電気代の節約となり、本体価格10～20万円の場合、約6～12年で返済できます。ワンストップサービスの制度の実施にあたっては、環境省が進める「家庭エコ診断」の活用を、制度に参入する事業者の認証には、国がすでに実施している「J－クレジット制度」の活用を考えており、さらにこれらの制度との相乗効果を期待しています。

特別寄稿

誇り高い地域づくり「風土工学」

風土との調和の美の追求

富士常葉大学 名誉教授／風土工学デザイン研究所 会長 竹林征三

たけばやし・せいぞう
1967年京都大学土木工学科卒業。1969年京都大学大学院修了後、建設省（当時）に入省。退官後、土木研究センター風土工学研究所長などを経て現職。

本書の序文をお願いした竹林征三さんによる特別寄稿として、『月刊ウェンディ』第347号（2018年4月15日号）に掲載された「風土工学」の概論を掲載する。「風土工学」は、従来の土木ではなく、むしろ建築に近い理論である。

風土工学”ものづくり“の対象

従来の土木工学の設計対象は土木施設、すなわち、橋であり、トンネルであり、ダムであり、港などの土木構造物であった。土木構造物とは、もう少し見方を変えると、基礎の杭であり形を構成するための柱であり、梁であり、壁であり、スラブ（床）であった。それらを構築するためには、構築材料が必要である。材料としては天然の土砂や岩石、そして木材から丈夫で長もちへの追求の結果、コンクリートや鉄および金属が重宝がられてきた。

一方、風土工学”ものづくり“の対象は「用」と「強」の具備する土木構造物を前提としながら、さらに、その地域の風土文化との調和の「美」を付加する土木構造物である。

風土と調和し、風土を活かし、地域を光らせることを目指す。具体的に何を設計するのかといえば、その土木構造物およびそれを取り巻く風土の意味空間であり、イメージであるということで土木構造物の姿、形、そして色彩。例えばテーマカラー、サブテーマカラー、アクセサリーカラー、アクセントカラー、それに素材テクスチャなどハードのもののほか、土木・建築施設の名前、意味物語、行事儀式などソフトのものもデザイン対象としている。

風土工学の構造設計理論

従来の土木工学で丈夫で長もちする土木施設を建設するためには、まず土木構造物に働く外力を適正に評価しなければならない。

外力としての風力や水圧、波力などを計算する理論が水理学などを主とする流体力学である。土砂からの外力を計算する理論が土質力学などを主とする塑性力学である。外力に対して構造物の部材の応力などを計算するのが構造力学等を主とする弾性力学である。それに降雨などの自然対象を評価するための水文学や地震外力を適正に評価するための振動力学などがある。これらの理論的根拠は、ニュートン力学であり確率統計論などである。

一方、風土工学におけるものづくりは、意味空間であり、地域のイメージであり、心象風土である。すなわち、具体的に何を計算し解析するかといえば、風土の特性を分析しようとする意味微分法、さらにそれらがどのように認知されていくかというプロセスの手法、すなわちこれらは脳と心の科学手法であり、最近とみに発達の著しい認知科学の手法が有効である。

風土工学は土木工学に地域の風土文化とのなめらかな接点を求める、ヒューマンインターフェイスを求める工学すなわち実学である。”ものづくり“がどのように心象風土を形成していくかということからマインドインターフェイスを求める工学すなわち実学でもある。

「風土工学」を支える「基本六学」

風土とハーモニーし、風土を活かし、風土を光らす社会基盤施設づくりの工学、「風土工学」はどのような学問か。これまですでに確立している多くの学問の方法論を取り入れた総合的にして包括的な工学なのである。

関係する既存学問分野としては次のようになる。

①その社会基盤施設づくりということよりそのベースとなるものとして「土木工学」「建築学」

②その地の風土を知らなければいけないことより地理学（人文と自然）および歴史学(主として郷土史)よりなる「風土学」

③それに地域の心理特性を扱う「心理学」。地域心理学、統計心理学等々と称されている

④そして美しさの追求ということで「美学」や、ものの本質はなにかということの追求として「哲学」

⑤どのような頭脳、すなわち思考で考えるかということより、

風土工学が取り入れられた羽地ダム水星五行館（管理棟）。蔡温による羽地大川の治水改修思想の具現化・順流の水星形と五行思想の五角形によるデザイン。管理棟の周辺広場も同じ設計思想による意味空間デザイン

風土工学の考え方と手法が取り入れられた九頭竜川鳴鹿大堰。堰柱は堰の名称ともなっている鳴鹿の「鹿」をイメージすると共に堰全体が管理橋につながれた「鳴鹿の舟橋」を連想できるよう設計されている

風土工学に関係する学問

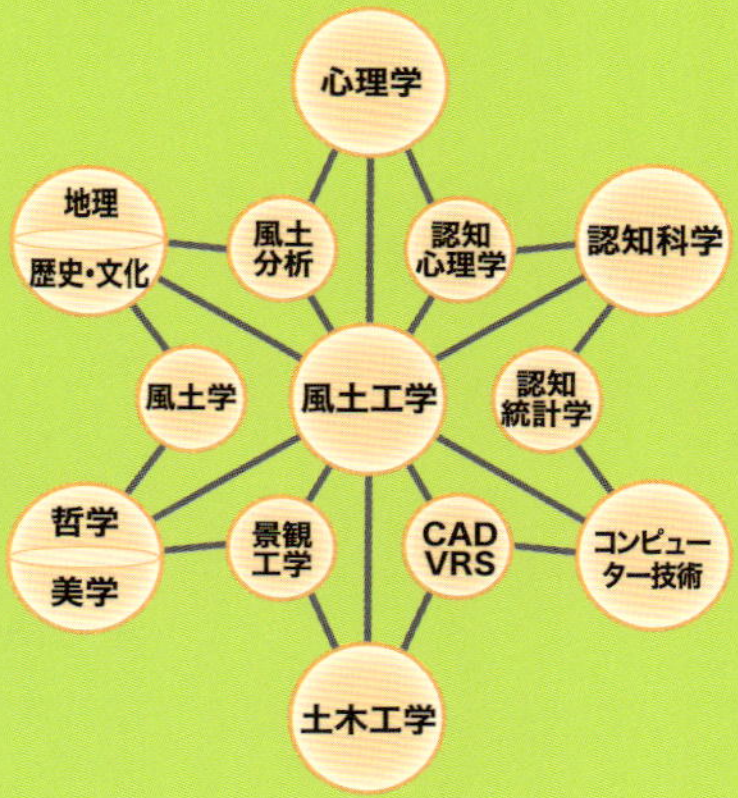

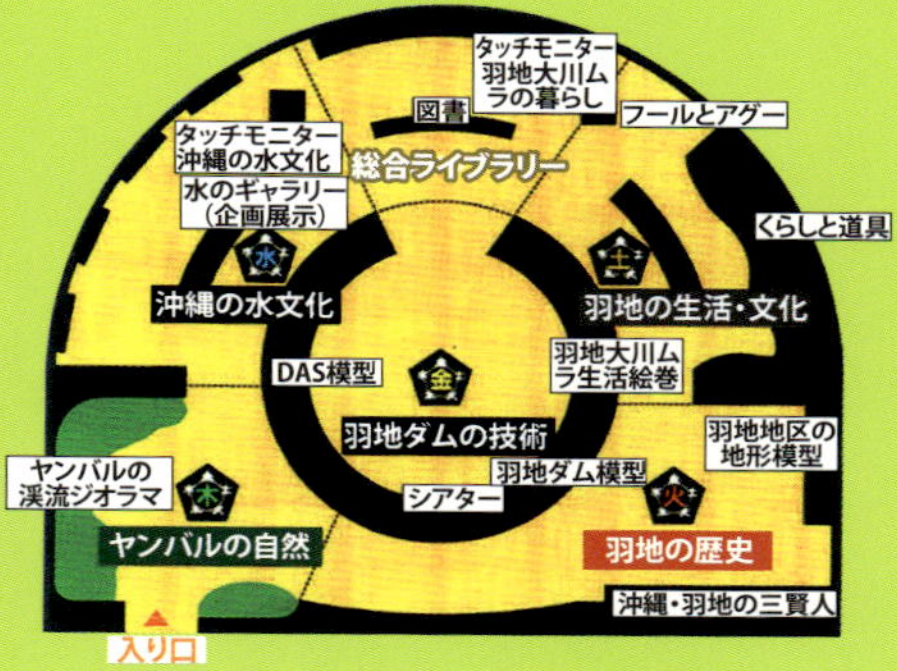

羽地ダム管理棟の中にある展示館「水星五行館」のデザイン。『「木火土金水」五行』が展示全体の統一テーマ

従来の土木工学と風土工学の違い

	従来の土木工学	風土工学
設計対象	構造物 （柱、梁、壁、基礎　etc）	土木構造物及びそれをとりまく風土 （意味空間、イメージ、心象風土）
設計の目的関数	「用」と「強」 社会に役に立ち、丈夫で長持ち ［経済効果］	「用」と「強」の具備されたものに「美」の追求 風土と調和し、風土を活かし、地域を光らす ［良好風土の形成］
構築する図面	設計図　（用と強の具現化） 平面図、立体図、横断図、側面図 配置図　etc	構造図　（風土における美の具現化） ・風土における土木施設の存在の構造図 ・風土における土木施設のアイデンティティーの構造図、美の構造図 etc
設計計算の理論	力学の手法 弾性力学 塑性力学 流体力学　etc ［ニュートン力学］	脳と心の科学手法 風土分析 イメージ分析 感性分析、認知分析　etc ［認知科学］
構築材料	素材 コンクリート、土砂、岩石、 鉄及び金属	ハード 姿・形・色彩、素材、 テクスチャ ソフト 施設の名前、デザインコンセプト、 工法、儀式、イベント、物語

最近とみに発展が著しい「認知科学」
⑥さらにものづくりの工学として支援してくれるコンピュータ技術「情報工学」

以上の六つの分野が「風土工学」を支える”基本六学“とでも称する学問分野である。風土工学は最適化原理に代わる個性化原理そのものの合理的な追求システムなのである。

風土工学の構築にあたっては、感性形容詞を数値化する感性工学の手法と地域の風土特性を各種の数量化手法などにより分析する風土分析の手法が直接的に一番大きなヒントとなった。そのほか、土木施設の「美」とか、ローカルアイデンティティとか、「土木施設の風土における存在」とは何かという「美学」「哲学」が欠かせない。

和辻哲郎先生の風土の考察は極めて貴重なすばらしい研究である。また、認知科学の手法が役に立つ。それらの周辺諸学問の知恵の支援により、景観の美しさ、土木施設の名前のあり方、地域の誇り、意識等が体系化されてくる。

「風土分析」は、都市・地域計画をそのベースとして地域の風土特性と心理学をコンピュータ技術の支援を受けてドッキングさせた大変先駆的な研究である。

「感性工学」は「心理学」と、ものづくりとしての「実学としての工学」とをコンピュータ技術の支援を受けてドッキングさせたものとみることができる。

「風土工学」は以上の二つの方法論に、さらに私がこれまで展開してきた形あるものの設計と形のないものの設計（土木施設の名前や工法、儀式、祭り等）についての考察、それに環境に対する思索等から合体して構築されたものである。すなわち、地域の風土のアイデンティティとは何か、美の構成論を取り入れる

風土工学の設計図

従来の土木工学のものづくりにおいて、実際に橋を建設するためには柱一つつくるにも大工さんが設計図や仕様書等マニュアルに合わせて型枠をつくる。また、鉄筋工が配筋図に従い鉄筋を加工し、組み立てる。その後、セメントと骨材、砂、そして水を配合表に基づき混合してつくられたコンクリートを打設する。このように実際に形をつくっていくためには、平面図、断面図等の設計図面、それに配筋図や加工表、さらには配合表等の設計計算に裏付けされた設計仕様書が必要である。すなわち「用」と「強」を具体的に具現化するためには設計図と設計仕様書やマニュアルが必要だということである。

風土工学においても、風土と調和する「美」の追求を具現化するためには設計図にあたるものが必要である。

意味空間をつくる、イメージをつくる、そして心象風土をつくる。そのためには必要な設計図にあたるものが下記に述べるような各種の構造図にあたる。すなわち風土における土木構造物が存在しているという構造図や、それがその地の風土文化と調和の美を形成しているとするとどのような構造をしているのか。さらにはその地の風土文化の個性、見方を変えればローカルアイデンティティはどのような構造をしているのか、そして、またこれからつくる土木構造物がローカルアイデンティティを形成するとすれば、どのような構造にすればよいのか。またハードは形だけではなく色彩も風土とハーモニーするにはどのような色彩構造にしなければならないのか。またソフトな名前についてもどのような名前の構造にすれば、その地の風土文化とハーモニーするのか、またローカルアイデンティティを形成するのか。その地域の良好風土を形成する土木・建築構造物のハードな姿、形のみでなく、ソフトな名前・意味物語なども設計対象であるので、それらの設計図にあたるのが風土における存在の構造図ということである。(表)

風土工学"ものづくり"の目的関数―風土工学の評価関数―

目的関数は「良好風土の形成」である。

風土と調和し、風土を活かし、地域を光らすものづくりの目的としての良好風土の形成は「用」と「強」の目的とする経済効果そのものに導入された良好風土形成に資する文化の種(シード)質の高さの度合。言い方を変えると土木施設、およびそれがつくり出す地域に導入されうる誇りうる地域文化それを目指す個性化への設計意図の質の高さの度合と、それを感じとり評価する深さの度合の三つの積の時間軸の積分が良好風土の形成である。

文理シナジー効果―風土工学"ものづくり"の目指すもの

現在、教育面でも社会面においても文化系と理科系とは画然と分離されていることと無関係ではない。この傾向はわが国において著しいように見える。

その結果、学問はより細分化の方向に進んでいく。細分化すれば細分化するほど、それらを結合することが社会の健全な発展のためには不可欠である。

文系の人文科学や社会科学と理系の科学技術とを有機的結合することによるシナジー効果によって1+1=2以上の新しい大きな価値が生じてくる。

土木・建築技術とその地の風土文化との融合により文理シナジー効果を創造する実学が風土工学ということである。

団地再生に取り組む——活動報告

■一般社団法人 日本建築設備診断機構（JAFIA）

■一般社団法人 東京建築士会「住宅問題委員会」

■千葉工業大学 田島研究室 袖ヶ浦団地の再生

一般社団法人 日本建築設備診断機構（Japan Architecture Facilities Inspection Association：JAFIA）

専務理事 安孫子義彦

設立の動機

『建築躯体に比べ設備の寿命は短いのだ、ということは今では常識であり、誰でも躊躇なくそう言っている。だが、ほんの十数年前（昭和50年ごろ）、これは常識ではなかった。誰もが設備の寿命が早く来ることに薄々気づいているのにもかかわらず、設備技術者の立場からこれを公言することは憚られた。素直な疑問は、設備のメンテナンスを現場で行っている人達から発せられた。赤水がひどい、配管が腐食し漏水寸前である、排水管が詰まっているが点検のしようがない、……どうしたらよいのかと。

昭和57年（1982）9月ごろ、建築設備の設計や施工に携わる技術者、日常のメンテナンスに携わる技術者数名が集まり、こんな問題を一緒に勉強しようと「建築設備診断技術研究会」を発足させた、とにかく設備の維持管理や耐久性に関する認識が不足していることが問題だと、現場からの声を発信しようと、その研究会は昭和58年（1983）、日経アーキテクチュアに「お寒い設備のメンテナンスの現状」という記事を書いた。かなり過激な見出しは編集者によるものだが、業界に少なからずインパクトを与えることができた。研究者、設計者を問わず、このような視点からの設

図1：JAFIAの運営組織

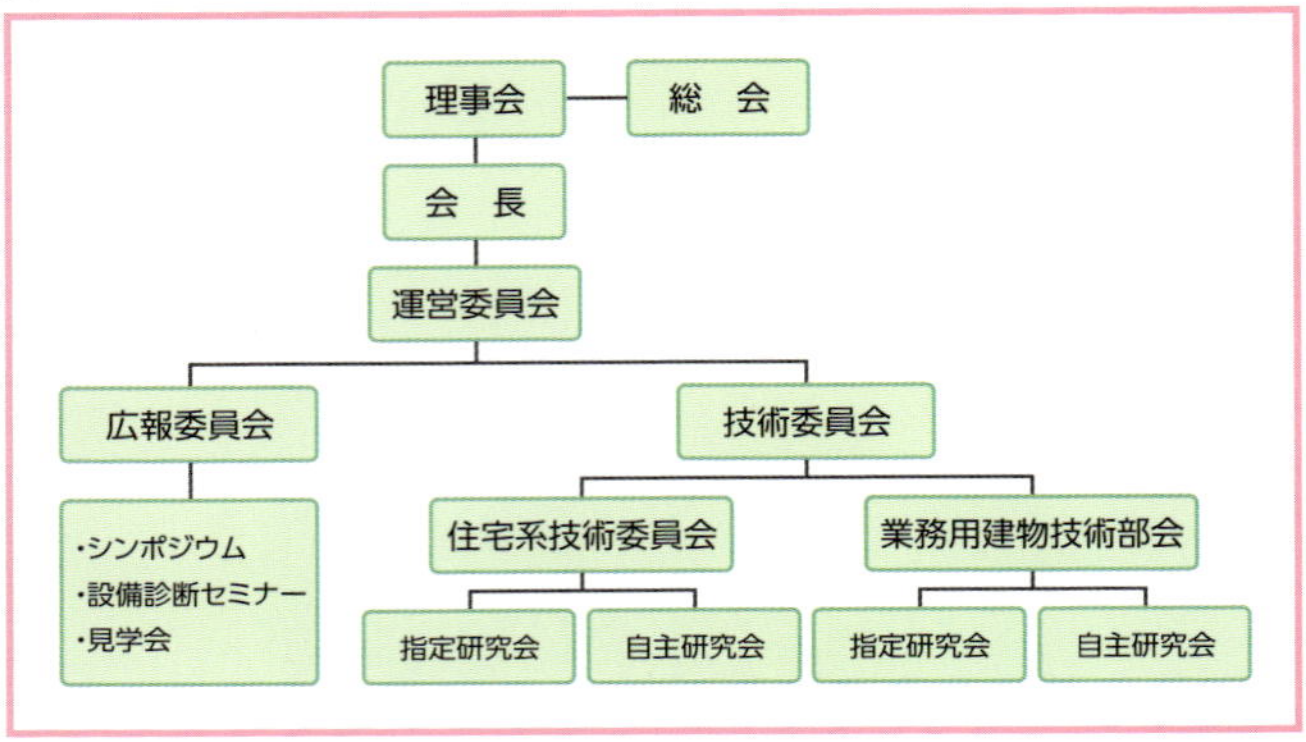

備をとらえることに賛意をいただいたわけである。

翌年、昭和59年（1984）この研究会は発展解消され、日本建築設備診断機構（JAFIA）が生まれた。「現場からの声」「現場への啓蒙」……などの「現場主義」に立脚して会務を進めようとする現在の姿勢は、実にこの出発点にあったと言える』

（日本建築設備診断機構編『現場で役立つ設備配管の診断と改修読本』はしがきから引用 オーム社 1997）

沿革

日本建築設備診断機構（JAFIA）は、設立以来任意団体として活動し、2009（平成21）年10月8日一般社団法人となり、現在まで通算35年経過している。法人化後は、従来の活動を継続するとともに、設備診断の標準化や、高度な診断業務の遂行などを通して社会貢献を進め、責任ある団体として活動することを目指している。主たる事業内容は以下の通り。

（1）建築設備などの点検、検査、診断業務の実施

（2）診断、改修などに関する技術調査・開発、診断・評価手法および業務標準化の開発

（3）診断、改修などに関する工具、装置、測定器具等の調査、開発支援の実施

（4）建築設備の耐久性、安全性、環境性、衛生性などの資産価値向上に関する提言

（5）出版、シンポジウムなどの広報活動の実施

写真：建築設備診断体験セミナーの実施風景

図2：被災時の設備被害診断と在宅避難の3日間の設備運用ノート

(6) 会員、団体相互の情報交換、技術研鑽活動の実施

会員・組織・活動

ＪＡＦＩＡは、建築設備の設計・施工・保全・管理等に関与する法人からなる一般正会員と建築設備機器・商品の開発・製造・流通等に関与する法人からなる専門会員で構成されている。また、ＪＡＦＩＡの運営に貢献された優れた技術を有する企業ＯＢが、理事会の推薦でフェローとして委任されるなど、設立当初から現場における診断・改修に重きを置いた運営が続いている。

活動の中心は、図1のように会員などで構成される運営委員会・技術委員会・広報委員会が担っている。最近の技術委員会・広報委員会の活動を紹介する。

技術委員会は、住宅系技術部会・業務用建物系技術部会にわかれ、ＪＡＦＩＡが総意で決めたテーマを研究する「指定研究会」と一部会員の自主的テーマによる「自主研究会」で構成されている。現在、進行中のテーマは以下の通り。

(1) 住宅系技術部会のテーマ

・既設マンション設備における環境・安心安全にかかわる維持管理（診断・改修など）技術の調査研究（指定研究会　H16～継続中）

・マンション被災後の設備復旧に関する調査・研究（自主研究会　H27～H28）（図2）

・樹脂ライニング再生工法未来研究会（自主研究会H29～継続中）

（2）業務用建物系技術部会のテーマ

・配管劣化診断に関する評価基準と診断コストに関する調査研究（指定研究会　H27〜継続中）

・JAFIA発行の診断標準仕様書（配管編）の普及活動（指定研究会　H27〜継続中）

・事務系管理者向け建築設備の健康百科の編纂（指定研究会　H27〜継続中）

一方、広報委員会では

・定例のシンポジウムおよび設備診断セミナーの企画と開催（写真）

・情報交流のための見学会・勉強会などの企画と開催

・ホームページによる情報活動の実施および会員意見の収集

などに取り組んでいる。

次世代へ向けての新たな事業計画

設備の維持保全に関しても新たな局面を迎えている。維持保全要員の高齢化、技術者の不足、超高層・大規模建築物の管理と用途の複合化、老朽化団地やエリアマネージングへの対応、大地震や大規模災害への対応など、診断・維持管理の分野からもさまざまな変革が求められている。

JAFIAでは現在、次世代活動へ向けて中期事業計画の立案を進めている。そのなかで非技術者向けの設備情報の提供を意図した「建築設備の健康百科」の編纂、診断改修業務にICT技術やIoT技術を導入する少人化・省力化診断手法の開発研究、BCPやLCPの普及に資する設備の被災時の安全管理情報の提供など、新たな活動がいま進行中である。

一般社団法人 日本建築設備診断機構

概　要

1984年建築設備の劣化診断・改修を目的に任意団体として設立。2009年一般社団法人化

連絡先

〒102-0072　東京都千代田区飯田橋3-4-4
第五田中ビル
TEL：03-3264-4309
FAX：03-3263-3307
E-MAIL：info@jafia.jp
URL：http://jafia.jp

一般社団法人 東京建築士会 「住宅問題委員会」

株式会社 市浦ハウジング&プランニング 常務取締役 奥茂謙仁

住宅問題委員会のこれまでの活動について

　一般社団法人東京建築士会（会長：近角真一）の委員会活動の一つ「住宅問題委員会（委員長：内田勝巳）」では、かねて住宅やマンション再生の問題に積極的に取り組んできた。住宅ストックの再生、利活用については、改善・改修等の再生技術、建替えの法的な問題（既存不適格等）や耐震改修、既存住宅インスペクションといった、建築士の職能に関わる事柄が多く、これまで以上に、建築士の業務領域の拡大、ビジネスチャンスにもつながることから、それらの専門知識や技術的支援が必要とされている。

　このため本委員会では、東京建築士会員を対象に、分譲マンションの長期修繕計画に関する研修にいち早く取り組み（H12～15年）、ハード、ソフト両面から大規模修繕計画について理解を深めた。また「住まいの再生フォーラム ～魅力的事例に学ぶサスティナブル」（H20年）、「サスティナブルな住まい像を探る」（H22年）の視点でサスティナブルコミュニティ、リノベーションによる再生技術（改修・改善）についても研修を行なった。

　その後、住宅問題委員会のなかに「大規模修繕WG」、「団地再生WG」、「インフィル更新WG」の各部会を設け、「大規模修繕WG」では、『マン

「インフィル更新 WG」によるセミナーの模様（2019年5月24日開催）

ション大規模修繕』、『大規模修繕と耐震補強』、『大規模修繕入門』、「団地再生WG」では『終の棲家になるための団地再生を考える』、『高経年マンションに関わる建築士のマネジメント術』、『戸建て住宅団地の再生と建築士の役割』、「インフィル更新WG」では、『仕事に出来るかマンションリフォーム』、『いまリフォームが建築士を求めている』、『時代が求めるインフィルリノベーション』と各々テーマを設定し、住宅ストックの再生に関わる建築士の職能や専門知識の向上、業務領域・ビジネスチャンス拡大のためのセミナーを実施してきた。

近年、および今後の活動内容について

近年は、いわゆる「不適切コンサル問題」に対応した特別企画『マンションの大規模修繕を適切に実施する為に建築士がやるべきこと~管理組合は建築士に何を望んでいるか？』（H30・3・14 講師：橋本正滋氏）を開催し、マンションの実情に即した建築士の職能にかかわる問題を扱った。

またそのほか、下に示すように、各WGのセミナーにおいても、管理組合とともに取り組むマンション長期修繕計画の実務や大規模修繕工事の調査診断、在宅福祉・医療一体改革がもたらす新たな団地居住のあり方、建築と不動産の良好な関係をマネジメントする市街地小規模ビルのリノベーション手法など、各々のテーマを掘り下げて、より実践的な職能やノウハウを獲得できるセミナーとなるよう企画を進めている。今後も、このような取り組みを続けることにより、ストック活用時代に生きる建築士の職能獲得のための一助となるよう務めたい。

一般社団法人 東京建築士会

概　要

1952（昭和27）年に設立。会員相互の協力によって建築士の業務の進歩改善と品位の保持向上を図り、建築文化の振興と地域社会の健全な発展に寄与する。

連絡先

一般社団法人 東京建築士会
〒103-0006 東京都中央区日本橋富沢町11番1号富沢町111ビル5階
TEL：03-3527-3100（代）
FAX：03-3527-3101
E-mail：info@tokyokenchikushikai.or.jp

2018（平成30）年度の活動

所管する部会	セミナー開催	セミナー内容（タイトルなど）
大規模修繕WG	2018年12月4日	「管理組合の頼りになる建築士」~マンションの修繕にかかわる建築士の仕事~（講師；鈴木和弘氏、水白靖之氏）
団地再生WG	2019年3月7日	"在宅医療・介護一体化時代の団地居住"の大転換を考える~最後まで自宅で過ごせる団地への展望と建築士の役割~（講師；磯崎哲男氏、桝 泰将氏、寺尾信子氏、武田好史氏）
インフィル更新WG	2019年5月24日	小規模リノベがまちを変える~建築と不動産の新たな関係を紡ぐ「イマケンビル」の取り組み（講師；山崎裕史氏、高橋寿太郎氏、佐藤一成氏　青年委員会と共催）

千葉工業大学 田島研究室

袖ヶ浦団地の再生

千葉工業大学創造工学部建築学科 助教
田島則行

高齢化する団地と大学のマッチングによる再生

千葉工業大学の習志野キャンパスと津田沼キャンパスの間に位置する袖ヶ浦団地は、入居50年を迎え高齢化や空き住戸といった課題に直面している。５階建ての79棟、約３０００戸の大規模団地である。当初は1万人以上の人口であったが、いまでは６０００人を下回るようになってきている。

その一方で、千葉工業大学には毎年２０００人以上の新入生が入学し、入居物件を探している状況であることから、この需要と供給をマッチングさせ、さらに地域との交流を創出することで団地全体の活性化を目指すという目的のもと、建築学科、都市環境工学科とデザイン科学科では、習志野市、ＵＲ都市機構と協働で、地元習志野市袖ヶ浦団地の活性化プロジェクトに取り組んできた。

学生と住民がつながる場づくり

プロジェクトを２０１５（平成27）年に始めてから年に数回、建築学科の田島研究室と都市環境工学科の鎌田研究室、佐藤徹治研究室、デザイン科学科の倉斗研究室と稲坂研究室は、学生と袖ヶ浦団地の住人とをつなげる場づくりを実践してきた。特に重要視したのは、「シェア」という概念

袖ヶ浦団地活性化プロジェクトのチーム体制

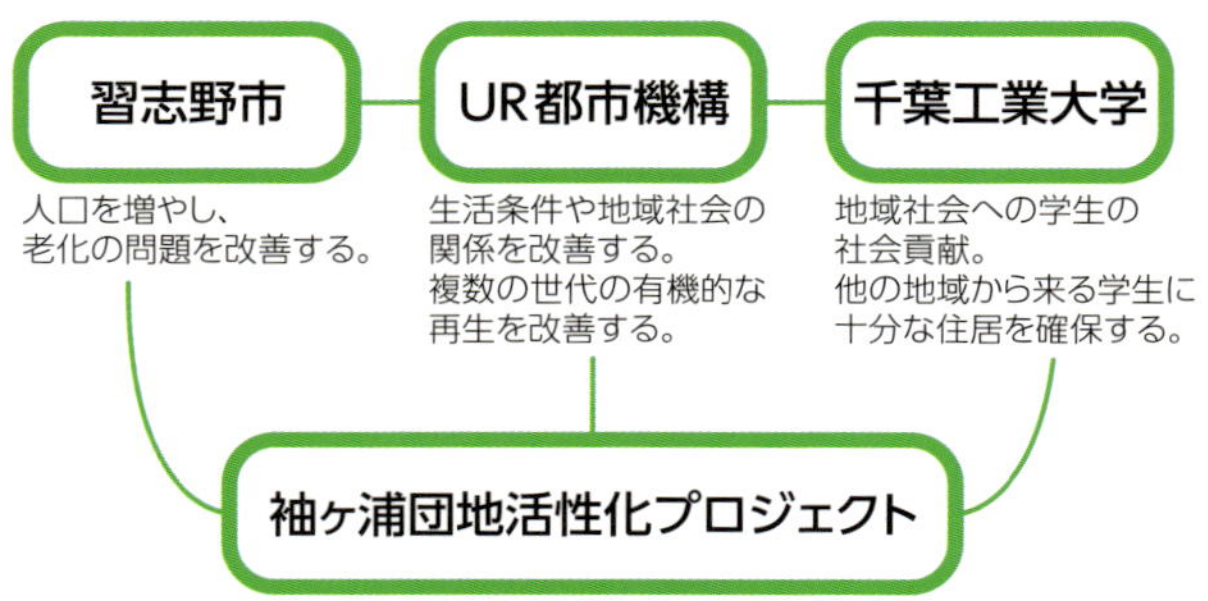

袖ヶ浦団地活性化プロジェクトのチーム体制

である。団地の計画は、もともと、その当時高まりつつあったプライバシーを尊重したつくりとなっている。かつての日本家屋にあった縁側的つながりの空間、まちの至るところで挨拶や井戸端会議が行なわれていたような日本伝統のコミュニティのあり方を、団地はある意味、近代的なパブリック／プライベートの区分けで切り分けてしまってきたという事実がある。その区分けをもう一度つなぎ直したい、というのが、このプロジェクトの主眼点である。

私たちの活動は大きく四つの柱から構成されている。一つ目は、現地を調査すること、あるいはアンケートやインタビューをすることによって、現状を把握することである。二つ目は、ワークショップ形式の対話を行ない、さまざまな意見を調査することである。三つ目は、イベントの開催である。積極的にイベントを行ない、袖ヶ浦団地の住人たちと交流することによって、まちの賑わいのきっかけをつくる。夏の袖団ウィーク、秋の袖団ウィークエンドなど、住民と住民、住民と学生、あるいは外部の人たちと住民達をつなげられるようなイベントを毎年2回ずつ行なってきた。そして四つ目が、具体的な提案を行なっていくことである。

どのように交流するのか、どのように住まうのか、どのように「シェア」するのか、学生自身が実験体となって、自らコミュニティのなかに飛び込み、机上の学問からは得られない体験を通じて、社会貢献のあり方を模索している。

そこでは学生が企画したコミュニティカフェ、古本を交換する「ぶっく

子どもワークショップ（夏の袖団ウィーク）

プレゼンテーション（夏の袖団ウィーク）

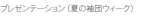

る」ワークショップ、住人へのアンケート調査、ＤＩＹリノベーション案の展示などを行なってきた。さらに、カフェの運営とワークショップや展示、団地の部屋のリノベーション案の提示から始まり、ＤＩＹリノベーションも行なってきた。

シェアすることの可能性

２０１６年の春から千葉工業大学生の男女６人が、男女別々に団地に住みはじめた。男子部屋と女子部屋をＤＩＹリノベーションするにあたっては、それぞれの部屋にテーマを設定。男子部屋は「個性を楽しむ。」をテーマにしたもので、それぞれの部屋で違った空間。女子部屋も一人ひとりに合った好みの空間をつくり、今後のシェア居住のモデルとなるものを完成させた。

ほかの団地再生のプロジェクトにおいても、もちろん有意義なさまざまな試みがなされているが、もしこのプロジェクトにおいてほかと違う特徴を挙げるとすれば、上述のように「シェア」することの可能性が追求されていることであろうか。そして、それはある程度実現できた部分もあれば、そもそも引きこもってしまう住民たちも数多くいるなかでは、まだまだ不十分でもあり、今後も、引き続き探求していくべきテーマでもある。

今後のミッション：団地再生の本格化

幸い、われわれの活動は、行政やＵＲの方々にも一定の評価をいただき、そういった今までの実績を受けて、今後は第２次ステージへとプロジェクトを進化させる予定である。団地再生が本格化することもあり、産官学の

DIY リノベーションに取り組む学生たち

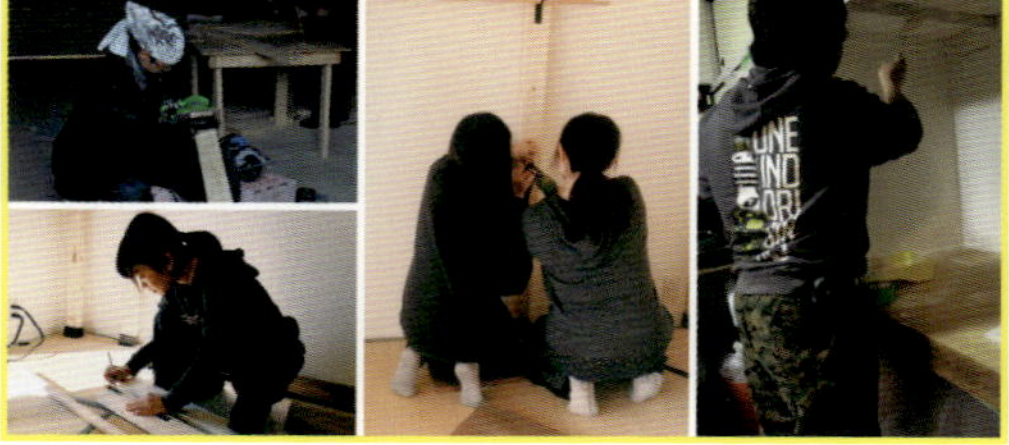

学生たちによって実現したリノベーション

協力体制をしっかり組みあげて取り組もうと考えている。今や、大学における地域貢献は社会の要請であり、大学の重要なミッションとなりつつある。全国に多く拡がる団地の課題を解決していくような、モデルとしての団地のあり方をこれからも問うていきたい。

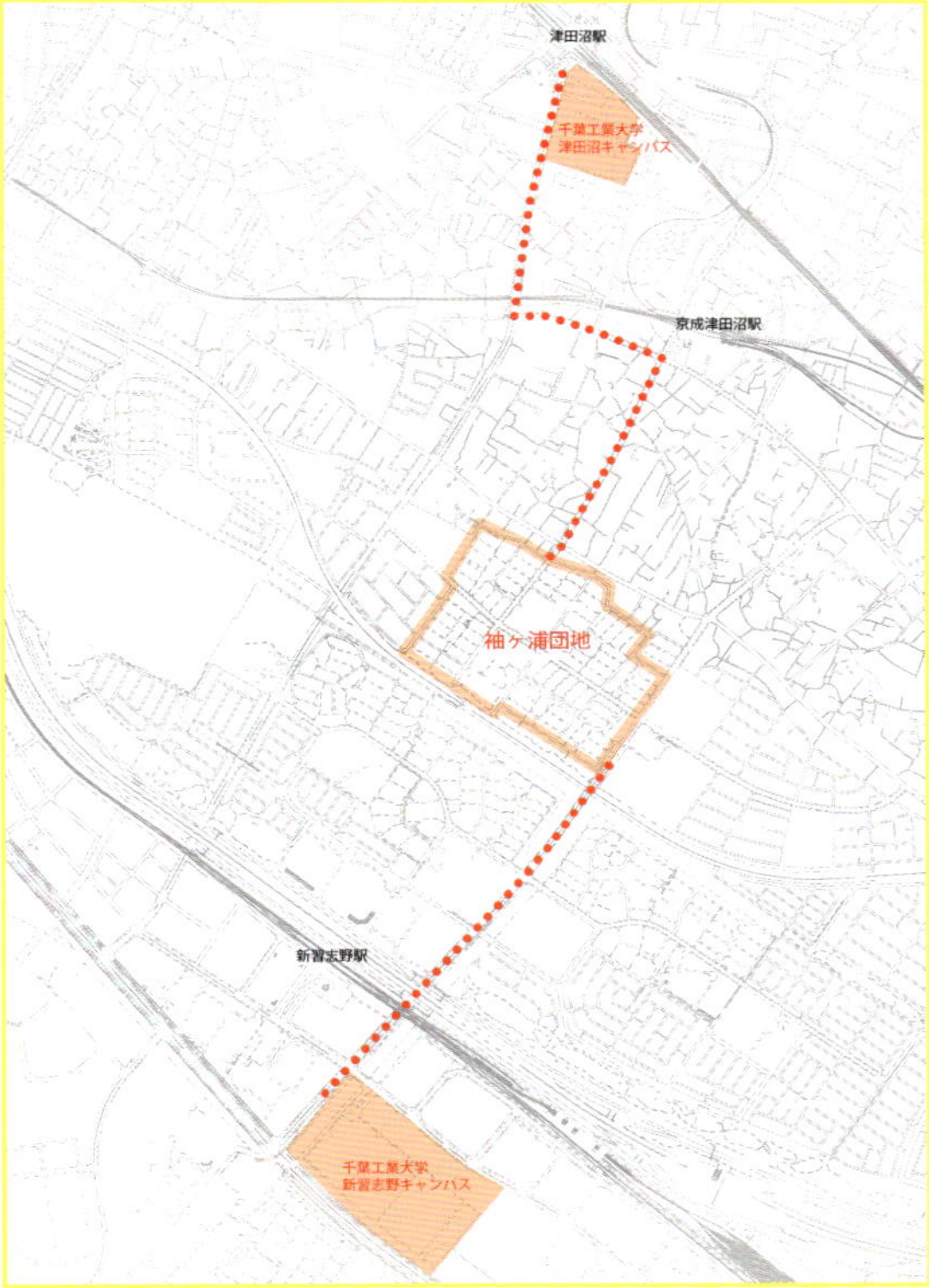

千葉工業大学 田島研究室

連絡先
〒275-0016 千葉県習志野市津田沼2-17-1
千葉工業大学創造工学部建築学科
津田沼キャンパス
TEL：047-478-0476
FAX：047-478-0575
E-MAIL：info@tajima-lab.jp
URL：http://tajima-lab.jp

竣工当時の袖ヶ浦団地（1967年ごろ）

今日の袖ヶ浦団地

「団地再生のすすめ」ふたたび

一般社団法人団地再生支援協会 最高顧問　澤田誠二

初めて団地再生の本を出したのは２００２年のこと。”エコ団地をつくるオープンビルディング“と唱えた。まだスケルトンやインフィル、ましてオープンビルディングは研究者の一部が知るだけなので、”住環境づくりを「開く」オープンビルディング“と、まるでドアを開いて新世界に入るような言い方にした。

だがこれは、ヨーロッパで多量住宅供給に自由を求めたＪハブラーケンやＬクロルのいう「解放建築」を指す。これが、住まい・コミュニティ・まちの生活と環境を合わせて考えることを促し、それぞれの関係者の役割分担を明確にでき、建物寿命の長い部分と短い部分の仕分けもしやすい。この考え方に従って、既存住宅や団地を、エネルギー消費や資源利用の観点にかなった「エコ団地」に変換するのも容易になる。

序章では、50年前に建設された「初期の住宅団地」も紹介し、経年変化した団地の素晴らしさを訴え、本文では、欧州と日本の15事例を丁寧に報告した。

この『団地再生のすすめ』は、デッサウ会議（１９９９年）の参加者が始めた団地再生研究の報告書であり専門家向けだ。これに対して『団地再

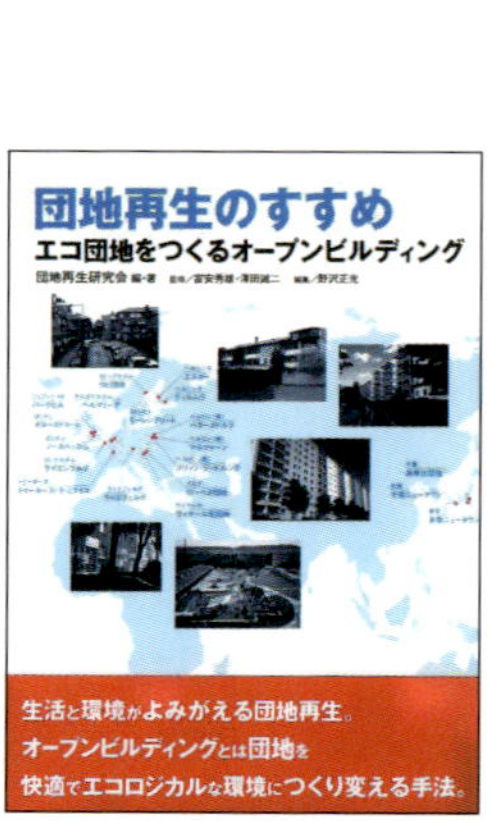

『団地再生のすすめ―エコ団地をつくるオープンビルディング』（マルモ出版 ２００２）

『団地再生のすすめ（英文・独文版）』
Refurbishments and Renovations of Large Housing Estates – The Open Building Solution, S. Sawada, H. Tomiyasu, M. Nozawa 2003, Marumo, Tokyo

生まちづくり』は２００６年から始まった一般向けの啓蒙書であり、月刊マンション生活情報紙「Wendy」の「団地再生を考える」連載コラム３年分を基に総論を加えた構成で、今回で5冊目になる。

「団地再生」という問題領域はとても広い。住宅団地の計画と設計、建設工事、住宅・施設の運営と管理のそれぞれに携わる事業者、設計者、研究者がいて、居住者や自治会・管理組合の主役がいる。関係者ごとの課題は多様なので、時と状況に応じてテーマと筆者を選べば良い記事ができるはずだ。しかしタブロイド判の紙面を文章と挿絵で埋めるに終わることもある。また、この種のメディアに専門知識を求めることは多くない。

巻頭の目次を見て、本書が２００３年から２０１９年の記事を系統化した完結編と思う人もいるかも知れない。しかし、個々の記事の自由な作られ方からして、基本的にそうならない。記事を再編し、序論を加える、また各章の導入文が優れているためではないか。

新聞の連載記事は、「団地再生を考える」というタイトルで自由にテーマを設定し、一回分ずつ執筆頂く。団地再生に関心があれば誰でも参加できるメディアとすること、そして、記事が掲載され、団地再生に関わるコミュニケーションが様々な人々の間に広がることが、この分野で「遅れて来た日本」に役立つはずだと考えたのだ。

この「団地再生を考える」記事づくりは、著者数で延べ１８６名という

『団地再生まちづくり』
過去の団地を〈未来のまち〉に／環境にも人にもやさしい団地再生とは／安全に暮らせる団地をつくる／団地再生はまちが再生すること／「住み続けられる」団地設計（水曜社２００６）

『団地再生まちづくり２』
団地再生が担う〈地域の未来〉／〈水・緑・風〉を活かした再生のデザイン／団地をよみがえらせる「しくみ」／再生のための技術と設備（水曜社２００９）

結果になった。全国各地の公共図書館の「まちづくりコーナー」には本書が置かれているとも聞く。また15年の仕事がうまく推移したと思うのは、連載執筆者同士の仲間意識がすでに生まれていることだ。

デッサウ会議から25年経った「団地再生まちづくり」の世界各地の進展ぶりを俯瞰すると、多種多様なプロジェクトが混在する状況なのがわかる。少子高齢化への対応、新エネルギーの導入、新モビリティーの整備などの課題が重層化し、都市によっては加速しているし、大都市圏にあるか地方都市なのかによっても政策順位の違いがある。またプランナーや新産業の整備状況も国ごとに様々なのだ。

研究の初期に訪れたドイツは、東西統合後も、原発問題、難民流入、EU政治など諸課題を担いつつ、「安寧な住生活の場づくり」を進めてきた。そうした都市や住宅の改革で定評あるドイツ専門家でも「それにも関わらず、統合直後の格差は改善されていない、四半世紀を経ても真の統合は実現していない」と嘆くほどだ。つまり「先行するドイツ」と見做すのはやめて、我々は、自らの課題設定に努めるべき時代なのだ。

「サステナブル社会づくり」がグローバル・イシューとなりSociety 5.0やIndustry 4.0が提唱されている。「団地再生まちづくり」は、建築・都市専門家の中核ミッションとして見直しを迫られ、事態は継続するのだから、エコ団地やオープンビルディングアプローチの意味に変わりはないはずだ。

『団地再生まちづくり3』
絆を深めて賑やかなまちに／住まい方を考える／団地と地域の再生マネジメント／今ある資産に手を入れて／サステナブルな暮らし方／専門家の役割とは（水曜社 2012）

『団地再生まちづくり4』
サステナブル社会における団地再生／「団地に住む」という幸せな選択／時を重ねた価値ある暮らし／ストックを活かした循環型まちづくり／住み手がつくる「団地の未来」（水曜社 2015）

一般社団法人 団地再生支援協会
デッサウ（1999年5月）とベルリン（2000年9月）の団地再生国際会議参加を機に団地再生研究会（2000年、会長：富安秀雄）が発足、NPO団地再生研究会に改組（2004年、理事長：野沢正光）。その際、団地再生の産業化を図る団地再生産業協議会を併設（2004年、会長：近藤正一）。これらが団地再生支援活動の公共的担い手組織（一社）団地再生支援協会に再編された（2009年）。
WEB サイト：https://www.danchisaisei.org/

株式会社 合人社計画研究所
合人社グループの基幹企業。1980（昭和55）年1月に建築コンサルタントとして設立。分譲マンション総合管理業に進出し、独立系のマンション管理会社として、業容を大きく拡大。全国上位23万戸の管理受託戸数を誇る。その他、PPP・PFI事業、不動産賃貸業などを手がける。月刊マンション生活情報紙「Wendy」を発行。
WEB サイト：https://www.gojin.co.jp/

団地再生まちづくり5
日本のサステナブル社会のカギは「団地再生」にある

二〇一九年八月一一日　初版第一刷発行

編　著　一般社団法人 団地再生支援協会
　　　　株式会社 合人社計画研究所
発行者　仙道 弘生
発行所　株式会社 水曜社
　　　　〒160-0022 東京都新宿区新宿一-一四-一二
　　　　電　話 〇三-三三五一-八七六八
　　　　ファックス 〇三-五三六二-七二七九
　　　　http://suiyosha.hondana.jp/
制　作　株式会社 青丹社／株式会社 ライズファクトリー
編集協力　Crayfish 株式会社
装　幀　西口雄太郎
印刷所　日本ハイコム株式会社

定価はカバーに表示してあります。
乱丁・落丁本はお取り替えいたします。

 ISBN978-4-88065-467-6 C0052